U0647425

城市道路工程标准规范摘录汇编

北京市市政工程设计研究总院有限公司
上海市政工程设计研究总院（集团）有限公司 编

中国建筑工业出版社

图书在版编目(CIP)数据

城市道路工程标准规范摘录汇编/北京市市政工程设计研究总院有限公司，上海市政工程设计研究总院（集团）有限公司编．—北京：中国建筑工业出版社，2016.8
ISBN 978-7-112-19506-0

Ⅰ．①城…　Ⅱ．①北…②上…　Ⅲ．①城市道路-道路工程-标准-汇编-中国　Ⅳ．①U415-65

中国版本图书馆CIP数据核字(2016)第133824号

本书以现行全国勘察设计注册土木工程师（道路工程）考试大纲为依据，摘选了与城市道路设计相关的最新标准规范和法律法规中的部分条文，共涉及11本现行城镇建设国家、行业标准及相关文件规定。本书可供参加全国勘察设计注册土木工程师（道路工程）考试考生使用，又可供从事道路工程勘察设计工作的专业技术人员在实际工作中参考。

责任编辑：向建国　何玮珂
书籍设计：韩蒙恩
责任校对：刘　钰

城市道路工程标准规范摘录汇编

北京市市政工程设计研究总院有限公司
上海市政工程设计研究总院（集团）有限公司　编

*

中国建筑工业出版社出版、发行(北京西郊百万庄)
各地新华书店、建筑书店经销
北京红光制版公司制版
大厂回族自治县正兴印务有限公司印刷

*

开本：880×1230毫米　1/16　印张：18¾　字数：350千字
2016年7月第一版　2019年12月第四次印刷
定价：**68.00**元
ISBN 978-7-112-19506-0
(28806)

版权所有　翻印必究
如有印装质量问题，可寄本社退换
(邮政编码 100037)

目　　录

一、城市道路路线设计规范

CJJ 193－2012

1　总则

1.0.1　为规范城市道路工程设计，合理确定路线设计技术指标，做到技术先进，安全可靠，经济合理，与城市环境相协调，制定本规范。

1.0.2　本规范适用于新建和改建城市道路的路线设计。

1.0.3　城市道路路线设计应根据城市总体规划、城市综合交通规划、市政专项规划，合理确定道路等级、平纵线形、横断面布置、交叉口形式等。

2　术语和符号

2.1　术　　语

2.1.1　快速路　expressway

采用中间分隔、全部控制出入、控制出入口间距及形式，实现连续交通流，具有单向双车道或以上的多车道，并设有配套的交通安全与管理设施的城市道路。

2.1.2　主干路　arterial road

在城市道路网中起骨架作用，连接城市各主要分区的交通性干路。

2.1.3　次干路　secondary trunk road

在城市道路网中起集散交通功能，与主干路结合组成干路网的区域性干路。

2.1.4　支路　branch road

连接次干路与居住区、工业区、交通设施等内部道路，解决局部地区交通，以服务功能为主的道路。

2.1.5　道路建筑限界　boundary line of road construction

为保证车辆和行人正常通行，规定在道路的一定宽度和高度范围内不允许有任何设施及障碍物侵入的空间范围。

2.1.6 设计交通量 design traffic volume

为确定道路车道数而预测的交通量，即预期到设计年限末时道路的交通量，分为日交通量和高峰小时交通量。

2.1.7 总体设计 general design

为系统、全面地协调道路工程项目外部和内部各专业间的关系，确定本项目及其各分项的技术标准、建设规模、主要技术指标和设计方案，完成道路工程建设项目各阶段的总体目标而进行的设计。

2.1.8 集散车道 collection-distributed lane

为减少互通式立体交叉主线上进出口的数量和交通流的交织，在主线一侧或两侧设置的与主线平行且横向分离、并在两端与主线相连、供进出主线车辆通行的附加车道。

2.1.9 辅助车道 auxiliary lane

在互通式立体交叉分流段上游、合流段下游，为使匝道与主线车道数平衡且保持主线的基本车道数而在主线外侧增设的附加车道。

2.1.10 停车视距 stopping sight distance

汽车行驶时，驾驶人员自看到前方障碍物时起，至达到障碍物前安全停车止，所需的最短行车距离。

2.1.11 平面交叉 at-grade intersection

道路与道路，或道路与轨道交通线路在同一平面内的交叉。

2.1.12 立体交叉 grade-separated junction

道路与道路，或道路与轨道交通线路在不同高程上的交叉。

3 基本规定

3.0.1 城市道路根据道路在路网中的地位、交通功能和服务功能等，可分为快速路、主干路、次干路、支路四个等级，各级道路的设计速度应符合表 3.0.1 的规定。

表 3.0.1 各级道路的设计速度

道路等级	快速路			主干路			次干路			支路		
设计速度 (km/h)	100	80	60	60	50	40	50	40	30	40	30	20

3.0.2 路线设计应符合城市规划，并应结合地形、地物，对工程地质、水文地质、气象气候、生态环境、自然景观等进行调查，合理确定路线线位和平纵线形技术指标，平面应顺适、纵断面应均衡、横断面应合理。

3.0.3 路线设计应贯彻环境保护和土地资源利用的基本国策，降低道路工程对沿线生态环境以及资源的影响，并应符合以人为本、资源节约、环境友好的设计原则。

3.0.4 当道路采用分期修建时，应在综合分析、论证的基础上进行总体设计和制定分期实施方案，并应协调近期工程与远期工程的关系，控制道路用地，为远期工程实施留有余地。

3.0.5 改建道路应遵循利用与改造相结合的原则，既应满足相应道路等级的技术指标，又应能最大程度利用原有工程。

3.0.6 机动车设计车辆及其外廓尺寸应符合表3.0.6的规定。

表3.0.6 机动车设计车辆及其外廓尺寸

车辆类型	总长（m）	总宽（m）	总高（m）	前悬（m）	轴距（m）	后悬（m）
小客车	6.0	1.8	2.0	0.8	3.8	1.4
大型车	12.0	2.5	4.0	1.5	6.5	4.0
铰接车	18.0	2.5	4.0	1.7	5.8+6.7	3.8

注：1 总长：车辆前保险杠至后保险杠的距离。
2 总宽：车厢宽度（不包括后视镜）。
3 总高：车厢顶或装载顶至地面的高度。
4 前悬：车辆前保险杠至前轴轴中线的距离。
5 轴距：双轴车时，为从前轴轴中线到后轴轴中线的距离；铰接车时分别为前轴轴中线至中轴轴中线、中轴轴中线至后轴轴中线的距离。
6 后悬：车辆后保险杠至后轴轴中线的距离。

3.0.7 非机动车设计车辆及其外廓尺寸应符合表3.0.7的规定。

表3.0.7 非机动车设计车辆及其外廓尺寸

车辆类型	总长（m）	总宽（m）	总高（m）
自行车	1.93	0.60	2.25
三轮车	3.40	1.25	2.25

注：1 总长：自行车为前轮前缘至后轮后缘的距离；三轮车为前轮前缘至车厢后缘的距离。
2 总宽：自行车为车把宽度；三轮车为车厢宽度。
3 总高：自行车为骑车人骑在车上时，头顶至地面的高度；三轮车为载物顶至地面的高度。

3.0.8 道路建筑限界几何形状应为上净高线和两侧侧向净宽边线组成的空间界线（图3.0.8），顶角宽度（E）不应大于机动车道或非机动车道的侧向净宽度（W_1）。道路建筑限界内不得有任何物体侵入。

3.0.9 道路净高应符合下列规定：

1 道路的最小净高应符合表3.0.9的规定。

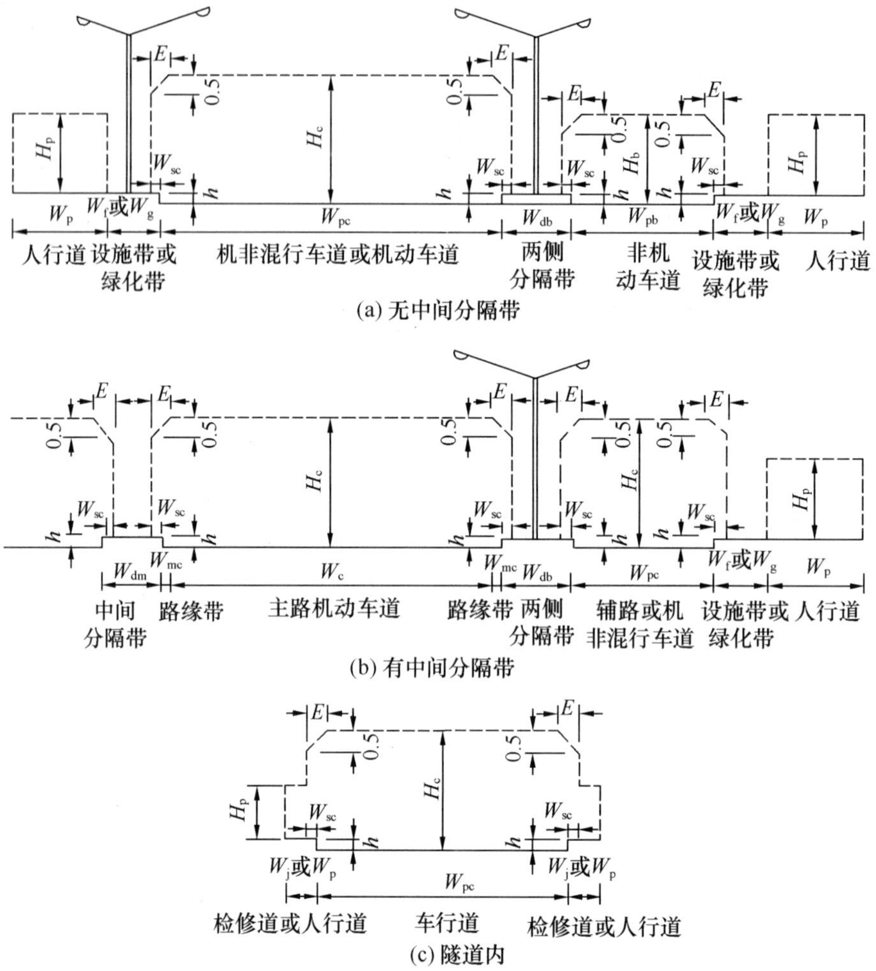

图 3.0.8 道路建筑限界（单位：m）

表 3.0.9 道路的最小净高

部　　位	行驶车辆类型	最小净高（m）
机动车道	各种机动车	4.5
	小客车	3.5
非机动车道	自行车、三轮车	2.5
人行道	行人	2.5

2 同一等级道路应采用相同的净高。

3 城市道路与公路以及不同净高要求的道路之间应衔接过渡，并应设置必要的指示、诱导标志及防撞等设施。

4 对加铺罩面、冬季积雪的道路，净高宜适当预留。

5 对通行无轨电车、有轨电车、双层客车等其他特种车辆的道路，最小净高应满足车辆通行的要求。

3.0.10 各级道路设计交通量的预测年限应符合下列规定：

1 各级道路设计交通量的预测年限：快速路、主干路应为 20 年；次干路应为 15 年；支路宜为 10 年～15 年。

2 设计交通量预测年限的起算年应为该项目可行性研究报告中的计划通车年。

3.0.11 道路路线应避开泥石流、滑坡、崩塌、地面沉降、塌陷、地震断裂活动等自然灾害易发区；当不能避开时，必须采取保证道路安全运行的有效措施。

4 总体设计

4.1 一般规定

4.1.1 快速路、主干路、大桥和特大桥、隧道、交通枢纽应进行总体设计，其他道路可根据相关因素、重要程度进行总体设计。

4.1.2 总体设计应贯穿于道路设计的各个阶段，应系统、全面地协调道路工程项目外部与内部各专业间的关系，确定本项目及其各分项的技术标准、建设规模、主要技术指标和设计方案，并应符合安全、环保、可持续发展的总体目标。

4.1.3 总体设计应包括下列主要内容：

1 制定设计原则；

2 明确道路性质、功能定位、服务对象；

3 确定技术标准、建设规模、主要技术指标；

4 确定工程范围、总体方案和道路用地，并协调与相邻工程的衔接；

5 提出交通组织设计方案；

6 落实节能环保、风险控制措施。

4.2 总体设计要点

4.2.1 路线走向应符合城市路网总体规划。确定工程起终点位置时，应有利于相邻工程及后续项目的衔接，或拟定具体实施设计方案。

4.2.2 设计速度应根据道路等级、功能定位和交通特性，并结合沿线地形、地质与自然条件等因素，经论证确定。当不同设计速度衔接时，路段前后的线形技术指标应协调与配合。

4.2.3 快速路、主干路应根据预测交通量进行通行能力和服务水平评价，并结合定性分析，确定机动车车道数规模。非机动车车道数、人行道宽度也可根据预测交通量和使用要求，按通行能力论证确定。

4.2.4 横断面布置应根据道路等级、红线宽度、交通组织和建设条件等，划分机动车道、非机动车道、人行道、分车带、设施带、绿化带等宽度，并应满足地下管线综合布置要求；特殊断面还应包括停车带、港湾式公交停靠站、路肩和排水沟的宽度。

4.2.5 高架路或隧道的设置应根据道路等级、相交道路或铁路的间距、交通组织以及道路用地、地形地质、沿线环境等实施条件，经多方案比选和技术经济论证，确定总体设计方案以及布设长度、横断面布置、匝道和出入口布置、结构形式、衔接段设计等。

4.2.6 交叉口节点设置应根据相交道路等级、使用要求、交通流量流向、车流运行特征、控制条件以及社会经济效益、环境等因素，合理确定交叉口的位置、间距、分类、选型、交通组织和交叉口用地范围等；并应在交叉口范围内提出行人、非机动车系统和公交站点的布置方案。

4.2.7 跨江、跨河桥梁应结合航道或水利部门提出的通航、排洪等控制要求，进行总体布置以及环境景观、附属设施的配套设计。

4.2.8 人行过街设施应根据道路等级、横断面形式、车流量、行人过街流量和流线确定，可分别采用人行横道、人行天桥或人行地道的形式，并应提出设置行人过街设施的规模及配套要求。

4.2.9 公共交通设施应结合公交线网规划设计，提出公交专用道、公交站点的布置形式。

4.2.10 道路设计应分别对路段、交叉口、出入口提出机动车、非机动车、行人以及客车、公交车、货车的交通组织设计方案。

4.2.11 交通安全和管理设施应按主体工程的技术标准、建设规模及项目交通特性，确定其相应的技术标准、设施等级、设置内容和设计方案，并应协调各设施间的衔接与配合。

4.2.12 分期修建的道路工程，应按远期规划的技术标准进行总体设计，并应制定分期修建的设计方案，应近远期工程相结合。

5 横断面设计

5.1 一 般 规 定

5.1.1 横断面设计应在城市道路规划红线宽度范围内进行，并应根据道路等级、控制要素和总体设计要点等合理布设。

5.1.2 横断面形式应根据设计速度、交通量、交通组成、交通组织方式等条件选择，并应满足设计年限内的交通需求。

5.1.3 横断面设计应与轨道交通线路、环保设施、地上杆线及地下管线布设等协调。

5.1.4 横断面设计应结合沿线地形、两侧建筑物及用地性质进行布置，并应分别满足机动车道、非机动车道、人行道、分车带等宽度的规定。

5.2 横断面布置

5.2.1 道路横断面可分为单幅路、双幅路、三幅路、四幅路四种布置形式（图 5.2.1），并应符合下列规定：

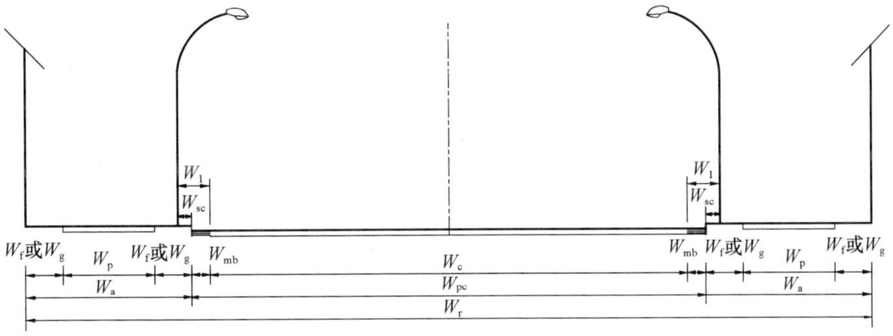

(a) 单幅路

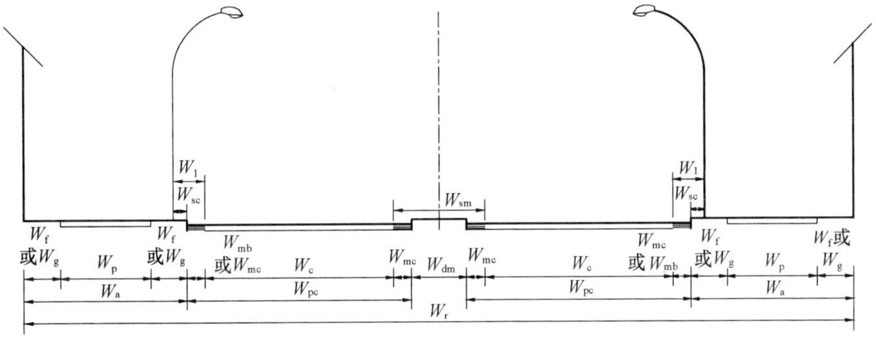

(b) 双幅路

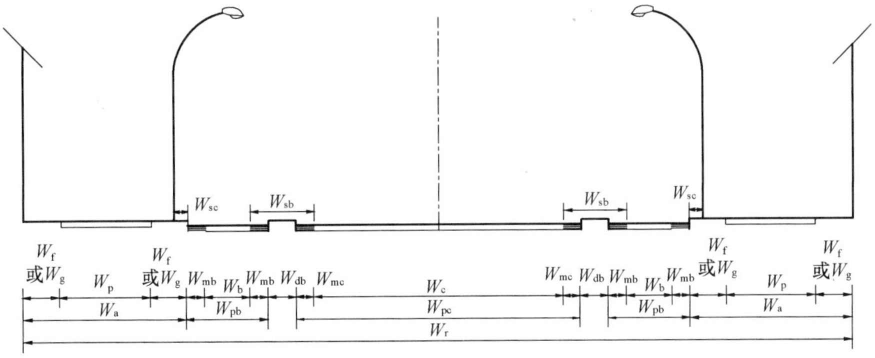

(c) 三幅路

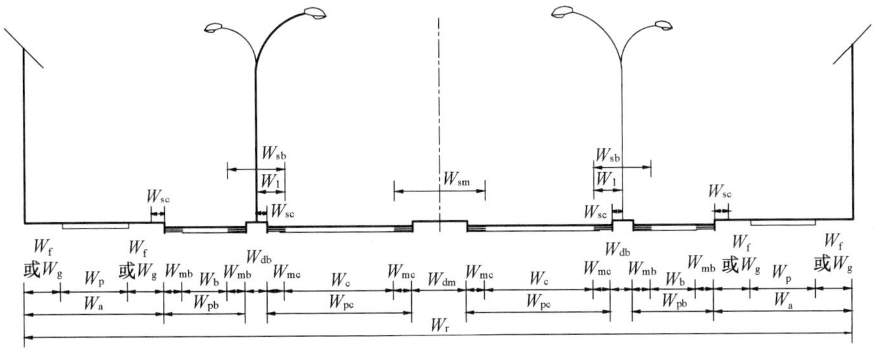

(d) 四幅路

图 5.2.1 道路横断面布置形式

1 单幅路适用于交通量不大的次干路、支路以及用地不足、拆迁困难的旧城区道路。

2 双幅路适用于专供机动车行驶的快速路、非机动车较少的主干路或次干路；对横向高差较大的特殊地形路段，宜采用上下分行的双幅路。双幅路单向机动车车道数不应少于 2 条。

3 三幅路适用于机动车流量较大、车速较高、非机动车较多的主干路或次干路。

4 四幅路适用于机动车流量大、车速高、非机动车多的快速路或主干路。四幅路主路单向机动车车道数不应少于 2 条。

5 当路侧有路边停车时，应增加设置停车带的宽度。

5.2.2 高架路横断面可分为整体式和分离式两种布置形式（图 5.2.2），并应符合下列规定：

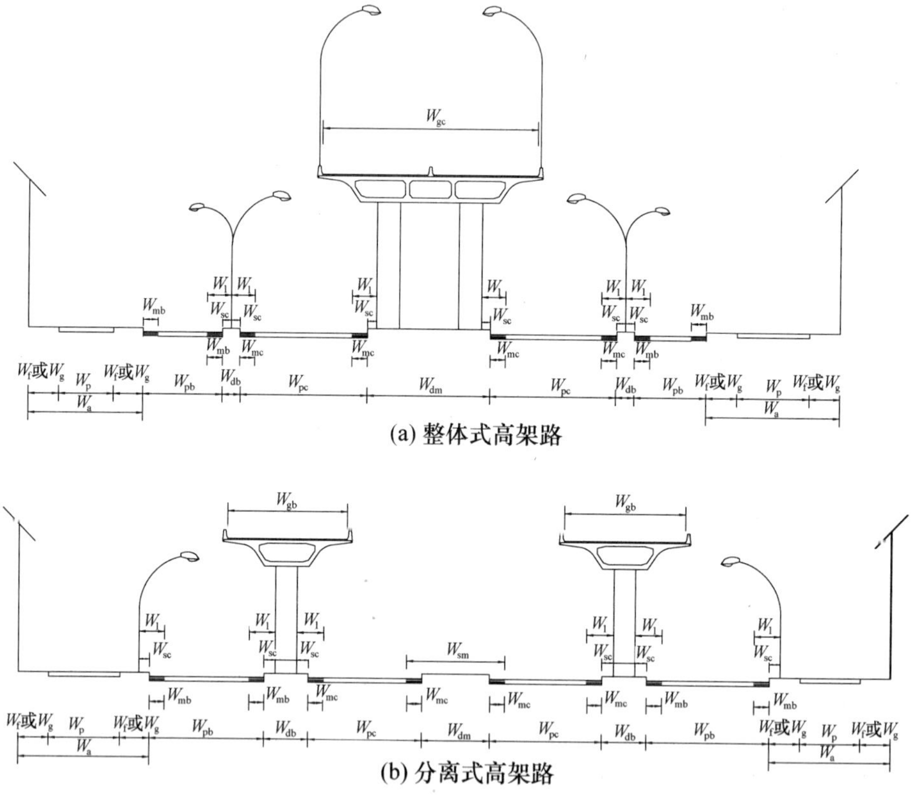

图 5.2.2 高架路横断面

1 整体式高架路中，主路上下行车道间应设置中间防撞设施；辅路宜布置在高架路下的桥墩两侧。

2 分离式高架路中，地面辅路的布置宜与高架路或周围地形相适应，上下行两幅桥梁桥墩分开，辅路宜设在桥下两幅桥中间。

5.2.3 路堑式和隧道式横断面布置形式应符合下列规定：

1 路堑式横断面（图 5.2.3-1）中的地面以下路堑部分应为主路，地面两侧或一侧宜设置辅路。

2 隧道式横断面（图 5.2.3-2）中的地面以下隧道部分应为主

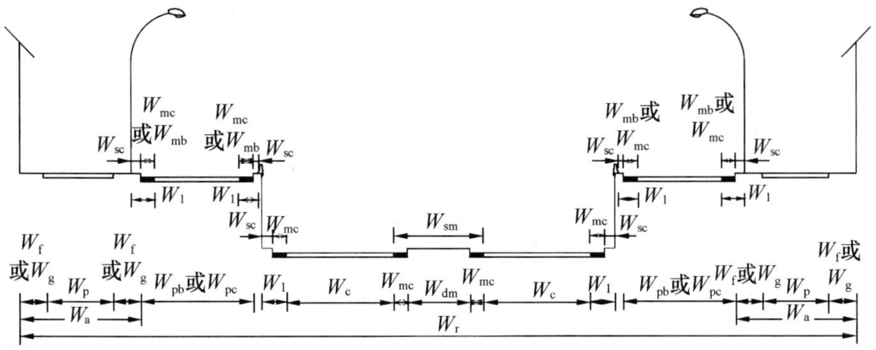

图 5.2.3-1　路堑式横断面

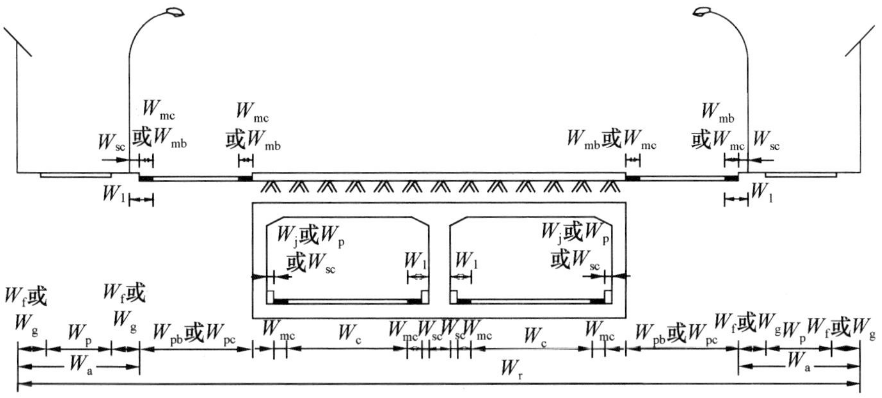

图 5.2.3-2　隧道式横断面

路，地面道路宜设置辅路。

5.2.4　设置主、辅路的道路横断面中，主路上下行车道间应设置中间带；主路与辅路之间应设置两侧带。

5.2.5　同一条道路宜采用相同形式的横断面布置。当道路横断面局部有变化时，应设置宽度过渡段；宜以交叉口或结构物为起终点。

5.2.6　道路横断面布置中，当单向机动车道为 3 车道及以上时，宜单辟 1 条公交专用车道或限时公交专用车道。当不设公交专用道时，主干路横断面布置应设置港湾式停靠站；当次干路单向少于 2 条车道时，宜设置港湾式停靠站；停靠站设置应符合本规范第 5.3.1 条第 5 款的规定。

5.2.7　桥梁横断面布置中车行道及路缘带宽度应与道路路段相同，特大桥、大桥、中桥的分隔带宽度可适当缩窄，其最小宽度应满足侧向净宽度及设置桥梁防护设施的要求。

5.2.8　隧道横断面布置应符合下列规定：

1　隧道的车行道及路缘带宽度应与道路路段相同。

2　当隧道两侧设置检修道或人行道时，可不设安全带宽度；当不设置检修道或人行道时，应设置不小于 0.25m 的安全带宽度。

3　中、长及特长隧道应设检修道，其最小宽度不应小于 0.75m。

4　当长、特长隧道单向车道数少于 3 条时，应在行车方向的右侧设置连续应急车道。当条件限制时，可采用港湾式应急停车道。每侧港湾式应急停车道间距不宜大于 500m，其宽度及长度宜按图 5.2.8 布设。

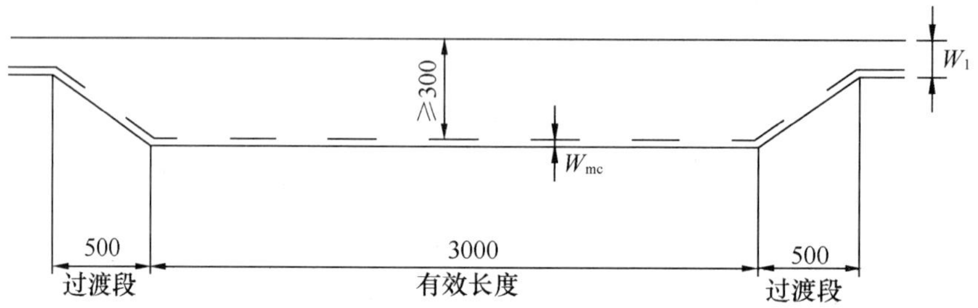

图 5.2.8　港湾式应急停车道的宽度及长度（单位：cm）

W_1—侧向净宽度；W_{mc}—机动车道路缘带宽度

5　不设检修道、人行道的隧道，应按 500m 间距交错设置人行横通道。

5.3　横断面组成宽度

5.3.1　机动车道宽度应符合下列规定：

1　一条机动车道最小宽度应符合表 5.3.1 的规定。

表 5.3.1　一条机动车道最小宽度

车型及车道类型	设计速度（km/h）	
	>60	≤60
大型车或混行车道（m）	3.75	3.50
小客车专用车道（m）	3.50	3.25

2　机动车道路面宽度应为机动车道宽度及两侧路缘带宽度之和。

3　单幅路及三幅路采用中间分隔物或交通标线分隔对向交通时，机动车道路面宽度还应包括分隔物或交通标线的宽度。

4　快速公交专用道、常规公交专用道的单车道宽度均不应小于 3.50m。

5　公交港湾式停靠站可分为直接式和分离式两种。直接式公交停靠站的车道宽度不应小于 3.00m；分离式公交停靠站的车道总宽度应包括路缘带宽度，不应小于 3.50m。

5.3.2　非机动车道宽度应符合下列规定：

1　一条非机动车道最小宽度应符合表 5.3.2 的规定。

表 5.3.2 一条非机动车道最小宽度

车辆种类	自行车	三轮车
非机动车道宽度（m）	1.0	2.0

2 非机动车道数宜根据自行车设计交通量与每条自行车道设计通行能力计算确定，车道数单向不宜小于 2 条。

3 非机动车道路面宽度应为非机动车道宽度及两侧各 0.25m 路缘带宽度之和。

4 非机动车专用道路，单向车道宽不宜小于 3.5m，双向车道宽不宜小于 4.5m。沿道路两侧设置的单向非机动车道宽度不宜小于 2.5m。

5.3.3 路侧带可由人行道、绿化带、设施带等组成，路侧带设置应符合下列规定：

1 人行道最小宽度应符合表 5.3.3 的规定。

表 5.3.3 人行道最小宽度

项目	人行道最小宽度（m）	
	一般值	最小值
各级道路	3.0	2.0
商业或公共场所集中路段	5.0	4.0
火车站、码头附近路段	5.0	4.0
长途汽车站	4.0	3.0

2 绿化带宽度应符合现行行业标准《城市道路绿化规划与设计规范》CJJ 75 的相关要求。车行道两侧的绿化应满足侧向净宽度的要求，并不得侵入道路建筑限界和影响视距。

3 设施带宽度应满足设置护栏、照明灯柱、标志牌、信号灯、城市公共服务设施等的要求。设施带内各种设施应综合布置，可与绿化带结合，但不应相互干扰。

5.3.4 分车带设置应符合下列规定：

1 分车带按其在横断面中的不同位置与功能，可分为中间分车带（简称中间带）及两侧分车带（简称两侧带）；分车带应由分隔带及两侧路缘带组成（图 5.3.4）。

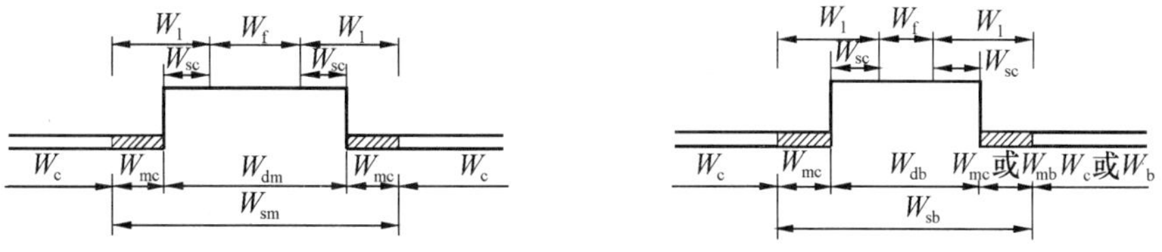

(a) 中间带　(b) 两侧带

图 5.3.4 分车带

2 分车带最小宽度应符合表 5.3.4 的规定。

表 5.3.4 分车带最小宽度

类别		中间带		两侧带	
设计速度（km/h）		≥60	<60	≥60	<60
路缘带宽度 W_{mc} 或 W_{mb}（m）	机动车道	0.50	0.25	0.50	0.25
	非机动车道	—	—	0.25	0.25
安全带宽度 W_{sc}（m）	机动车道	0.25	0.25	0.25	0.25
	非机动车道	—	—	0.25	0.25
侧向净宽度 W_l（m）	机动车道	0.75	0.50	0.75	0.50
	非机动车道	—	—	0.50	0.50
分隔带最小宽度（m）		1.50	1.50	1.50	1.50
分车带最小宽度（m）		2.50	2.00	2.50（2.25）	2.00

注：1 侧向净宽度为路缘带宽度与安全带宽度之和。
2 括号内为一侧是机动车道，另一侧是非机动车道时的取值。
3 分隔带最小宽度值系按设施带宽度 1m 计的，具体设计应根据设施带实际宽度确定。

3 分隔带宜采用立缘石围砌，立缘石高度和形式应满足本规范第 5.5.2 条的规定。

5.3.5 变速车道应符合下列规定：

1 车辆驶出或驶入主路、立交匝道及集散车道出入口处均应设置变速车道。

2 变速车道的宽度应与主路车道宽度相同。

5.3.6 集散车道可为单车道和双车道，每条集散车道的宽度宜为 3.5m。与主路间设有分隔设施的集散车道，其车道数不应少于 2 条。

5.3.7 辅助车道的宽度应与主路车道宽度相同。

5.3.8 路肩应符合下列规定：

1 采用边沟排水的道路应在路面外侧设路肩。

2 路肩最小宽度应符合表 5.3.8 的规定。

表 5.3.8 路肩最小宽度

设计速度（km/h）	100	80	60	50	40
保护性路肩最小宽度（m）	0.75	0.75	0.75（0.50）	0.50	0.50
有少量行人时的路肩最小宽度（m）	—		1.50		

注：括号内为主干路保护性路肩最小宽度的取值。

3 路肩宽度应满足设置护栏、地上杆柱、交通标志基础的要求。

4 路肩可采用土质或简易铺装。

5.3.9 非机动车与行人共板的道路横断面形式可用于行人和非机动

车较少、道路红线受限的路段，非机动车道与人行道之间宜采用分隔措施。

5.4 路拱与横坡

5.4.1 路拱设计坡度应根据路面宽度、路面类型、设计速度、纵坡及气候条件等确定，并应符合表5.4.1的规定。机动车道宜选用直线形路拱。

表5.4.1 路拱设计坡度

路面类型		路拱设计坡度 i（%）
水泥混凝土		1.0～2.0
沥青混凝土		
沥青碎石		
沥青贯入式碎（砾）石		1.5～2.0
沥青表面处治		
砌块路面	混凝土预制块	2.0
	天然石材	

注：1 快速路、降雨量大的地区路拱设计坡度宜取高值，可选1.5%～2.0%。
2 纵坡度大时宜取低值，纵坡度小时宜取高值。
3 积雪冰冻地区、透水路面的路拱设计坡度宜采用低值。

5.4.2 非机动车路拱形式宜采用直线单面坡，横坡度宜按本规范表5.4.1的规定取值。

5.4.3 人行道横坡度宜采用单面坡，横坡度宜为1.0%～2.0%。

5.4.4 保护性路肩应向道路外侧倾斜，横坡度可比路面横坡度加大1.0%，宜为3.0%。

5.5 缘　石

5.5.1 缘石可采用立缘石和平缘石。

5.5.2 立缘石宜设置在中间分隔带、两侧分隔带及路侧带两侧。当设置在中间分隔带及两侧分隔带时，外露高度宜为15cm～20cm；当设置在路侧带两侧时，外露高度宜为10cm～15cm。

5.5.3 桥梁、隧道等构筑物的立缘石应符合现行行业标准《城市桥梁设计规范》CJJ 11及相关隧道设计规范的规定。

5.5.4 在分隔带端头或交叉口小半径处，宜采用曲线立缘石。

5.5.5 设置缘石坡道范围内的立缘石应满足现行国家标准《无障碍设计规范》GB 50763的相关规定。

5.5.6 人行道外侧设置的边缘石宜采用小型平缘石，缘石顶面高度宜与人行道高度相同。

6 平面设计

6.1 一般规定

6.1.1 平面设计应符合城市道路网规划、道路红线、道路功能，并应综合技术经济、土地利用、征地拆迁、文物保护、环境景观以及航道、水利、轨道等因素。

6.1.2 平面设计应与地形地物、水文地质、地域气候、地下管线、排水等结合，与周围环境协调，并应符合各级道路的技术指标，满足线形连续、均衡的要求。

6.1.3 平面设计应协调直线与平曲线的衔接，合理设置圆曲线、缓和曲线、超高、加宽等。

6.1.4 平面设计应结合交通组织设计，合理布置交叉口、出入口、分隔带开口、公交停靠站、人行设施等。

6.2 直线

6.2.1 两相邻平曲线间的直线段最小长度应大于或等于缓和曲线最小长度。

6.2.2 两圆曲线间以直线径向连接时，直线的长度宜符合下列规定：

1 当设计速度大于或等于 60km/h 时，同向圆曲线间最小直线长度（以 m 计）不宜小于设计速度（以 km/h 计）数值的 6 倍；反向圆曲线间最小直线长度（以 m 计）不宜小于设计速度（以 km/h 计）数值的 2 倍。

2 当设计速度小于 60km/h 时，可不受上述限制。

6.3 平曲线

6.3.1 路线转角处应设置平曲线。当受现状道路红线或建筑物控制，设计速度小于或等于 40km/h 的路线转角位于交叉口范围内时，可不设置平曲线，但应保证交叉口范围直行车道的连续、顺直。

6.3.2 圆曲线设置应符合下列规定：

1 圆曲线最小半径应符合表 6.3.2 的规定。当地形条件受限制时，可采用设超高圆曲线最小半径的一般值；当地形条件特别困难时，可采用设超高圆曲线最小半径的极限值。

表 6.3.2 圆曲线最小半径

设计速度（km/h）	100	80	60	50	40	30	20
不设超高圆曲线最小半径（m）	1600	1000	600	400	300	150	70

续表 6.3.2

设超高圆曲线最小半径（m）	一般值	650	400	300	200	150	85	40
	极限值	400	250	150	100	70	40	20

2 当设计速度大于或等于 40km/h 时，采用本规范表 7.2.1 机动车最大纵坡的下坡段尽头，其圆曲线半径应大于或等于不设超高的最小半径。当受条件限制而采用设超高最小半径时，应采取防护措施。

6.3.3 缓和曲线设置应符合下列规定：

1 缓和曲线应采用回旋线。

2 直线与圆曲线或大半径圆曲线与小半径圆曲线之间应设置缓和曲线。当圆曲线半径大于表 6.3.3-1 不设缓和曲线的最小圆曲线半径时，直线与圆曲线可直接连接。

表 6.3.3-1 不设缓和曲线的最小圆曲线半径

设计速度（km/h）	100	80	60	50	40
不设缓和曲线的最小圆曲线半径（m）	3000	2000	1000	700	500

3 当设计速度大于或等于 40km/h 时，半径不同的同向圆曲线连接处应设置缓和曲线。当受地形限制并符合下列条件之一时，可采用复曲线：

1）小圆半径大于或等于不设缓和曲线的最小圆曲线半径；

2）小圆半径小于不设缓和曲线的最小圆曲线半径，但大圆与小圆的内移值之差小于或等于 0.1m；

3）大圆半径与小圆半径之比值小于或等于 1.5。

4 当设计速度小于 40km/h 时，缓和曲线可采用直线代替，直线长度应满足缓和曲线最小长度的要求。

5 缓和曲线最小长度应符合表 6.3.3-2 的规定。当圆曲线按规定需设置超高时，缓和曲线长度还应大于超高缓和段长度。

表 6.3.3-2 缓和曲线最小长度

设计速度（km/h）	100	80	60	50	40	30	20
缓和曲线最小长度（m）	85	70	50	45	35	25	20

6 缓和曲线参数 A 宜根据线形要求和地形条件确定，并应与圆曲线半径相协调，宜满足 $R/3 \leqslant A \leqslant R$ 的要求。当圆曲线半径小于 100m 时，A 宜接近 R；当圆曲线半径大于 3000m 时，A 宜接近 $R/3$。

6.3.4 平曲线由圆曲线和两端缓和曲线组成，平曲线设置应符合下列规定：

1 平曲线与圆曲线最小长度应符合表 6.3.4-1 的规定。

表 6.3.4-1 平曲线与圆曲线最小长度

设计速度（km/h）		100	80	60	50	40	30	20
平曲线最小长度（m）	一般值	260	210	150	130	110	80	60
	极限值	170	140	100	85	70	50	40
圆曲线最小长度（m）		85	70	50	40	35	25	20

注："一般值"为正常情况下采用值；"极限值"为条件受限时采用值。

2 道路中心线转角 α 小于或等于 7°时，设计速度大于或等于 60km/h 的平曲线最小长度还应符合表 6.3.4-2 的规定。

表 6.3.4-2 小转角平曲线最小长度

设计速度（km/h）	100	80	60
平曲线最小长度（m）	$1200/\alpha$	$1000/\alpha$	$700/\alpha$

注：表中的 α 为路线转角值（°），当 α 小于 2°时，按 2°计。

6.4 圆曲线超高

6.4.1 当圆曲线半径小于本规范表 6.3.2 中不设超高最小半径时，在圆曲线范围内应设超高，最大超高横坡度应符合表 6.4.1 的规定。当由直线段的正常路拱断面过渡到圆曲线上的超高断面时，必须设置超高缓和段。

表 6.4.1 最大超高横坡度

设计速度（km/h）	100，80	60，50	40，30，20
最大超高横坡度（%）	6	4	2

注：积雪或冰冻地区的道路应根据实际情况适当折减。

6.4.2 超高的过渡方式应根据横断面形式、结合地形条件等因素决定，并应利于路面排水。单幅路及三幅路横断面形式超高旋转轴宜采用中线，双幅路及四幅路宜采用中间分隔带边缘线，使两侧车行道成为独立的超高横断面（图 6.4.2）。

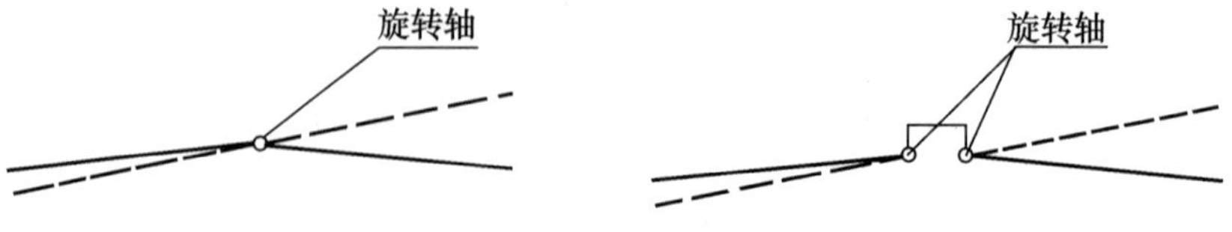

(a) 绕中线旋转　　(b) 绕中间分隔带边缘旋转

图 6.4.2 超高过渡方式

6.4.3 当由直线上的正常路拱断面过渡到圆曲线上的超高断面时，必须在其间设置超高缓和段。超高缓和段长度应按下式计算：

$$L_e = b \cdot \Delta i / \varepsilon \tag{6.4.3}$$

式中：L_e——超高缓和段长度（m）；

b——超高旋转轴至路面边缘的宽度（m）；

Δi——超高横坡度与路拱坡度的代数差（%）；

ε——超高渐变率，超高旋转轴与路面边缘之间相对升降的比率，应符合表 6.4.3 的规定。

表 6.4.3 最大超高渐变率

设计速度（km/h）		100	80	60	50	40	30	20
超高渐变率 ε	绕中线旋转	1/225	1/200	1/175	1/160	1/150	1/125	1/100
	绕边线旋转	1/175	1/150	1/125	1/115	1/100	1/75	1/50

6.4.4 超高缓和段应满足路面排水要求，超高缓和段的纵向渐变率不得小于 1/330。

6.4.5 超高缓和段应在缓和曲线全长范围内进行。当缓和曲线较长时，超高缓和段可设在缓和曲线的某一区段范围内进行。当设计速度小于 40km/h 时，超高缓和段可在直线段内进行。

6.4.6 超高缓和段长度与缓和曲线长度两者中应取大值作为缓和曲线的计算长度。

6.4.7 超高缓和段起终点处路面边缘应圆顺，不得出现竖向转折。

6.5 圆曲线加宽

6.5.1 当圆曲线半径小于或等于 250m 时，应在圆曲线范围内设置加宽，每条车道加宽值应符合表 6.5.1 的规定。

表 6.5.1 圆曲线每条车道的加宽值（m）

加宽类型	汽车前悬加轴距（m）	车型	圆曲线半径（m）								
			200＜R≤250	150＜R≤200	100＜R≤150	80＜R≤100	70＜R≤80	50＜R≤70	40＜R≤50	30＜R≤40	20≤R≤30
1	0.8+3.8	小客车	0.30	0.30	0.35	0.40	0.40	0.45	0.50	0.60	0.75
2	1.5+6.5	大型车	0.40	0.45	0.60	0.65	0.70	0.90	1.05	1.30	1.80
3	1.7+5.8+6.7	铰接车	0.45	0.60	0.75	0.90	0.95	1.25	1.50	1.90	2.75

6.5.2 圆曲线上的路面加宽应设置在圆曲线的内侧。当受条件限制时，次干路、支路可在圆曲线的两侧加宽。

6.5.3 圆曲线范围内的加宽应为不变的全加宽值，两端应设置加宽缓和段。

6.5.4 加宽缓和段的长度宜符合下列规定：

1 当设置缓和曲线或超高缓和段时，加宽缓和段长度应采用与缓和曲线或超高缓和段长度相同的数值。

2 当不设缓和曲线或超高缓和段时，加宽缓和段长度应按加宽侧路面边缘宽度渐变率为1∶15～1∶30计算，且长度不应小于10m。

6.6 视　　距

6.6.1 各级道路的停车视距不应小于表6.6.1的规定值。

表6.6.1　停车视距

设计速度（km/h）	100	80	60	50	40	30	20
停车视距（m）	160	110	70	60	40	30	20

6.6.2 积雪或冰冻地区的停车视距应适当增长，并应根据设计速度和路面状况计算取用。

6.6.3 当对向行驶的车辆有会车可能时，应采用会车视距，其值应为本规范表6.6.1中停车视距的2倍。

6.6.4 平曲线内侧的路堑边坡、挡墙、绿化、声屏障、防眩设施等构筑物或建筑物均不得妨碍视线。

6.6.5 对设置平纵曲线可能影响行车视距路段，应进行视距验算。

6.6.6 对以货运交通为主的道路，应验算下坡段货车的停车视距。下坡段货车的停车视距不应小于表6.6.6的规定值。

表6.6.6　下坡段货车停车视距（m）

设计速度（km/h）		100	80	60	50	40	30	20
纵坡度（%）	0	180	125	85	65	50	35	20
	3	190	130	89	66	50	35	20
	4	195	132	91	67	50	35	20
	5	—	136	93	68	50	35	20
	6	—	—	95	69	50	35	20
	7	—	—	—	—	50	35	20
	8	—	—	—	—	—	35	20

6.7 分隔带及缘石开口

6.7.1 快速路宜在互通式立体交叉出口上游与入口下游、特大桥、隧道、道路路堑段两端、分离式路基的分离（汇合）处设置中间分隔带紧急开口。中间分隔带开口间距应视需要而定，最小间距不宜小于2km；开口长度应视道路宽度及可通行车辆确定，宜采用20m～30m；开口处应设置活动护栏。

6.7.2 主干路的两侧分隔带开口间距不宜小于300m，开口长度应满足车辆出入安全的要求。路侧带缘石开口距交叉口间距应大于进出口道展宽段长度，道路两侧建筑物出入口宜设在横向支路或街坊内部道路。

7 纵断面设计

7.1 一般规定

7.1.1 纵断面的设计高程宜采用道路设计中线处的路面设计高程；当有中间分隔带时可采用中间分隔带外侧边缘线处的路面设计高程。

7.1.2 纵断面设计应参照城市竖向规划控制高程，并适应临街建筑立面布置，确保沿线范围地面水的排除。

7.1.3 纵断面设计应根据道路等级，综合交通安全、建设期间的工程费用与运营期间的经济效益、节能减排、环保效益等因素，合理确定路面设计纵坡和设计高程。

7.1.4 纵坡应平顺、视觉连续，并应与周围环境协调。

7.1.5 机动车与非机动车混合行驶的车行道，宜按非机动车骑行的设计纵坡度控制。

7.1.6 纵断面设计应满足路基稳定、管线覆土、防洪排涝等要求。

7.2 纵　　坡

7.2.1 道路最大纵坡应符合下列规定：

1 机动车道最大纵坡应符合表7.2.1的规定。

表7.2.1 机动车道最大纵坡

设计速度（km/h）		100	80	60	50	40	30	20
最大纵坡	一般值（%）	3	4	5	5.5	6	7	8
	极限值（%）	4	5	6	6	7	8	8

2 新建道路应采用小于或等于最大纵坡一般值；对改建道路、受地形条件或其他特殊情况限制时，可采用最大纵坡极限值。

3 除快速路外的其他等级道路，受地形条件或其他特殊情况限制时，经技术经济论证后，最大纵坡极限值可增加1.0%。

4 积雪或冰冻地区的快速路最大纵坡不应大于3.5%，其他等级道路最大纵坡不应大于6.0%。

5 海拔3000m以上高原地区城市道路的最大纵坡一般值可减小1.0%，当最大纵坡折减后小于4.0%时，仍可采用4.0%。

7.2.2 道路最小纵坡应符合下列规定：

1 道路最小纵坡不应小于 0.3%；当特殊困难纵坡小于 0.3% 时，应设置锯齿形偏沟或采取其他排水措施。

2 特大桥、大桥、中桥的桥面最小纵坡不宜小于 0.3%，且竖向高程最低点不应位于主桥范围内。

3 高架路的桥面最小纵坡不应小于 0.5%；困难时不应小于 0.3%，并应采取保证高架路纵横向及时排水的措施。

7.2.3 非机动车道最大纵坡不宜大于 2.5%；困难时不应大于 3.5%，并应按本规范表 7.3.3 规定限制坡长。

7.2.4 特大桥、大桥、中桥的桥面纵坡不宜大于 4.0%，桥头引道纵坡不宜大于 5.0%。

7.2.5 隧道内的道路最大纵坡不宜大于 3.0%，困难时不应大于 5.0%。隧道出入口外的接线道路纵坡宜坡向洞外。

7.3 坡　　长

7.3.1 道路纵坡长度应符合下列规定：

1 机动车道纵坡的最小坡长应符合表 7.3.1 的规定，且应大于相邻两个竖曲线切线长度之和。

表 7.3.1　机动车道最小坡长

设计速度（km/h）	100	80	60	50	40	30	20
坡段最小长度（m）	250	200	150	130	110	85	60

2 路线尽端道路起（讫）点一端可不受最小坡长限制。

3 当主干路与支路相交时，支路纵断面在相交范围内可视为分段处理，不受最小坡长限制。

4 对沉降量较大的加铺罩面道路，可按降低一级的设计速度控制最小坡长，且应满足相邻纵坡坡差小于或等于 5‰的要求。

7.3.2 当纵坡大于本规范表 7.2.1 的一般值时，其最大坡长应符合表 7.3.2 的规定。道路连续上坡或下坡，应在不大于表 7.3.2 规定的纵坡长度之间设置纵坡缓和段。缓和段的坡度不应大于 3.0%，其长度应符合本规范表 7.3.1 最小坡长的规定。

表 7.3.2　机动车道最大坡长

设计速度（km/h）	100	80	60			50			40		
纵坡（%）	4	5	6	6.5	7	6	6.5	7	6.5	7	8
最大坡长（m）	700	600	400	350	300	350	300	250	300	250	200

7.3.3 当非机动车道的纵坡大于或等于 2.5%时，其最大坡长应符合表 7.3.3 的规定。

表 7.3.3 非机动车道最大坡长

纵 坡（%）		3.5	3.0	2.5
最大坡长（m）	自行车	150	200	300
	三轮车	—	100	150

7.4 合成坡度

7.4.1 在设有超高的平曲线上，超高横坡度与道路纵坡度的最大合成坡度应符合表 7.4.1 的规定。

表 7.4.1 最大合成坡度

设计速度（km/h）	100，80	60，50	40，30	20
最大合成坡度（%）	7.0	7.0	7.0	8.0

注：积雪或冰冻地区道路的合成坡度应小于或等于 6.0%。

7.4.2 在超高缓和段的变化处，当合成坡度小于 0.5%时，应采取综合排水措施。

7.5 竖 曲 线

7.5.1 各级道路纵坡变更处应设置竖曲线，竖曲线宜采用圆曲线；机动车道竖曲线最小半径与竖曲线最小长度应符合表 7.5.1 的规定。当地形条件特别困难时，可采用极限值。

表 7.5.1 机动车道竖曲线最小半径与竖曲线最小长度

设计速度（km/h）		100	80	60	50	40	30	20
凸形竖曲线最小半径（m）	一般值	10000	4500	1800	1350	600	400	150
	极限值	6500	3000	1200	900	400	250	100
凹形竖曲线最小半径（m）	一般值	4500	2700	1500	1050	700	400	150
	极限值	3000	1800	1000	700	450	250	100
竖曲线最小长度（m）	一般值	210	170	120	100	90	60	50
	极限值	85	70	50	40	35	25	20

7.5.2 非机动车道变坡点处应设竖曲线，其竖曲线最小半径不应小于 100m。非机动车与行人共板道路的竖曲线最小半径不应小于 60m。

8 线形组合设计

8.1 一 般 规 定

8.1.1 道路线形设计应协调平面、纵断面、横断面三者间的组合，合理运用技术指标；并应适应地形地物和周边环境，满足行车安全、排水通畅等要求。

8.1.2 线形组合设计应符合下列规定：

1 设计速度大于或等于 60km/h 的道路应强调线形组合设计，保证线形连续、指标均衡、视觉良好、安全舒适、景观协调。

2 设计速度小于 60km/h 的道路在保证行驶安全的前提下，宜合理运用线形要素的规定值。

3 不同等级道路和不同设计速度的路段之间应衔接过渡。

8.1.3 具体路段平纵技术指标的选用及其组合设计，应分析对车辆实际运行速度的影响，同一车辆相邻路段的运行速度与设计速度之差不应大于 20km/h。

8.2 平、纵、横的线形组合

8.2.1 线形组合设计应满足下列基本要求：

1 平、纵、横设计应分别满足各自规定值的要求，不应将最不利值进行组合。

2 平、纵、横组合设计应保持线形的视觉连续性，自然诱导驾驶员视线。

3 平曲线与竖曲线宜相互对应，且平曲线长度宜大于竖曲线长度（图 8.2.1）。

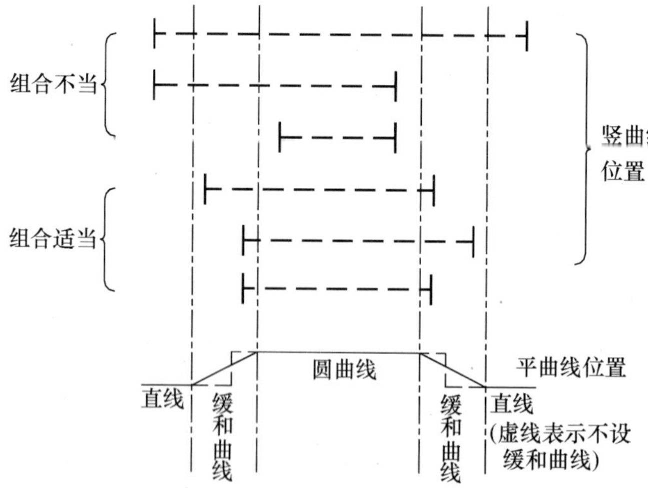

图 8.2.1 平曲线与竖曲线的位置组合

4 竖曲线半径宜为平曲线半径的 10 倍～20 倍。

8.2.2 平纵线形组合应符合下列规定：

1 在凸形竖曲线的顶部或凹形竖曲线的底部，不应插入急转的平曲线或反向平曲线。

2 长直线不宜与陡坡或半径小且长度短的竖曲线组合；长的竖曲线不宜与半径小的平曲线组合。

3 长的平曲线内不宜包含多个短的竖曲线；短的平曲线不宜与短的竖曲线组合。

4 纵断面设计不应出现使驾驶员视觉中断的线形。

8.3 线形与桥、隧的配合

8.3.1 桥梁及其引道的线形应满足下列基本要求：

1 桥梁及其引道的位置、线形应与路线线形相协调，各项技术指标应符合路线布设与总体设计的相关规定。

2 桥梁引道坡脚与平面交叉口停车线之间的距离宜满足交叉口信号周期内的车辆排队和交织长度。

3 桥面车行道宽度应与两端道路的车行道宽度相一致。当桥面宽度与路段的道路横断面总宽度不一致时，应在道路范围内设置宽度渐变段；路面边缘斜率可采用1∶15～1∶30，折点处应圆顺。

8.3.2 隧道及洞口两端的线形应满足下列基本要求：

1 隧道的位置与隧道洞口连接段应与路线线形相协调，各项技术指标应符合路线布设与总体设计的相关规定。

2 隧道洞口内侧和外侧在不小于3s设计速度的行程长度范围内，均应保持一致的平纵线形。

3 当隧道洞门内外路面宽度不一致时，隧道洞口外与之相连接的路段应设置距洞口不小于3s设计速度的行程长度，且不应小于50m长度的、同隧道等宽的过渡段。

4 长、特长的双洞隧道，宜在洞口外的合适位置设置联络通道。

5 隧道洞内外应满足相应道路等级对视距的要求。当隧道洞口连接段设中间分隔带时，应采用停车视距；当无中间分隔带时，应采用会车视距。

8.4 线形与沿线设施的配合

8.4.1 道路线形和交叉口设计应与停车场、枢纽、公交停靠站等交通设施布置配合，并应满足交通组织设计和道路使用者的安全。

8.4.2 道路线形和交叉口设计应与标志标线等交通安全设施设计相互配合，应能准确反映路线设计意图；对路侧设计受限的路段，应合理设置防护设施。

8.4.3 互通立交处的照明设施应与道路线形相互配合、布设合理。

8.4.4 道路与沿线设施、街景应一体化设计，功能应相互补充。

8.5 线形与环境的协调

8.5.1 道路线形应利用地形、自然风景，宜保留原有的地貌、地形、树林、湖泊、建筑物等景观资源，使道路与自然融为一体，与沿线环境相协调。

8.5.2 路基防护应采用工程防护与植物防护相结合的措施，与景观相协调，恢复自然生态环境，防止水土流失。

8.5.3 道路两侧的绿化应满足道路视距及建筑限界的要求。

8.5.4 不同性质和景观要求的城市道路，宜运用道路空间尺度比例关系，调节并形成道路合适的空间氛围。

9 道路与道路交叉

9.1 一般规定

9.1.1 道路交叉口位置应按城市道路网规划设置。

9.1.2 道路与道路交叉可分为平面交叉和立体交叉，交叉形式应根据相交道路的等级和功能、交通流量和流向、地形和地质等要求，进行技术、经济及环境效益的综合分析，合理确定。

9.1.3 道路交叉口设计应符合下列规定：

1 交叉口设计应安全、有序、畅通，满足道路使用者的需求。

2 交叉口通行能力应与路段、出入口及相邻交叉口的通行能力相匹配。

3 交叉口几何设计应与交通组织设计、交通管理方式和交通工程设施相协调，并应与其他交通方式相衔接。

4 交叉口设计应与周围环境相协调，合理确定用地规模。

5 当交叉口分期建设时，应近远期结合，前期工程为后期工程预留条件。

6 改扩建交叉口设计应结合原有交叉口情况，合理确定改建规模。

9.1.4 道路与道路交叉设计应符合现行行业标准《城市道路交叉口设计规程》CJJ 152 的规定。

9.2 平面交叉

9.2.1 平面交叉口按交通组织方式可分为信号控制交叉口、无信号控制交叉口和环形交叉口；按几何形状可分为十字形、T 形、Y 形、X 形、多叉形、错位及环形交叉。

9.2.2 平面交叉口应根据城市道路的布置、相交道路等级、交通组织等选择合适的类型，并应符合下列规定：

1 主干路与主干路、主干路与次干路、次干路与次干路相交，应采用信号控制交叉口。

2 主干路与支路，支路可采用右进右出的交通组织方式。

9.2.3 平面交叉口的间距应根据城市规模、路网规划、道路等级、设计速度、设计交通量及高峰期间最大阻车长度等确定，满足进出口道总长度要求，且不宜小于150m。

9.2.4 平面交叉口设计范围应包括各条道路的相交部分、进出口道（展宽段和渐变段）以及非机动车道、人行道和过街设施所围成的区域。

9.2.5 平面交叉口设计内容应包括交叉口范围内的平面与竖向设计、进出口道展宽设计、交通组织、公交、行人与非机动车过街设施、附属设施等。

9.2.6 平面交叉口范围内的设计速度宜为路段的0.5倍～0.7倍，直行车可取大值，转弯车可取小值。当验算视距三角形时，进口道直行车设计速度应与路段设计速度一致。

9.2.7 平面交叉口范围内的道路平面线形宜采用直线；当采用圆曲线时，其圆曲线半径宜大于不设超高的最小圆曲线半径。

9.2.8 平面交叉口范围内的道路纵坡不宜大于2.5%，困难情况下不应大于3.0%。山区城市道路等特殊情况，在保证行车安全的条件下可适当增加。

9.2.9 平面交叉口竖向设计应保持主要道路的纵坡度不变，次要道路纵坡度宜服从主要道路。

9.2.10 平面交叉口渠化设计应根据设计流量、流向及相交道路等级、功能分析、交通组织方式等因素，确定进出口车道数布置、展宽段和渐变段长度，划分车道功能，进行信号配时。

9.2.11 公交停靠站应设置在交叉口的出口道，并应保证候车乘客的安全，方便乘客换乘、过街，减少对横向道路右转车辆的影响。

9.2.12 平面交叉口均应设置行人和非机动车过街设施，并应与交叉口的几何特征、人流车流、交通组织方式等相协调，宜优先选用平面过街方式。当人行横道穿越机动车道部分的长度大于16m时，应设置行人二次过街安全岛。地面快速路上的过街设施必须采用人行天桥或人行地道；主干路上的重要交叉口宜修建人行天桥或人行地道。

9.3 立体交叉

9.3.1 立体交叉的设置应符合下列规定：

1 快速路与所有道路相交时，必须采用立体交叉。

2 主干路与主干路相交，当交通量较大，对平面交叉采取改善措施、调整交通组织仍不能满足通行能力要求时，宜设置立体交叉，并应妥善解决设置立体交叉后对邻近平面交叉口的影响。

9.3.2 立体交叉根据相交道路等级、交通流行驶特征、非机动车对机动车干扰等，可分为枢纽立交、一般立交和分离式立交。立交选型应符合下列规定：

1 快速路与快速路相交，应采用枢纽立交。

2 快速路与主干路相交，应采用一般立交。

3 快速路与次干路相交，应采用分离式立交。

4 主干路与主干路相交设置立体交叉时，宜采用一般立交。

9.3.3 相邻互通式立体交叉的最小间距应满足上游立交加速车道渐变段终点至下游立交减速车道渐变段起点之间的距离不得小于500m，且应满足设置交通标志的距离要求；市区范围立交最小间距不宜小于1.5km。

9.3.4 立体交叉设计范围应包括相交道路中线交点至各进出口变速车道渐变段的起终点间道路所围成的空间。

9.3.5 立体交叉设计内容应包括立交范围内主路、匝道和进出口、变速车道、集散车道、辅助车道以及立交范围内的辅路、公交、非机动车、人行系统及其附属设施。

9.3.6 立交范围的设计速度应根据主路设计速度、立交等级和匝道形式确定。主路应采用相应道路等级的设计速度，匝道及集散车道设计速度宜为主路的0.4倍～0.7倍，辅路设计速度宜为主路的0.4倍～0.6倍，平面交叉部分宜采用平面交叉口的设计速度。

9.3.7 互通式立体交叉范围内主路的平纵线形不应低于路段标准，并应具有良好的通视条件。主路分流鼻端之前的识别视距不应小于1.25倍的主路停车视距；匝道汇流鼻端前应满足通视三角区和匝道停车视距的要求。

9.3.8 立交匝道出入口处应设置变速车道。

9.3.9 立交范围内出入口间距应保证主路交通不受分合流交通的干扰，并应为分合流交通加减速及转换车道提供安全可靠的条件。当出入口间距不足时，应设置集散车道。

9.3.10 立交匝道分、合流处应保持车道数的平衡，相邻两段同一方向上的基本车道数每次增减不得多于一条；当不平衡时，应增设辅助车道。

9.3.11 设有辅路系统的道路相交，当交叉口设置为枢纽立交时，立交区域应设置与主路分行的辅路系统；当交叉口设置为具有集散作用的一般立交时，其辅路系统可与匝道布置结合。

9.3.12 立交区域的公共汽车交通系统应结合公交线网规划和车站设置，与路段一体进行综合设计。当公交停靠站设置在快速路主路时，停靠区出入口应满足出入口最小间距的规定，并应设置变速车道。

9.3.13 立交区域的非机动车及人行系统应保证连续性和有效宽度，应与周围相关非机动车和人行系统连通，并应减少绕行距离、多次上下及与机动车系统的交叉。

9.3.14 立交区域的行人系统设计应符合现行国家标准《无障碍设计规范》GB 50763 的规定。

10 道路与轨道交通线路交叉

10.1 一般规定

10.1.1 道路与轨道交通线路交叉的位置及形式应符合城市总体规划。

10.1.2 道路与轨道交通线路交叉可分为平面交叉和立体交叉两种。交叉形式应根据道路和轨道交通线路的性质、等级、交通量、地形条件、安全要求以及经济、社会效益等因素确定，应优先采用立体交叉。

10.1.3 分期修建的道路与轨道交通线路交叉工程，应近远期结合。

10.1.4 道路与轨道交通线路交叉设计应符合国家关于安全、环保、卫生和抗震等有关标准的要求。

10.2 立体交叉

10.2.1 道路与轨道交通线路交叉，符合下列条件之一者必须设置立体交叉：

1 快速路与轨道交通线路交叉；

2 主干路、次干路、支路与高速铁路、客运专线、铁路车站、铁路编组场的交叉；

3 行驶有轨电车或无轨电车的道路与铁路交叉；

4 主干路、次干路、支路与除有轨电车道外的城市轨道交通交叉。

10.2.2 道路与铁路交叉，符合下列条件之一者应设置立体交叉：

1 主干路、次干路、支路与路段旅客列车设计行车速度大于或等于 120km/h 的铁路交叉；

2 主干路、次干路、支路与道口交通量大或铁路调车作业繁忙的铁路相交；

3 当受地形等条件限制，采用平面交叉将危及行车安全的道口。

10.2.3 符合下列条件之一者宜设置立体交叉：

1 当道口的机动车流量不大，但非机动车和行人流量较大时，宜设置人行立体交叉或人非合用的立体交叉。

2 主干路与设置有轨电车的道路交叉，宜采用立体交叉。

10.2.4 立体交叉形式可采用道路上跨或下穿两种。按具体情况也可采用机动车道上跨、非机动车道下穿轨道交通的组合形式。

10.2.5 道路与轨道交通高架线路交叉时，宜利用桥跨净空采取道路下穿的形式。

10.2.6 道路与轨道交通立体交叉的建筑限界应符合下列规定：

1 轨道交通上跨道路时，轨道交通的桥下净高、道路侧向净宽应符合本规范第3.0.8条、第3.0.9条的规定。

2 道路上跨轨道交通时，道路桥跨的长度、净高应符合现行国家标准《标准轨距铁路建筑限界》GB 146.2要求及其城市轨道交通的有关规定；有双层集装箱运输要求的铁路，应满足双层集装箱运输限界的规定。

3 道路下穿时，轨道交通线路桥跨布置应满足道路对停车视距的要求。

4 轻轨及地铁地面线、高架线路的建筑限界，应根据采用的车辆类型及其设备限界、设备安装尺寸及安全间隙和有无人行通道、隔声屏障，以及供电制式、接触网柱结构设计尺寸等具体计算确定。

10.3 平 面 交 叉

10.3.1 当次干路、支路与铁路支线、地方铁路、工业企业铁路交叉时，可设置平交道口。但车站内、桥梁、隧道两端及进站信号机外100m范围内不应设置平交道口，铁路曲线地段以及通视不良路段不宜设置平交道口。

10.3.2 无人值守或未设置自动信号的平交道口，机动车驾驶员的侧向最小瞭望视距应符合表10.3.2的规定（图10.3.2）。

表 10.3.2 平交道口瞭望视距

铁路类别	铁路设计最高行车速度（km/h）	侧向最小瞭望视距 S_c（m）
国有铁路	140	470
	120	400
	100	340
	80	270
工业企业铁路	70	240
	55	190
	40	140

注：1 表中道口侧向视距系按道路停车视距50m计算的，道路停车视距大于50m时，应另行计算确定。

2 线间距小于或等于5m的双线铁路道口，机动车驾驶员侧向最小瞭望视距还应增加50m，多线铁路道口按计算确定。

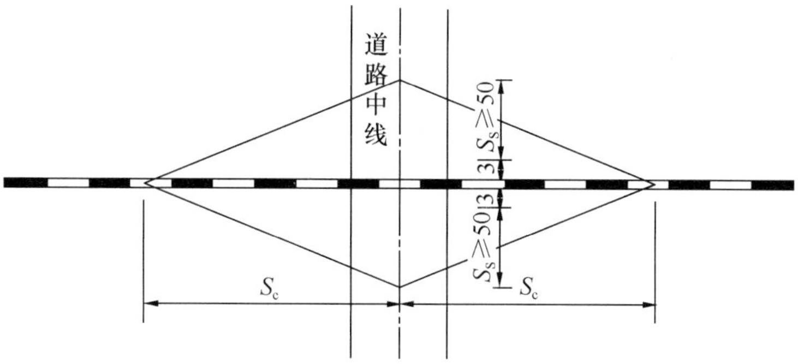

图 10.3.2 道口视距三角形（单位：m）

10.3.3 道路与铁路平面交叉宜设计为正交，斜交时其交叉角应大于45°。

10.3.4 通过道口的道路平面线形应为直线。从最外侧钢轨外缘算起的道路直线段最小长度不应小于50m，困难条件下不得小于30m。

10.3.5 道口两侧应设平台，并应符合下列规定：

1 自最外侧钢轨外至最近竖曲线切点间的平台长度，通行铰接车和拖挂车的道口不应小于20m，通行普通汽车的道口不应小于16m。

2 平台纵坡度不应大于0.5%。

3 紧接道口平台两端的道路纵坡度不应大于表10.3.5的规定值。

表 10.3.5 紧接道口平台两端的道路纵坡度（%）

道路种类	机动车与非机动车混合车道	机动车道
一般值	2.5	3.0
极限值	3.5	5.0

10.3.6 次干路、支路与有轨电车道平面交叉道口应符合下列规定：

1 道路与有轨电车道交叉宜设计为正交，斜交时其交叉角应大于45°。

2 交叉道口处的通视条件应满足道路与道路平面交叉的规定。

3 交叉道口处的道路线形宜为直线，从外侧钢轨算起的直线最小长度不应小于30m。

4 道口有轨电车的轨面标高宜与道路路面标高一致，有轨电车道的纵断面宜保持不变。

5 平交道口的交通组织设计应与车流、人流相协调，合理布设人行道、车行道及有轨电车车站出入通道；并应按规定设置道口信号、行车标志、标线等交通管理设施。

6 交叉道口信号应按有轨电车优先的原则设置。

城市道路路线设计规范

CJJ 193－2012

条 文 说 明

3 基本规定

3.0.1 城市道路应以功能为主进行道路分级。本规范以城市道路在路网中的地位、交通功能为基础，同时考虑对沿线区域的服务功能，将城市道路分为快速路、主干路、次干路和支路四个等级。

在城市路网中具有大交通量、过境及中长距离交通功能，为机动车快速交通服务的道路应选用快速路。快速路应采用中间分隔、全部控制出入、控制出入口间距及形式，实现连续交通流，具有单向双车道或以上的多车道，并应设有配套的交通安全与管理设施；快速路两侧不应设置吸引大量车流、人流的公共建筑物的出入口。

在城市道路网中连接城市各主要分区，以交通功能为主的道路应选用主干路。主干路应采用机动车与非机动车分隔的形式，并控制交叉口间距；主干路两侧不宜设置吸引大量车流、人流的公共建筑物的出入口。

在城市道路网中与主干路结合组成干路网，以集散交通功能为主，兼有服务功能的区域性道路应选用次干路。次干路两侧可设置公共建筑物的出入口，但应设置在交叉口功能区之外，且相邻出入口的间距不宜小于 80m。

与次干路和居住区、工业区、交通设施等内部道路相连接，解决局部地区交通，以服务功能为主的道路应选用支路。支路两侧可设置公共建筑物的出入口，但宜设置在交叉口功能区之外。

道路等级一般在规划阶段确定。当遇特殊情况需变更道路等级时，应进行技术经济论证，并报规划审批部门批准。

当道路作为货运、防洪、消防、旅游等专用道路使用时，由于在道路的设计车辆、交通组成、功能要求等方面存在一些特殊性需求，除应满足相应道路等级的技术要求外，还应满足专用道路及通行车辆的特殊要求。

设计速度是城市道路设计时确定几何线形的最基本条件。它是具有中等驾驶技术水平的驾驶员，在气候良好、交通密度低、只受道路本身条件影响时驾驶车辆，能够安全、舒适行驶的最高速度，因此它与运行速度、运行安全有密切关系。

同一等级道路中，设计速度应根据功能定位、交通量，并结合地形和地质条件、城市发展和沿线土地利用状况、工程投资等因素，经论证确定。

城市规模大、地形条件好、交通功能强的道路可取设计速度的高值；中心城区道路、商业街、文化街以及改建道路，由于沿线区域开发较为成熟，控制条件较多，受条件限制可取设计速度的低值。

3.0.2 路线设计是设计方案的核心，应遵照统筹规划、合理布局、近远结合、综合利用的原则进行总体设计；并应综合协调各种关联工程的关系，按照兼顾发展与适度超前的原则，妥善处理已建工程和新建工程的布局，合理确定路线方案。

城市道路的路线走向首先应符合城市规划，包括沿线土地利用规划；在地形条件起伏、工程地质复杂的地区，应对自然条件和建设条件进行调查，对可行的路线走向进行必要的比选，合理确定路线线位和主要平纵线形技术指标。

当采用不同的设计速度、技术指标或设计方案对工程造价、征地拆迁、自然环境、文物保护、社会效益和经济效益等有明显差异时，应作同等深度的技术经济论证，对社会稳定风险和环境影响进行评价，提出技术可行、经济合理、安全适用、施工方便的设计方案。

道路线形设计的各单项技术指标是满足相应道路等级的设计速度规定的最小值。线形设计应根据地形、地质、地物、技术难度及其工程量大小等因素综合考虑，合理选择线形技术指标，进行组合设计和优化设计。

道路透视图是一种最有效、最丰富的表达语言。运用计算机进行的三维模型透视图及其图像处理技术，不仅可以对路线线形设计进行工程评价与检验，而且可以向公众展示项目建成后的效果，便于公众直观理解意图和意见反馈。因此，必要时可以运用道路透视图或三维设计对设计方案进行分析与评价。

3.0.3 加强环境保护和合理利用土地资源是重要的国策，应减少道路建设对周围环境的影响，妥善处理人、车、路、环境之间的关系，使社会、环境与经济效益协调统一。

3.0.4 城市道路从交通量发展、沿线土地开发程度、资金等综合因素考虑，采用分期修建是有可能的。但采用分期修建方案时，必须在综合论证的基础上，进行总体设计，制定分期修建方案和相应设计。

3.0.5 城市道路的改建往往是在交通流量大、路面状况不好等情况下进行的，应合理选择、灵活运用技术指标，因地制宜地提出道路工程改建方案。

3.0.8 本条道路建筑限界规定是在《城市道路工程设计规范》CJJ 37－2012基础上，图示中增加了缘石外露高度（h）和安全带宽度（W_{sc}）的表示，使道路建筑限界形成一个封闭的空间界线。侧向净宽度为路缘带宽度与安全带宽度之和；当缘石高度不能保证车辆行驶的侧向净宽度时，应考虑适当加宽侧向宽度。

3.0.9 本规范道路最小净高与《城市道路工程设计规范》CJJ 37－2012的规定一致。最小净高是针对设计车辆制定的，对通行无轨电车、有轨电车、双层客车、或其他超长、超宽、超高特种车辆的道路，应根据实际通行的车辆类型确定道路净高，并应结合路网条件设置完善的交通管理和行车安全措施。

1 同一等级道路应采用相同的净高，目的是交通管理措施的一致性，如高架路系统、主干路系统应采用相同的净高标准。若道路系统内的部分节点有近、远期实施方案，可另行考虑。

2 虽然我国城市道路和公路规范设计车辆总高均为4m，但在最小净高的规定上有差异。城市道路规范采用机动车为对象的最小净高为4.5m；公路规范采用道路等级为对象的净高标准，高速公路、一级公路和二级公路的最小净高为5.0m，三级公路、四级公路的最小净高为4.5m。因此，与公路衔接的城市道路，当净高要求不一致时应衔接过渡，制定交通管理措施，保证行车安全。净高要求不同的城市道路之间，也应设置必要的限高标志和防撞设施等。

3 道路下穿宽度较宽或斜交角度较大的构筑物时，其路面距离构造物下缘任一点的高度均应满足道路净高要求。

4 总体设计

4.1 一 般 规 定

4.1.1 快速路（如采用高架、隧道、路堑、地面等道路形式）、主干路（如采用主辅路断面布置、快捷路等）、大桥和特大桥、隧道、交通枢纽等项目，系统性强、涉及面广、协调量大、工程较复杂，项目各专业之间、与旁邻工程的关联性较强，该类工程应进行总体设计，做好总体布置方案，并要求在设计文件中以一定形式表达出来。其他道路若涉及与轨道交通、地下空间、大型地下管线、综合管沟、城市景观等的协调，以及需要分段、分期设计的道路，可按相关因素进行总体设计。

4.1.2 总体设计应贯穿于道路设计的全过程，完成各个阶段的主要任务。可行性研究阶段，应在充分调查研究、评价预测和必要的勘察工作基础上，对项目建设的必要性、经济合理性、技术可行性、实施可能性，进行综合性的研究和论证；确定道路等级、主要技术标准和建设规模；对不同建设方案进行比较，提出推荐建设方案。初步设计阶段，应明确设计原则和技术标准，在收集勘察资料和环评、风险等评估的基础上深化设计方案，确定拆迁、征地范围和数量，提出设计存在的问题、注意事项及有关建议，其深度应控制工程投资，满足编制施工图设计、主要设备订货、招标及施工准备的要求。施工图设计阶段，应能满足施工图预算、施工招标、施工安装与加工、材料设备订货的要求，并据以工程验收。

总体设计强调项目的系统性、全面性，设计人员应按各阶段设计方案的要求，协调本项目与外部项目、社会、环境之间的内外关系，处理道路与桥梁、隧道、管线、交通设施、照明、绿化景观等各专业之间的关系，合理确定本项目的工程范围、技术标准、建设规模、主要技术指标、道路形式、横断面布置和总体设计方案，提出外部关联工程的衔接条件、设置要求、设计界面、配套接口、会签认可、有关部门确认等内容，以便形成适合、可行的设计方案，满足城市道路“枢纽型、功能性、网络化”的发展要求。

在实现安全、环保、可持续发展的总体目标中应包括三个方面的内容，一是交通功能方面应达到舒适性、安全性、高效性和可达性等；二是环境保护方面要求道路建设应尽量减少对空气、声环境、生态及人类生活环境要素的负面影响（如采取降低噪声、减少废气排放、防止水土流失或采取地下道的结构形式等）；三是资源节约方面要求道路建设应能有效利用土地、能源、人力等资源（如节约用地、减少拆迁、少占耕土、降低能耗、原有道路或旧料利用等）。

4.1.3 规定了总体设计应完成的主要内容。

1 设计原则作为完成工程建设项目的指导思想以及对总体设计方案的评判标准，应从以下几方面加以阐述：

1）对工程项目功能性品质追求的理念，如交通功能完善，满足应有的（或各种）交通方式的需求；坚持功能性技术标准，使工程项目具有高效合理的使用性能；

2）满足规划思想，符合规划要求，使工程项目具有充分的规划依据；

3）坚持工程设计“以人为本”的理念，最大程度满足各层次使用者的需求；

4）注重环境保护，体现资源节约、环境友好的工程项目设计；

5）坚持科学态度，积极采用新技术、新材料、新工艺、新设备，达到技术先进、经济合理、资源节省、安全可靠；

6）根据需求逐渐增长的特点，采用近远期分步实施的方法，达到既满足使用要求，又减少近期投资，使项目具有最大的性价比；

7）注重道路景观协调，符合生态文明建设要求；

8）工程设计方案在征地拆迁、维持交通、施工方案等方面具有可实施性。

2 道路的功能定位、服务对象与道路等级、道路在路网中的地位和作用有关，可根据其所处的区位、交通特性、区域环境来确定。服务功能可分为交通性道路、生活性道路、商业性道路和景观性道路，服务对象可分为客运交通、货运交通、客货运交通等。

3 技术标准包括设计道路及相交道路的等级、设计速度、道路净高、铁路限界、航道等级与限界、设计荷载、结构设计使用年限、抗震设防标准、安全等级等，主要排水技术标准包括雨水设计重现期、径流系数、污水量等，并列出采用的规范及标准。建设规模应根据预测交通量和建设条件综合确定，满足交通发展需求。在确定工程技术指标时，应注意地区特性与差异，精心做好路线设计；必要时宜进行安全性评价，以保障行人和行车安全。因条件受限而采用规范的极限值或对快速路线形组合设计有难度的路段，可采用运行速度进行检验，并采取相应技术对策。

4 总体设计应进行多方案比选，经技术经济综合论证，提出推荐方案，设计方案内容包括路线走向、道路形式、横断面布置、路段和重要节点的设计方案等。路线设计应根据沿线地形地貌、主要建筑物、环境敏感点的处理，沿线相关的铁路、城市轨道交通、隧道、水系、河道、航空、管道、高压线的布局，自然资源状况等，确定路线走向、主要控制点和竖向控制要素；并根据相邻工程衔接，确定项目的起终点、工程范围和道路用地。并应协调项目外部与内部各专业之间的关系，划定设计界面与接口，相关配套内容、设计界面、接口、距离等应符合有关法规、标准、规范的规定，并征求社会公众和部门意见，落实相关控制措施。

5 交通组织设计是总体设计中的一个重要环节，有利于道路设计满足交通功能的要求。新建道路或改建道路应根据服务对象、交通需求和路网条件进行交通组织设计，满足各种交通方式安全、通畅、高效的使用要求。

6 应在查明工程沿线设施、自然环境、地形、地质等建设条件的基础上，认真研究路线方案或工程建设同生态环境、资源利用的关系，采取环境保护和节能降耗等技术措施，减少对生态环境的影响程度，加强恢复力度，最大限度地保护环境。对涉及社会稳定风险、工程质量安全的项目应开展科学、系统的预测、分析和评估，制定风险预控措施和应急预案，优化设计方案，使工程设计方案在线位、用地、征地拆迁、结构形式、维持交通、施工方案等方面具有可实施性，使项目能上马。

4.2 总体设计要点

快速路、主干路、大桥和特大桥、隧道设施与其他等级道路相比，不但主体的平纵线形指标高，而且相应增加了立体交叉、复杂平面交叉口、出入口、交通工程及沿线设施、管线设施、城市道路与公路衔接、道路与相邻工程衔接等诸多工程项目。这些工程项目无论设计或施工都较一般道路的工程项目复杂得多，所以从技术上必须加强对这些工程的总体设计，以确保诸多工程作用连贯、相互协调、布局合理。总体设计应在统筹布局的指导下系统地做好各项设计工作，合理衔接路线位置与各控制点、路线平纵线形与地形及各种构造物、路线交叉位置、各项沿线设施的设置位置及间距等方面，协调线形与横断面之间的关系，以及道路工程对周边环境的保护和协调，对分期修建工程进行总体布局及实施方案等内容。

4.2.1 城市道路路线走向一般以规划为依据，当规划滞后或规划未确定而存在不同路线走向的可能时，应进行不同路线走向方案的比选，并将推荐方案报规划部门审批。

4.2.2 根据规划的道路等级，论证道路功能定位，并结合服务对象和建设条件，合理选用设计速度和主要技术标准。

4.2.3 论证并确定机动车车道数规模和非机动车道、人行道宽度；定性分析主要根据道路性质及其在路网中的地位和使用要求确定；对于投资额巨大、交通条件复杂的工程项目，应对机动车道的通行能力进行深入论证，提出采用车道数的推荐意见。

4.2.4 横断面布置应进行多方案比选，论证并确定道路横断面布置形式，如采用单幅路、双幅路、三幅路、四幅路或其他特殊横断面设计，并应结合道路红线确定道路实施宽度。

4.2.5 应结合交通组织设计进行多方案比选，论证并确定道路敷设方式，如采用高架路、隧道、地面、路堑、路堤或老桥拓宽等总体布置方案，并确定桥梁、隧道等结构设计方案，以达到减少工程投资、缓解社会矛盾、改善环境的目的。

4.2.6 论证并确定各交叉点的布置位置、间距、交叉类别、交叉形式、各部分的基本尺寸和主要设计参数，确定交叉口用地范围；对于道路与铁路、城市轨道交通线路的交叉，应根据道路等级、轨道交通性质、交通量、地形条件、安全要求以及社会经济效益等因素，确定是否设置立交。

4.2.7 确定沿线河道桥梁的布置方案，满足航道及水利部门有关蓝线、桥下建筑限界的要求。

4.2.8 确定沿线人行过街设施设置方式，如人行横道、人行天桥或人行地道形式，并提出信号灯配置等要求。

4.2.9 确定沿线公交专用道布置形式，可采用路中专用道或路侧专用道；确定沿线公交站点位置、布置方式，可采用港湾式或路抛式的布置形式等。当有公交站点规划时，应按公交站点规划设置公交站点；当没有公交站点规划时，应根据道路沿线用地性质、公交换乘需要、站点距离适当的要求，以及道路条件，经征求公交部门意见后，提出公交站点设置方案及站点形式。

4.2.10 将交通组织设计纳入总体设计范畴，对路段、交叉口、出入口应分别进行交通组织设计方案。

1 路段上需说明各种交通方式在横断面上的安排，如不同车种在道路上单向行驶或双向行驶，道路中间是否隔离行驶，机、非隔离行驶或画线分行，公交车与其他机动车混行或采用公交专用道，非机动车与行人分板或共板，非机动车在公交站点处与公交车交织或不交织，路段上横向车辆出口封闭与否、开口间距，或允许进入非机动车道而不允许直接进入机动车道，调头车道间距，行人及非机动车横过道路的方式、间距、地点设置等。

2 交叉口处需说明各种交通方式通过交叉口的组织方式，如交叉口所有方向均允许通行或某些方向禁行，交叉口设信号灯组织交通或按通行优先权的不同组织交通；设信号灯组织交通时，信号灯组和信号相位如何安排，非机动车随机动车过交叉口还是随行人过交叉口，公交车有无优先通行权，公交车站与交叉口展宽是否一体化设计等。

4.2.11 应确定交通工程及沿线设施的建设规模、技术标准、设置内容和设计范围，并按交通设施布置要求进一步优化工程设计方案，满足功能、安全、服务的要求。

4.2.12 对拟分期修建的道路工程，应近远期结合，在远期总体设计的基础上制订分期修建方案，并应进行相应设计，满足交通功能需求。

5 横断面设计

5.1 一 般 规 定

5.1.1 城市道路红线宽度由规划部门制定，道路设计应服从总体规划。城市道路的设计一般在规划道路红线内进行，并应符合规划控制要求；但对不能满足规划确定的道路技术标准而需要调整时，应与规划部门协商，并得到批准。

5.1.3 环保设施是指道路范围内的声屏障、防噪墙、隔声板等设施。

5.1.4 城市道路是路网构架，互相沟通，使城市交通四通八达，横断面布设特别是旧路改建，应考虑已有的地形地物条件，尽可能地利用已有构筑物和设施，而不是简单地套用路幅形式。横断面中的车行道宽度应依据设计速度、预测交通量、服务水平分析确定。

5.2 横断面布置

5.2.1 影响城市道路横断面形式与组成部分宽度的因素很多，如交通量、车辆类型与组成、设计速度、城市地理位置、地形条件、排除地面水的方法、地面结构物的位置等，应综合各类因素后确定。

1 单幅路灵活性较强，城市支路和旧城区道路使用较多，对商业区道路和具有游行、集会、大型活动场所等特殊使用要求的道路均可采用单幅路断面。

2 双幅路可减少对向机动车相互之间干扰，对绿化、照明、管线敷设也较有利。

经济开发区、风景区、高科技园区等区域性道路，具有非机动车较少的特点，非机动车可置于人行步道一侧，采用双幅路断面形式布置较为适宜。

双幅路断面形式也适用于分期修建的横断面布置。对于地势条件特殊的滨河路或丘陵路、横向高差大的道路，可利用地形优势采用分离式的双幅路断面形式。

3 三幅路实行机动车与非机动车分隔，可避免混行交通的干扰，保障行车安全，提高机动车的行车速度。单幅路和三幅路中，禁止跨越对向车行道分界线设置类型及宽度应满足现行国家标准《道路交通标志和标线　第3部分：道路交通标线》GB 5768.3中关于“禁止跨越对向车行道分界线”的规定。

4 四幅路较适用于快速路、交通性主干路，四幅路的特点是车辆分向和分流行驶，不受沿线车辆的干扰，沿线车辆可先通过辅路再进出主路车道。快速路单向机动车道一般不应少于3条，主干路车道数单向机动车道不应少于2条。

5 原则上路边停车宜布置在支路或辅路上，不建议在主干路或次干路上布置路边停车，会影响道路通行能力。

5.2.2 高架路是城市快速路或主干路布置的一种形式。横断面设计时，根据不同地形条件和交通组织设计，可采用整体式、分离式、双层式或组合形式，应因地制宜选用，灵活掌握。

1 整体式高架路一般适用于城市建筑密集区、用地拆迁受限制、红线宽度较窄、交通流量大、路口间距较小的快速路或主干路，应按城市总体规划交通发展、用地范围、地形条件、立交设置、出入口设置，以及环境等因素，经技术经济综合比较后选用。

2 分离式高架路主路交通功能较好，上下行交通不在同一断面上，行车安全，可减少夜间眩光的干扰，有利于车辆快速疏解；两幅独立的桥位于地面道路两侧，两桥间留出采光空间，便于桥下辅路布设；但地面道路交通组织较复杂，需增加相应的交通设施引导交通。

5.2.3 当遇到无法动迁的障碍物，或敏感性地区以及特殊环保景观要求时，道路只能从地下以隧道形式穿越，且采用隧道式横断面；但其造价较高，采用时需进行经济技术比较。

5.2.6 为落实“公交优先”政策，当达到设置公交专用道客流量时，对快速路、主干路单向机动车道数大于等于3车道的道路，宜单独设一条公交专用车道或限时公交专用车道，同时在横断面布置时应设公交停靠站；当快速公交专用道设在快速路主线两侧时，应与快速路出、入口的加减速车道综合考虑；当次干路单向车道数少于2条车道时，宜另设置港湾式公交停靠站，不影响其他车辆行驶。

限时公交专用车道可用于路面资源有限且交通拥挤的路段，在保证高峰时段公交车正常通行的情况下，允许社会车辆分时段使用，可有效利用道路资源，提高整条路段的通行能力，减轻主干路路面的交通压力。

公交专用车道的设置尚应满足《城市道路工程设计规范》CJJ 37和《公交专用车道设置》GA/T 507中的有关规定。

5.2.8 隧道内轮廓设计，除应符合隧道建筑限界的规定外，还应满足洞内路面、排水设施、装饰的需要，并为通风、照明、消防、监控、营运管理等设施提供安装空间。

1 道路等级和设计速度相同的一条道路上的隧道横断面组成宽度宜相同。

2 城市道路隧道内应设置检修道。检修道的路缘石可以阻止车辆冲上检修道，是检修步行者的安全限界，同时可保证隧道设备的安全限界；检修道的高度可按20cm～80cm取值，并综合考虑以下因素：

1） 检修人员步行时的安全；

2） 紧急情况时，方便驾乘人员拿取消防设备；

3） 满足其下放置电缆、给水管等的空间尺寸要求。

当设置检修道时，可不考虑安全带宽度；当不设置检修道时，应设不小于0.25m的安全带宽度。

3 隧道可按其封闭段长度L分类，分类见表1。

表 1 隧道分类

隧道分类	特长隧道	长隧道	中隧道	短隧道
封闭段长度 L（m）	$L>3000$	$3000\geqslant L>1000$	$1000\geqslant L>500$	$L\leqslant 500$

注：封闭段长度系指隧道两端洞口之间暗埋段的长度。

4 采用盾构施工工艺，可设置连续应急车道；采用明挖施工工艺，可采用连续或港湾式应急停车道。条件受限时，应通过技术论证、经综合比较后，确定是否设置应急车道。

5 人行横通道的主要功能是在紧急情况下疏散行人，用以进行紧急救援活动等。

5.3 横断面组成宽度

5.3.3 路侧带

1 人行道宽度取决于道路功能、沿街建筑物性质、人流密度，还应考虑在人行道下埋设地下管线等的要求。

表 2 单侧人行道宽度与道路总宽度之比值参考表

道路等级	横断面形式			道路等级	横断面形式		
	单幅路	双幅路	三幅路		单幅路	双幅路	三幅路
快速路	—	1/6～1/8	—	次干路	1/4～1/6	—	1/4～1/7
主干路	1/5～1/7	—	1/5～1/8	支路	1/3～1/5	—	—

2 道路路侧一般种有树木或设置绿化带，为保证植物的正常生长，需要保证其合理的宽度。当种植单排行道树时，植树带最小宽度为 1.5m。为保证行道树生长，绿化带和人行道总宽度不宜小于 4.5m。

3 经调查我国各城市设置杆柱的设施带宽度多数为 1.0m，有些城市为 0.5m～1.5m，考虑有些杆线需做基座，则需宽度大些，但最小宽度不小于 1.0m，最大不超过 1.5m，设计时可根据实际情况选用。

地下管线应尽可能布置在路侧带下面，并要布置得紧凑和经济。当管线埋设在路侧带下面时，如管线种类较多，且管线间还应有安全距离，则路侧带的宽度需要较宽。

不同设施独立设置时占用宽度见表 3。

表 3 设施带宽度

项　　目	宽　　度（m）
行人护栏	0.25～0.50
灯柱	1.00～1.50

续表 3

项　　目	宽　　度（m）
邮箱、垃圾箱	0.60～1.00
长凳、座椅	1.00～2.00
行道树	1.20～1.50

注：同时设置护栏与灯柱时，宜采用表中的大值。

现有城市道路中，人行道的宽度按规划设计为 3.0m～5.0m 宽，设施和绿化所占用的宽度不计入在内，设计时要明确行人、绿化、设施带各自合适的宽度。

5.3.5 加速车道是为保证驶入主路的车辆，在进入主路车流之前，能安全加速以保证汇流所需要的距离而设置的变速车道。减速车道是为保证车辆驶出主路时安全减速而设置的变速车道。由于加、减速车道在不同地点使用，其特点和要求各不相同。使用中可根据具体情况，按不同要求进行设计。

5.3.6 集散车道

1 集散车道与主线车道间应采用分隔设施或标线分隔。集散车道的设计速度应与相接匝道相同，集散车道路面宽度为车行道宽度加两侧路缘带宽度。

当主线设计速度小于或等于 60km/h 时，主线车道与集散车道之间可不设分隔设施。

2 当快速路出入口间距不能满足《城市快速路设计规程》CJJ 129 最小间距规定时，应增设集散车道，其宽度不少于 2 条车道的宽度。

5.3.9 非机动车道和人行道的分隔措施可以采用树穴、绿化带、分隔柱等物理分隔，也可采用不同铺装类型、平缘石及画标线等。

6 平面设计

6.3 平　曲　线

6.3.2 圆曲线

1 本规范规定了不设超高最小半径、设超高最小半径一般值、设超高最小半径极限值三类圆曲线最小半径，在工程设计中应结合具体情况合理选用。

圆曲线最小半径是以车辆在曲线上能安全又顺适地行驶为条件确定的，即车辆行驶在曲线部分时，所产生的离心力等横向力不超过轮胎与路面的摩擦力所允许的界限。圆曲线最小半径按下式计算。

$$R = \frac{V^2}{127(\mu + i)} \tag{1}$$

式中：R——圆曲线半径（m）；

V——设计速度（km/h）；

μ——横向力系数，取轮胎与路面之间的横向摩擦系数；

i——路面横坡或超高横坡。

在设计速度 V 确定的情况下，圆曲线最小半径 R 取决于横向力系数 μ 和横坡 i 的选值。横向力系数 μ 的选用不仅考虑汽车在弯道上行驶时的稳定性，还要考虑乘客的舒适性以及对燃料、轮胎消耗的影响。汽车在弯道上行驶时，不同的 μ 值对乘客的舒适感和对燃料、轮胎消耗的影响见表 4 和表 5。

表 4　汽车在弯道上行驶时对乘客的舒适感

μ	乘客舒适感
≤0.10	转弯时不感到有曲线存在，很平稳
0.15	转弯时略感到有曲线存在，尚平稳
0.20	转弯时已感到有曲线存在，略感到不平稳
0.35	转弯时明显感到有曲线存在，已感到不稳定
≥0.40	转弯时非常不稳定，站立不住而有倾倒危险

表 5　μ 值对燃料和轮胎消耗的影响

μ	燃料消耗（%）	轮胎消耗（%）
0	100	100
0.05	105	160
0.10	110	220
0.15	115	300
0.20	120	390

《公路工程技术标准》JTG B01－2003 中的 μ 值按 0.035～0.040 取用，计算得出公路不设超高圆曲线最小半径值。结合我国城市道路大型客、货车较多的特点，城市道路不设超高圆曲线最小半径按 μ=0.067 和 i=－2%计算得出。设超高圆曲线最小半径一般值按 μ=0.067 和 i=2%～6%计算得出。城市道路由于非机动车的干扰，交叉口较多，一般车速偏低，因此 μ 值可加大些。本规范中，设超高圆曲线最小半径极限值按不同的设计速度，μ=0.14～0.16，i=2%～6%计算得出。圆曲线半径理论计算值与规范采用值见表 6。

表 6　圆曲线半径计算表

设计速度（km/h）		100	80	60	50	40	30	20
不设超高最小半径（m）	横向力系数 μ	0.067	0.067	0.067	0.067	0.067	0.067	0.067
	路面横坡度 i	−0.02	−0.02	−0.02	−0.02	−0.02	−0.02	−0.02
	$R=\frac{V^2}{127(\mu+i)}$	1675	1072	603	419	268	151	67
	R 采用值	1600	1000	600	400	300	150	70
设超高最小半径一般值（m）	横向力系数 μ	0.067	0.067	0.067	0.067	0.067	0.067	0.067
	路面横坡度 i	0.06	0.06	0.04	0.04	0.02	0.02	0.02
	$R=\frac{V^2}{127(\mu+i)}$	620	397	265	184	145	81	36
	R 采用值	650	400	300	200	150	85	40
设超高最小半径极限值（m）	横向力系数 μ	0.14	0.14	0.15	0.15	0.16	0.16	0.16
	路面横坡度 i	0.06	0.06	0.04	0.04	0.02	0.02	0.02
	$R=\frac{V^2}{127(\mu+i)}$	394	252	149	104	70	39	17
	R 采用值	400	250	150	100	70	40	20

2　长直线下坡尽头接平曲线半径的线形组合在城市道路中较多，且较易产生交通事故，尤其在雨雪天等不利的气候条件下。对受条件限制时，可从提高路面抗滑性能、交通安全、交通管理等方面考虑采取防护措施。

6.3.3　缓和曲线

1　不设缓和曲线的最小圆曲线半径

直线和圆曲线之间插入缓和曲线后，与直线和圆曲线直接相连接比较，产生位移量 e。设置或不设置缓和曲线，以 20cm 的位移量为界限。位移量 $e<20$cm 可不设缓和曲线，位移量 $e\geqslant 20$cm 时设缓和曲线。

则
$$e=\frac{1}{24}\cdot\frac{L_s^2}{R}=0.2 \tag{2}$$

而
$$L_s=\frac{V}{3.6}\cdot t \tag{3}$$

当 $e=0.2$m 及 $t=3$s 时，得出不设缓和曲线的最小圆曲线半径为：

$$R=0.144V^2 \tag{4}$$

为不影响驾驶员在视觉和行驶上的顺适，不设缓和曲线的最小半径值为式（4）计算值的 2 倍，不设缓和曲线的最小圆曲线半径计算值见表 7。

表 7 不设缓和曲线的最小圆曲线半径

设计速度（km/h）	100	80	60	50	40
计算值（$R=2\times0.144V^2$）(m)	2880	1843	1037	720	461
不设缓和曲线的最小圆曲线半径（m）	3000	2000	1000	700	500

对设计速度小于 40km/h 的支路，作为次干路与街坊路的连接线，以服务沿线地块、交通设施等为主，对其设置缓和曲线不做要求。

随着计算机辅助设计在道路几何设计中的应用，设计人员对于直线与圆曲线间或圆曲线与圆曲线间的连接都基本采用了缓和曲线的连接方式。因此，在低速状态下的直线与圆曲线或圆曲线与圆曲线的连接标准也可使用缓和曲线。

2 缓和曲线长度

车辆从直线段驶入圆曲线或从圆曲线驶入直线段，由大半径圆曲线驶入小半径圆曲线或由小半径圆曲线驶入大半径圆曲线，为了缓和行车方向和离心力的突变，确保行车的舒适和安全，在直线和圆曲线间或半径相差悬殊的圆曲线之间需设置符合车辆转向行驶轨迹和离心力渐变的缓和曲线。由离心力作为控制产生的缓和曲线最小长度应满足以下要求：

1）驾驶员易操作，乘客感觉舒适。汽车行驶在圆曲线上引起的离心力与缓和系数 α_p 有关，见式（5）。

$$\alpha_p=\frac{v^2}{Rt}=0.0215\frac{V^3}{RL_s} \tag{5}$$

式中：α_p——检验缓和曲线的缓和性指标，α_p 一般采用 0.3m/s^3～1.0m/s^3，我国在道路设计中 α_p 采用 0.6 m/s^3；

v——设计速度（m/s）；

V——设计速度（km/h）；

R——圆曲线半径（m）；

t——在缓和曲线 L_s 上行驶所需时间（s）。

则

$$L_s=0.035\frac{V^3}{R} \tag{6}$$

2）行驶时间不宜过短，汽车在缓和曲线上行驶时，使驾驶员有足够的时间转动方向盘，以适应前方线形的改变，也使乘客感到舒适。缓和曲线上行驶时间采用 3s，按式（7）计算。

$$L_s = vt = \frac{V}{3.6}t \tag{7}$$

缓和曲线最小长度按式（6）及式（7）两者计算取大值，缓和曲线最小长度计算值与采用值见表 8。

表 8　缓和曲线最小长度

设计速度（km/h）		100	80	60	50	40	30	20
缓和曲线最小长度（m）	$L_s = 0.035\frac{V^3}{R}$	87.5	71.7	50.4	43.8	32.0	23.6	14.0
	$L_s = \frac{3V}{3.6} = 0.833V$	83.3	66.6	50.0	41.7	33.3	25.0	16.7
	采用值	85	70	50	45	35	25	20

注：表中 R 采用设超高最小半径。

3　缓和曲线参数

调查表明，由于使用了长的缓和曲线，在视觉上线形变得自然平顺，行驶更加安全舒适，缓和曲线参数 A 值的灵活运用增加了线形设计的自由度，使得线形与地形更容易相适应。《公路路线设计规范》JTG D20－2006 规定了“缓和曲线参数宜依据地形条件及线形要求确定，并与圆曲线半径相协调。”即：

1）当 R 小于 100m 时，A 宜大于或等于 R。

2）当 R 接近于 100m 时，A 宜等于 R。

3）当 R 较大或接近于 3000m 时，A 宜等于 $R/3$。

4）当 R 大于 3000m 时，A 宜小于 $R/3$。

根据视觉要求，试验所得缓和曲线起点至终点切线角的变化宜控制在 3°～29°之间，即 $\beta=\frac{L_s}{2R}=\frac{A^2}{2R^2}$（代入 $\beta=3°$ 及 $\beta=29°$，β 以弧度计），则有 $R/3 \leqslant A \leqslant R$。

6.3.4　平曲线长度

1　平曲线指道路线形上的曲线部分，完整的平曲线包括一个圆曲线和两个缓和曲线。汽车在平曲线上行驶时，如曲线过短，驾驶员操纵方向盘时变动频繁，在高速行驶时感到危险，加上离心加速度变化率过大，使乘客感到不舒适。因此，必须确定不同半径与设计速度条件下的平曲线最小长度。《日本公路技术标准的解说与运用》中认为，汽车通过平曲线的时间 6s 较为合适；汽车通过平曲线中间一段圆曲线的时间 3s 较为合适。平曲线和圆曲线的最小长度按下式计算。

$$L_{min} = \frac{1}{3.6} \cdot V \cdot t \tag{8}$$

式中：L_{min}——平曲线长度（m）；

V——设计速度（km/h）；

t——汽车通过平曲线的时间（s），以 6s 计。

平曲线长度除应满足设置缓和曲线或超高、加宽过渡的需要外，还应保留一段圆曲线，以保证汽车行驶状态的平稳过渡。平曲线最小长度是按缓和曲线最小长度的 2 倍控制，实际上是一种极限状态，此时曲线为凸形缓和曲线，驾驶者会感到操作突变且视觉亦不舒顺。因此，建议最小平曲线长度取值按理论上至少应该不小于 3 倍缓和曲线最小长度，即保证设置最小长度的缓和曲线后，仍保留一段相同长度的圆曲线。

平曲线及圆曲线最小长度计算值与规范采用值计算见表 9。

表 9 平曲线及圆曲线最小长度计算表

设计速度（km/h）		100	80	60	50	40	30	20
平曲线最小长度（m）	计算值	167	133	100	83	67	50	33
	采用值	170	140	100	85	70	50	40
圆曲线最小长度（m）	计算值	83	67	50	42	33	25	17
	采用值	85	70	50	40	35	25	20

2 在地形条件许可的情况下路线转角争取尽可能小，才能达到路线顺直。但转角太小，容易引起驾驶员的错觉，把曲线长度误认为比实际的短，或认为道路急转弯，造成驾驶员感觉道路在顺适地转弯，这种现象转角越小越显著。所以转角越小越要插入长的曲线，必须使其产生道路在顺适转弯的感觉。在转角小的曲线部分为使驾驶员识别出是曲线，应适当加大外距；特别是连续流交通的道路，更应注重小转角的影响。

引起驾驶员错觉的道路转角临界值采用 7°，以 7°作为引起驾驶者错觉的临界角度也只是一种经验值，因为通过选择合适的圆曲线半径，或设置足够的长度的曲线可以改善视觉效果，这才提出小转角的最小曲线长度的限制问题。

而一般城市道路受规划红线、用地条件的限制，存在小转角的情况是比较普遍的。要取消小转角，往往需要增加较大的工程量和巨大的动拆迁。另外，城市道路车辆密度较大，变换车道也较频繁，同时由于沿线交叉口的存在，驾驶员的注意力一般较为集中，因小转角的存在而发生交通安全事故的概率较小。因此，本次对设计速度小于 60km/h 的地面道路，不再做小转角的规定，只要满足平曲线规定的最小长度即可。

6.4 圆曲线超高

在道路曲线部分汽车行驶时所承受的离心力被路面超高使汽车产

生的横向力及路面与轮胎之间的摩擦力抵消，因而能保持横向稳定，顺利行驶。超高设计及超高率计算应考虑把横向摩擦力减至最低程度。对于确定的设计速度，最大超高值的确定主要取决于曲线半径、路面粗糙率以及当地气候条件。在潮湿多雨以及季节性冰冻地区，过大的超高易引起车辆向内侧滑移，尤其是当拥堵造成弯道车速低甚至停止的情况下，所以应对超高横坡度加以限制。

快速路上行驶的汽车为了克服行车中较大的离心力，超高横坡度可较一般规定值略高。处于市区的城市道路因受交叉口、非机动车以及街道两侧建筑的影响，不宜采用过大的超高横坡度。综合各方面的情况后，拟定最大超高横坡度如下：设计速度 100km/h、80km/h 为 6%，设计速度 60km/h、50km/h 为 4%，设计速度小于或等于 40km/h 为 2%。

对于通行大型货车比例较高的路段，如在高路堤、高架桥、跨线桥等曲线处，由于车辆超速行驶、集装箱车辆转锁装置未上锁，极易导致箱体滑脱、侧翻等甩箱情况的出现，对构筑物的曲线外侧或下方辅道或地面道路构成安全隐患。针对此类情况，可考虑提高一级设计速度进行超高值的验算，必要时应对道路平纵线形、横断面布置进行调整。

设超高时，应考虑超高渐变率，以确定超高缓和段长度。超高渐变率为旋转轴与路面边缘之间相对升降的比率。由于超高旋转轴、回转角速度以及车道数等因素不同，不可能做统一规定。

立交匝道无论圆曲线半径大小，均应设置超高。

非机动车道、人行道不宜设置超高，但应满足设置正常路拱横坡的要求。

6.5 圆曲线加宽

汽车在平曲线上行驶时，各车轮行驶的轨迹不同。靠曲线内侧后轮的行驶曲线半径最小，靠曲线外侧前轮的行驶曲线半径最大。因此，汽车在曲线上行驶时所占的车道宽度比直线段大。为保证汽车在转弯过程中不侵占相邻车道，圆曲线半径小于或等于 250m 时，应在圆曲线内侧加宽。

根据汽车在圆曲线上行驶时的相对位置关系所需的加宽值 b_{w1} 和不同车速情况下的汽车摆动偏移所需的加宽值 b_{w2}，每车道加宽值计算如下：

小客车、大型车的加宽值 b_w 为：

$$b_w = b_{w1} + b_{w2} = \frac{a_{gc}^2}{2R} + \frac{0.05V}{\sqrt{R}} \tag{9}$$

铰接车的加宽值 b'_w 为：

$$b'_{w}=b'_{w1}+b'_{w2}=\frac{a_{gc}^{2}+a_{cr}^{2}}{2R}+\frac{0.05V}{\sqrt{R}} \tag{10}$$

式中：a_{gc}——小客车、大型车轴距加前悬的距离，或铰接车前轴距加前悬的距离（m）；

a_{cr}——铰接车后轴距的距离（m）；

V——设计速度（km/h）；

R——设超高最小半径（m）。

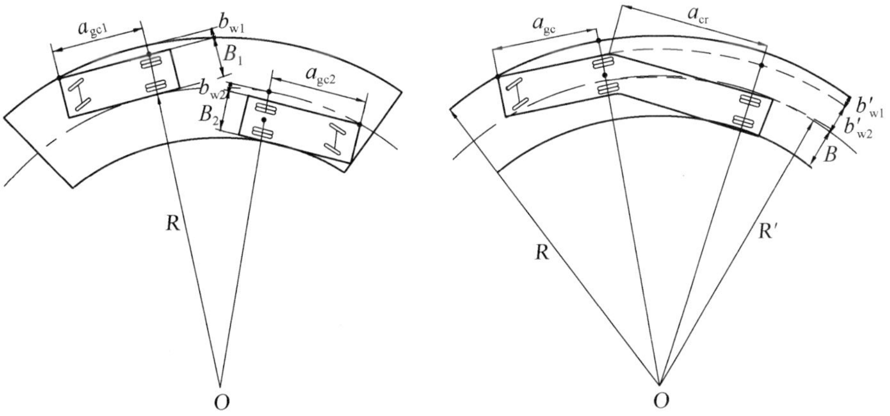

(a) 单车双向行驶　　(b) 铰接客车单向行驶

图 1　圆曲线上路面加宽示意

本规范每车道加宽值是根据《城市道路工程设计规范》CJJ 37－2012中规定的车辆类型和上述公式计算得出的。加宽缓和段可采用线性加宽、抛物线加宽等方式。加宽缓和段的加宽值由直缓点（缓直点）加宽为零，按比例增加到缓圆点（圆缓点）全加宽值。

6.6 视　　距

6.6.1 该条为强制性条文，主要是为了确保行车安全。当车辆行驶时，驾驶员一旦发现前方有障碍物，或迎面开来的车辆，应及时采取措施，防止车辆与障碍物或车辆与车辆相撞。完成此过程所需的最短行车距离称为停车视距。

停车视距由反应距离、制动距离及安全距离组成，按式（11）和式（12）计算：

$$S_s=S_r+S_b+S_a \tag{11}$$

式中：S_r——反应距离（m）；

S_b——制动距离（m）；

S_a——安全距离，取 5m。

$$S_s=\frac{Vt}{3.6}+\frac{\beta_s V^2}{254(\mu_s \pm i)}+S_a \tag{12}$$

式中：V——设计速度（km/h）；

t——反应时间，取 1.2s；

β_s——安全系数，取1.2；

μ_s——路面摩擦系数，取0.4；

i——纵坡度（%），上坡为“+”，下坡为“−”。

表10　停车视距

设计速度（km/h）	S_r（m）	S_b（m）	S_a（m）	S_s 计算值（m）	S_s 采用值（m）
100	33.34	118.00	5	156.34	160
80	26.67	75.52	5	107.26	110
60	20.00	42.48	5	67.52	70
50	16.67	29.50	5	51.17	60
40	13.33	18.88	5	37.21	40
30	10.00	10.62	5	25.62	30
20	6.67	4.72	5	16.39	20

6.6.2　我国幅员辽阔，在东北、内蒙古、新疆以及西北、西南高原等大面积国土上，冬季都存在着不同程度的降雪和冰冻，冰雪路面的附着系数明显下降，车辆制动距离显著增加。

冰雪路面摩擦系数与车速及路面状况有关。路面摩擦系数随车速的增加而减小，《公路路线设计规范》JTG D20－2006和《公路项目安全性评价指南》JTG/T B05－2004中对小客车停车视距的计算与评价，根据20km/h～100km/h不同的设计车速，其路面摩擦系数取0.44～0.30。

路面状况分为干燥、潮湿、冰雪等情况，而自然条件下的冰雪路面根据冰雪表态可以分为松软雪路面、压实雪路面和结冰路面等。冰雪路面的摩擦系数较干燥路面大大降低，根据有关研究，其摩擦系数一般为0.15～0.30。《公路项目安全性评价指南》JTG/T B05－2004中对货车停车视距评价，货车轮胎与路面的纵向摩擦系数，不论运行速度大小，一律取值为0.17。考虑到积雪或冰冻地区路段行驶的车速会有较大幅度的降低，停车视距应根据实际运行速度和路面状况，选取合适的摩擦系数，按式（12）进行计算。

6.6.3　视距有停车视距、会车视距、错车视距和超车视距等。在城市道路设计中，主要考虑停车视距。如车行道上对向行驶的车辆有会车可能时，应采用会车视距，会车视距为停车视距的2倍。

6.6.6　货车存在空载时制动性能差、轴间荷载难以保证均匀分布、一条轴侧滑会引发其他车轴失稳、半挂车铰接刹车不灵等现象。尽管货车驾驶者因眼睛位置高，比小客车驾驶者看得更远，但仍需要比小客车更长的停车视距，尤其是在下坡路段，应按下坡段货车停车视距进行验算。

《公路路线设计规范》JTG D20－2006停车视距计算参数采用运行车速，即按设计速度的85%～90%，纵向摩擦系数采用路面处于潮湿状态下计算得出小客车的停车视距。在此基础上对货车在不同纵坡下的停车视距进行修正。以货运交通为主的城市道路，也应考虑货车交通特征，对货车通行可能存在视距和减速距离潜在危险的区段，尤其是下坡路段进行视距检验。本规范参照《公路路线设计规范》JTG D20－2006，对货车停车视距做了规定。

货车停车视距的物高为0.1m，目高为2.0m。下列路段可按货车停车视距进行检查：

1）减速车道及出口端部；

2）主线下坡路段且纵断面竖曲线半径小于一般值的路段；

3）主线分、汇流处，车道数减少，且该处纵断面竖曲线半径小于一般值的路段；

4）要求保证视距的圆曲线内侧，当圆曲线半径小于2倍一般值或路堑边坡陡于1∶1.5的路段；

5）道路与道路、道路与铁路平面交叉口附近。

7　纵断面设计

7.2　纵　　坡

7.2.1　最大纵坡

为保证车辆能以适当的车速在道路上安全行驶，即上坡时顺利、下坡时不致发生危险的纵坡最大限制值为最大纵坡度。道路最大纵坡度的大小直接影响行车速度和安全、道路的行车使用质量、运输成本以及道路建设投资等问题，它与车辆的行驶性能有密切关系。

目前，许多国家都以单位载重量所拥有的马力数（HP/t），即比功率作为衡量汽车爬坡能力的指标，认为HP/t数值相同的汽车，其爬坡能力大致相同。

小汽车爬坡能力大，纵坡大小对小汽车影响较小，而载重汽车及铰接车的爬坡能力低，纵坡大小对其影响较大。如以小汽车爬坡能力为准确定最大纵坡，则载重汽车及铰接车均需降速行驶，使汽车性能不能充分发挥，是不经济的，而且还会降低道路通行能力。在汽车选型时，既要考虑现状又要考虑发展。根据我国的实际情况规范确定以东风EQ140载重汽车及SK661铰接车为代表车型，其发动机型号均为EQ140，最大功率为135HP。

本规范的最大纵坡一般值是根据汽车动力特征计算，并参照《公路路线设计规范》JTG D20－2006及《日本公路技术标准的解说与运用》标准确定。设计最大纵坡应考虑各种机动车辆的动力性能、道路等级、设计速度、地形条件等选用规范中最大纵坡度一般值。当受条件限制纵坡度大于一般值时应限制坡长，但最大纵坡不得超过最大纵坡限制值。

7.2.2 最小纵坡

城市道路最小纵坡应能保证排水和防止管道淤塞所需要的最小纵坡，其值为0.3%。若道路纵坡度小于最小纵坡值，则管道埋深势必随着管道长度的增加而加深，增加管道埋设的土石填挖量和施工难度。因此，城市道路的最小纵坡应控制在大于或等于0.3%。如遇特殊困难，纵坡必须小于0.3%时，则应设置锯齿形偏沟或其他综合排水设施，保证路面排水畅通。

对高架道路适当提高最小纵坡度，主要因为施工误差、容易形成凹面，即使雨停后也会积水；车速较快时，会将积水溅向高架桥下的地面道路，淋湿行人或车辆；仅靠横坡排水，难以及时将桥面水排除。同时，高架桥路侧在结构上也难以做成锯齿形偏沟。

7.2.3 非机动车道纵坡

在城市中非机动车主要是指自行车，在我国城市交通中占很大比例，是重要交通工具之一。自行车爬坡能力低，在与机动车混行的道路上，需按自行车爬坡能力控制纵坡。根据国内外资料综合分析，非机动车车道纵坡度大于或等于2.5%时，应按规定限制坡长。

7.3 坡　　长

7.3.1 最小坡长

最小坡长的限制是从汽车行驶的平顺度、乘客乘坐的舒适性、视距与相邻两竖曲线布设等方面考虑的，坡长过短、起伏频繁将影响行车顺适与线形美观。通过一段坡长应有一定的时间，规范规定为10s，即最小坡长 $l_{\mathrm{j}}=\dfrac{10V}{3.6}$。另外，在一段坡长两端设置的两个竖曲线不得搭接（叠加）。

对于沉降量较大的改建道路，为降低工程投资、加快改建速度与减少施工期间的交通影响，可以适当降低标准。

沪杭高速公路在拓宽改建中，对于相邻桥梁结构较近，且路堤沉降较大的路段及特别困难地区采用了降低一级设计速度的纵坡坡长进行纵断面设计。

沪宁高速公路的拓宽改建，根据拟合纵断面线形的实际情况，对原纵断面设计变坡点间增设变坡点，在增加变坡点的转坡角（相邻纵坡坡差的绝对值）较小的前提下，适当突破最小纵坡的控制。具体标准见表11。

表 11　最小坡长

设计速度（km/h）		120
最小坡长（m）	转坡角≤4‰	180
	4‰<转坡角≤6‰	200
	转坡角>6‰	300

深圳市对于改建道路纵断面设计，则在桥头引道处采用必要的调坡措施外，路段上基本为等厚加罩。

7.3.2　最大坡长

纵坡大于最大纵坡一般值时，应对纵坡坡长加以限制。纵坡坡长是根据汽车加、减速行程图求得，并参考《公路路线设计规范》JTG D20－2006 与《日本公路技术标准的解说与运用》综合确定。根据不同设计速度、不同坡度规定坡长限制值。当设计速度小于 40km/h 时，由于车速低，爬坡能力大，坡长可不受限制。

7.5　竖　曲　线

当汽车行驶在变坡点时，为了缓和因运动变化而产生的冲击和保证视距，必须插入竖曲线。竖曲线形式为抛物线或圆曲线。经计算比较，圆曲线与抛物线计算值基本相同，为使用方便，规范采用圆曲线。竖曲线最小半径计算如下：

1　凸形竖曲线极限最小半径 R_v（m）用下式计算：

$$R_v = \frac{S_s^2}{2\left(\sqrt{h_e}+\sqrt{h_o}\right)^2} \tag{14}$$

式中：S_s——停车视距（m）；

h_e——眼高，采用 1.2m；

h_o——物高，采用 0.1m。

2　凹形竖曲线极限最小半径 R_c（m）用下式计算：

$$R_c = \frac{V^2}{13a_o} \tag{15}$$

式中：V——设计速度（km/h）；

a_o——离心加速度，采用 0.28m/s^2。

竖曲线一般最小半径为极限最小半径的 1.5 倍，国内外均使用此数值。设计时根据不同道路等级，不同设计速度选用适当的竖曲线半径。

为了使驾驶员在竖曲线上顺适地行驶，竖曲线不宜过短，应在竖曲线范围内有一定的行驶时间，日本规定最小行驶时间为设计速度 3s 的行驶距离，规范“极限值”采用 3s，竖曲线最小长度按下式计算：

$$l_v = \frac{Vt}{3.6} \tag{16}$$

式中：l_v——竖曲线最小长度（m）；

V——设计速度（km/h）；

t——在竖曲线上的行驶时间（s）。

竖曲线最小长度“一般值”主要考虑行车安全与舒适；平原地区由于纵坡缓，若采用较长的竖曲线而引起纵向排水纵坡过小时，可以采用竖曲线最小长度的“极限值”。

8　线形组合设计

8.2　平、纵、横的线形组合

1　平、纵线形组合原则上应“相互对应”，且平曲线稍长于竖曲线，即所谓的“平包竖”。国内外研究资料表明，当平曲线半径小于2000m、竖曲线半径小于15000m时，平、竖曲线的相互对应对线形组合显得十分重要；随着平、竖曲线半径的增大，其影响逐渐减小；当平曲线半径大于6000m、竖曲线半径大于25000m时，对线形的影响显得不很敏感。因此，线形设计的“相互对应、且平包竖”的基本要求需视平、竖曲线的半径而掌握其符合的程度。

2　城市道路由于限制条件多，对于低等级道路不必强求平纵线形的相互对应。

3　纵断面设计若出现驼峰、暗凹、跳跃、断背、长直线或折曲等线形，容易使驾驶员视觉中断，或在驾驶员视线内出现两个或两个以上的平曲线或竖曲线，应加以避免。

8.3　线形与桥、隧的配合

8.3.1　桥梁及其引道与道路路线的衔接应保证行车安全与舒适，各项技术指标应符合路线总体布设的要求，使桥梁、桥头引道与路线的线形连续、均衡，视线诱导良好；而特大桥、大桥桥位应尽量顺直，满足通航和行洪要求，并方便桥梁结构设计。

纵坡大于3.0%的桥梁引道，其坡脚与平面交叉口停车线之间的最小安全距离宜满足50m长度，以保证车辆转弯对行人和辅道车辆的通行安全。

地面快速路主路上的桥梁设置防撞护栏的路段，由于道路与桥梁的护栏设置位置的差异，会导致平面上出现外凸或内凹的现象，不仅影响美观，也影响安全。故要求桥梁与道路的行车道、路缘带或中间分隔带等对应的宽度应保持一致，使设置的护栏其平面宜为同一条基准线。

8.3.2 隧道及其洞口两端的连接线应符合路线总体布设的要求，与路线线形相协调，保证行车安全与舒适。调查资料显示，隧道洞口内外是事故多发路段，为此对隧道洞口外连接线与隧道洞口内的平、纵线形应保持一致的长度作了相应规定。

10 道路与轨道交通线路交叉

10.2 立 体 交 叉

10.2.1 该条为强制性条文，主要是明确城市道路与轨道交通线路相交，必须设置立体交叉的条件，目的是保证道路、轨道交通的行车和行人安全。

轨道交通线路包括铁路、城市轨道交通，城市轨道交通又分为地铁、轻轨、单轨、有轨电车、磁浮、自动导向轨道和市域快速轨道等七大系统。道路与轨道交通线路必须设置立体交叉的依据如下：

1 快速路交通功能强，服务水平高，交通量大，具有连续交通流、全部控制出入口的特点。如果采用平面交叉，当道口处于开放状态时，汽车通过道口需限速行驶，严重影响道路交通功能；当道口处于封闭状态时，会造成严重的交通堵塞。故规定必须采用立交。重要的主干路与铁路交叉，若交通流量大，部分控制出入口，也必须采用立交。

2 高速铁路（时速高达250km/h～350km/h）、客运专线，行车密度大（最小间隔时分可达2min～1.5min）均为全封闭运行；铁路市内车站旅客流量大，编组场作业繁忙，主干路、次干线、支路与它们交叉时，为保证道路畅通和各自的行车安全，均必须设置立体交叉。

3 有轨电车与铁路同为轨道交通，而轨道、结构各异，相交时必须是立交。无轨电车道虽无轨道，但其供电接触网、柱与铁路相冲突，也必须设置立体交叉。

4 除有轨电车外的城市轨道交通，如地铁、轻轨等，行车密度大、全封闭运行，故规定主干路、次干路、支路与除有轨电车外的城市轨道交通交叉必须设置立体交叉。

二、城市道路交叉口设计规程

CJJ 152－2010

4　平面交叉

4.2　交通组织与进出口道设计

4.2.1　平面交叉口机动车设计交通量应区分直行及左右转交通量。确定进口道车道数等平面设计时，应采用高峰小时内信号周期平均到达车辆数。当确定渠化及信号相位方案时，应当用信号配时时段的高峰小时内高峰15min的到达车辆数。

4.2.2　平面交叉口非机动车设计交通量的确定方法与机动车相同。平面交叉口行人过街设计交通量应采用高峰小时内的信号周期平均到达量。

4.2.3　应根据交通量、相交道路等级、交叉口所处的区域位置及用地条件合理确定交叉口的通行能力和服务水平。

4.2.4　应根据道路网、交通流量与流向及用地条件等进行交通组织设计。交通组织设计应遵循人车分隔、机非分隔、各行其道；以人为本、公交优先；安全畅通、减少延误的原则。

4.2.5　平面交叉口可采用机动车左、直、右转专用车道、非机动车右转专用车道、进口道展宽、进口道中线偏移、压缩进口道中央分隔带宽度、机动车左转超前候驶、行人二次过街、交通信号控制相位方案、交通标志标线、交通分隔与导流设施等方法和措施来提高通行能力。

4.2.6　全无管制及让行交叉口进口道必须布设行人横道线，并设让行标志。视距不能改善的全无管制交叉口应改为停车让行交叉口或布设限速标志。

4.2.7　让行交叉口次要道路进口道宜展宽成两条车道，一条右转车道，一条直左混行车道（四岔交叉口）或左转车道（三岔交叉口）。主要道路进口道不设停止线，车道条数可与路段一样。当两条车道时，四岔交叉口可分别设直右、直左混行车道，三岔交叉口可分别设直行车道、直行与转弯混行车道；当三条车道时，四岔交叉口可分别设直右、直行、直左混行车道，三岔交叉口可分别设两条直行车道、一条直行与转弯混行车道。

4.2.8 信号控制交叉口应根据交通流量、流向确定进口道车道数。进口道车道数应大于上游路段的车道数，有条件时宜分设各流向的专用车道，并应满足其交通量所需的车道数要求。

4.2.9 平面交叉口一条进口车道的宽度宜为 3.25m，困难情况下最小宽度可取 3.0m；当改建交叉口用地受到限制时，一条进口车道的最小宽度可取 2.80m。转角导流交通岛右侧右转专用车道应按设计速度及转弯半径大小设置车道加宽。

4.2.10 当高峰 15min 内每信号周期左转车平均流量达 2 辆时，宜设左转专用车道；当每信号周期左转车平均流量达 10 辆，或需要的左转专用车道长度达 90m 时，宜设两条左转专用车道。左转交通量特别大且进口道上游路段车道数为 4 条或 4 条以上时，可设 3 条左转专用车道。

4.2.11 进口道左转专用车道设置可采用下列方法：

1 展宽进口道，以便新增左转专用车道。

2 压缩较宽的中央分隔带，新辟左转专用车道，但压缩后的中央分隔带宽度对于新建交叉口至少应为 2m，对改建交叉口至少应为 1.5m，其端部宜为半圆形［图 4.2.11（a）］。

3 道路中线偏移，以便新增左转专用车道［图 4.2.11（b）］。

4 在原直行车道中分出左转专用车道。

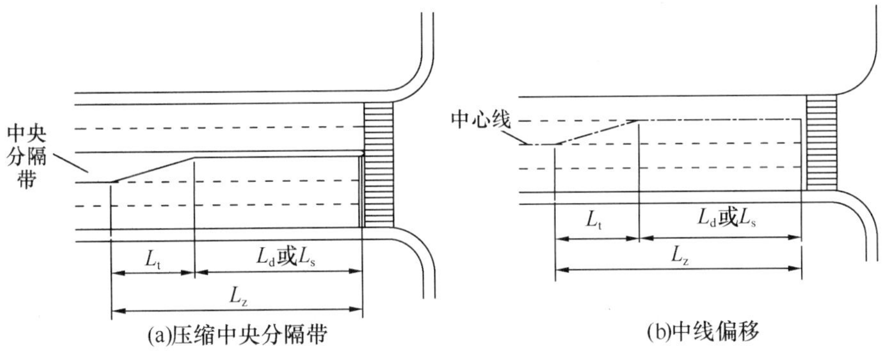

图 4.2.11 左转专用道设置

L_t—变换车道所需的渐变段长度（m）；L_d—减速车道长度（m）；
L_s—相邻候驶车辆排队长度（m）；L_z—专用左转车道最小长度（m）

4.2.12 进口道右转专用车道设置可采用下列方法：

1 展宽进口道，新增右转专用车道（图 4.2.12）。

2 在原直行车道中分出右转专用车道。

确因需要在向右展宽的进口道上设置公交停靠站时，应利用展宽段的延伸段设置港湾式公交停靠站，并应增加站台长度。

4.2.13 进口道长度由展宽渐变段长度（L_t）与展宽段（L_d）组成（图 4.2.12）。渐变段长度（L_t）按车辆以 70％路段设计车速行驶 3s 横移一条车道时来计算确定。渐变段最小长度不应少于：支路 20m，次干路 25m，主干路 30m～35m。展宽段最小长度应保证左转

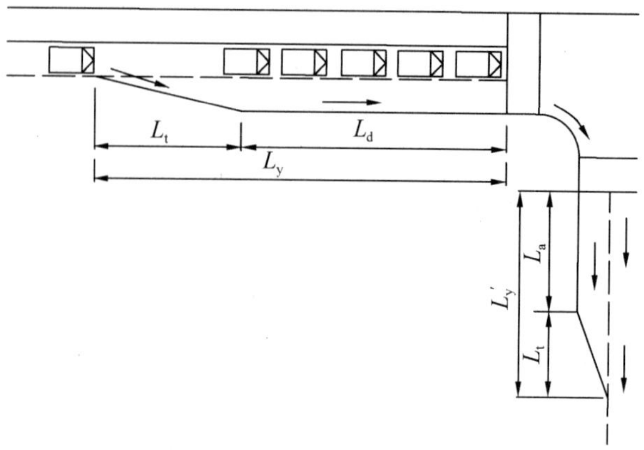

图 4.2.12　展宽设置右转专用道

L_t —渐变段长度（m）；L_d —展宽段长度，不小于相邻候驶车队长度（m）；

L_a —车辆加速所需距离（m）；L_y —展宽右转专用车道长度（m）；

$L_{y'}$ —展宽加速车道长度（m）

或右转车不受相邻候驶车辆排队长度的影响。相邻候驶车辆排队长度（L_s）可由下式确定：

$$L_s = 9N \qquad (4.2.13)$$

式中：N——高峰 15min 内每信号周期的左转或右转车的排队车辆数。

当需设两条转弯专用车道时，展宽段长度可取一条专用车道长度的 60％。无交通量资料时，展宽段最小长度不应小于：支路 30m～40m，次干路 50m～70m，主干路 70m～90m，与支路相交取下限，与主干路相交取上限。

4.2.14　出口道车道数应与上游各进口道同一信号相位流入的最大进口车道数相匹配。条件受限的改建交叉口，流入最大进口车道数可减少一条。相邻进口道设有右转专用车道时，出口道应展宽一条右转专用出口车道。

4.2.15　出口道每条车道宽度不应小于路段车道宽度，宜为 3.50m，条件受限的改建交叉口出口道每条车道宽度不宜小于 3.25m。

4.2.16　出口道长度由出口道展宽段和展宽渐变段组成（图 4.2.12）。展宽段最小长度不应小于 30m～60m，交通量大的主干路取上限，其他可取下限；当设置公交停靠站时，应再加上站台长度。渐变段最小长度不应小于 20m。

4.2.17　改建交叉口附近地块或建筑物出入口应满足下列要求：

1　主干路上，距平面交叉口停止线不应小于 100m，且应右进右出。

2　次干路上，距平面交叉口停止线不应小于 80m，且应右进右出。

3　支路上，距离与干路相交的平面交叉口停止线不应小于 50m，距离同支路相交的平面交叉口不应小于30m。

4.2.18 高架道路的桥墩（台）及地道进出口构筑物的布设应保证平面交叉口的视距条件、交通组织及行车安全。

4.2.19 高架道路、地道或互通立交的出口匝道，靠近平面交叉口时，宜按下列要求布设：

1 出口匝道在信号交叉口上游时，交叉口进口道的展宽应满足地面道路与匝道车流的双重要求。

2 出口匝道左转交通量大时，宜布置在靠近平面交叉口进口道左转车道与直行车道之间的位置上；反之，则宜布置在靠近右转车道与直行车道之间的位置上。

3 出口匝道近地面段宜分成2条车道以上，按车辆出匝道后左转、右转及直行交通量的大小划分出口段的车道功能。

4 出口匝道的端部离下游平面交叉口进口道展宽渐变段起点应大于红灯期间车辆排队长度与匝道车流与干路车流所需交织长度之和，宜大于100m；当不足100m且使匝道车流与干路车流交织困难时，可在交叉口进口道分别设置地面进口道展宽和匝道延伸部分的展宽，并设置干路左转车道、直行车道、右转车道，匝道延伸部分的左转车道、直行车道和右转车道，但此类交叉口的信号相位必须采用双向左转专用相位。

4.2.20 高架道路，地道或互通立交的入口匝道靠近平面交叉口时，宜按下列要求布设：

1 进入匝道的车辆中来自上游交叉口的左转交通量大时，入口匝道宜布置在靠近左转车来向与直行车来向之间的位置上；反之，则宜布置在右转车来向与直行车来向之间的位置上。

2 入口匝道的入口端宜布置在交叉口出口道展宽渐变段的下游，且最小距离不宜小于80m。

4.3 平面与竖向设计

4.3.1 平面交叉口范围内道路中线宜采用直线；当需采用曲线时，其曲线半径不宜小于不设超高的最小圆曲线半径。

4.3.2 平面交叉口转角处缘石宜为圆曲线或复曲线，其转弯半径应满足机动车和非机动车的行驶要求，可按表4.3.2选定。当平面交叉口为非机动车专用路交叉口时，路缘石转弯半径可取5m～10m。

表4.3.2 路缘石转弯半径

右转弯设计速度（km/h）	30	25	20	15
无非机动车道路缘石推荐半径（m）	25	20	15	10

注：有非机动车道时，推荐转弯半径可减去非机动车道及机非分隔带的宽度。

4.3.3　平面交叉口视距三角形范围内（图 4.3.3），不得有任何高出路面 1.2m 的妨碍驾驶员视线的障碍物。交叉口视距三角形要求的停车视距应符合表 4.3.3 的规定。

表 4.3.3　交叉口视距三角形要求的停车视距

交叉口直行车设计速度（km/h）	60	50	45	40	35	30	25	20	15	10
安全停车视距 S_s(m)	75	60	50	40	35	30	25	20	15	10

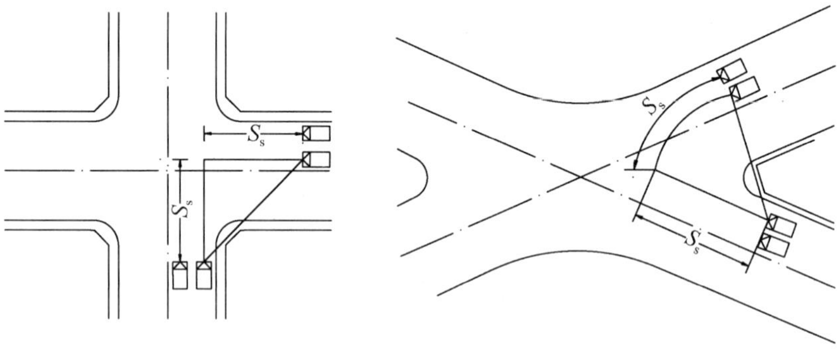

(a) 十字形交叉口　　(b) X形交叉口

图 4.3.3　视距三角形

4.3.4　平面交叉进口道的纵坡度，宜小于或等于 2.5%，困难情况下不宜大于 3%。山区城市等特殊情况，在保证行车安全的条件下，可适当增加。

4.3.5　交叉口竖向设计应综合考虑行车舒适、排水畅通、与周围建筑物标高协调等因素，合理确定交叉口设计标高。宜以相交道路中线交点的标高作为控制标高。相交道路中主要道路的纵坡度宜保持不变，次要道路纵坡度服从主要道路；若有需要，在不影响主要道路行车舒适性的前提下，可适当调整主要道路纵坡，兼顾次要道路的行车舒适性。

4.3.6　交叉口竖向设计宜采用控制网等高线法。交叉口人行横道上游、交叉口低洼处应设置雨水口，不得积水。

4.4　公交停靠站与专用道的设置

4.4.1　交叉口附近设置公交停靠站应保证候车乘客的安全，方便乘客换乘、过街，方便公共汽（电）车停靠进出，减少对其他类型交通的影响。

4.4.2　交叉口附近设置的公交停靠站间的换乘距离，同向换乘不应大于 50m，异向换乘不应大于 150m，交叉换乘不应大于 150m，特殊情况下不得大于 250m。

4.4.3　公交停靠站应设置在交叉口的出口道。改建交叉口在出口道布设公交停靠站确有困难时，可将直行或右转公交线路的停靠站设在进口道。

4.4.4 交叉口公交停靠站的纵坡度不应大于2%，冰雪地区不应大于1.5%；山区城市地形条件困难时，纵坡度不应大于3%，个别地段地形条件特别困难时，不得大于4%。

4.4.5 当公交停靠站设置在进口道，且进口道右侧有展宽增加的车道时，停靠站应设在该车道展宽段之后不少于20m处，并将公交站台与展宽车道作一体化设计；当进口道右侧无展宽增加的车道时，停靠站应在右侧车道最大排队长度再加20m处布设。

4.4.6 当公交停靠站设置在出口道，且出口道右侧展宽增加车道时，停靠站应设在展宽段向前不少于20m处；当出口道右侧无展宽时，停靠站在干路上距对向进口车道停止线不应小于50m，在支路上不应小于30m。

4.4.7 公交停靠站按其设置的位置分为路中式停靠站和路侧式停靠站两种，按几何形状分为港湾停靠站和直线式停靠站，公交停靠站的布设应符合下列规定：

1 有中央分隔带的道路可采用路中式停靠站。

2 干路交叉口应采用港湾式停靠站，支路交叉口宜采用港湾式停靠站，条件受限时可采用直线式停靠站。

3 有机动车与非机动车分隔带的道路宜沿分隔带设置港湾式停靠站，当分隔带宽度不足4m而人行道较宽时，可适当压缩人行道宽度，但该段人行道宽度缩减比例不得超过40%，并不得小于3m。

4 无机动车与非机动车分隔带的道路，可沿人行道设置港湾式停靠站，该段人行道宽度缩减不得超过40%，并不得小于3m。

4.4.8 公共汽（电）车港湾式停靠站（图4.4.8）应符合下列规定：

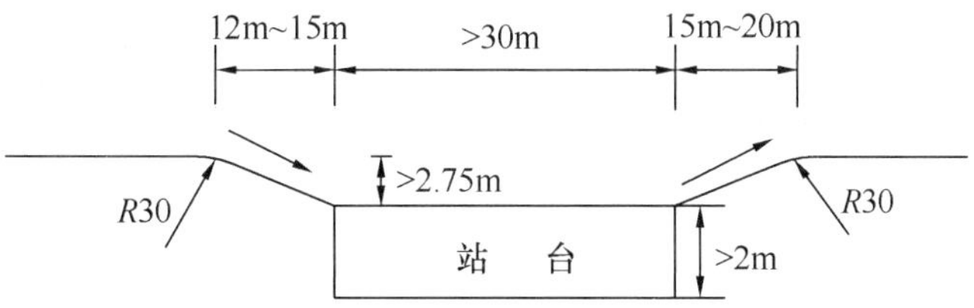

图4.4.8 港湾式停靠站

1 停靠站候车站台的高度宜为0.15m～0.20m；站台宽度不应小于2.0m，条件受限制时，不得小于1.5m。

2 停靠站候车站台的长度可按下式确定：

$$L_b = n(l_b + 2.5) \quad (4.4.8)$$

式中：L_b——公共汽（电）车停靠站站台长度（m）；

n——同时在站台停靠的公交车辆数，无实测数据时，取n=公交线路数+1；

l_b——公交车辆长度，一般为15m～20m。

3 停靠站车道宽度应为3.00m，条件限制时，不应小于2.75m；公交车道与相邻车道之间应设置专用标线。

4.4.9 当无轨电车与公共汽车在同一车道设站时，应将电车停靠站台布置在公共汽车停靠站台的前方。

4.4.10 当多条公交线路合并设站时，应根据公交车到站频率、站台长度及通行能力确定线路数，不宜超过5条，特殊情况下不应超过7条。当线路数超过上述要求时，应分开设站，站台间距不应小于25m。

4.4.11 快速公交站台应与常规公交站台分开设置，应采用港湾式停靠站，其几何尺寸根据车辆选型而定。双向停靠站台宽度不应小于5m，单向停靠站台宽度不应小于3m。

4.4.12 交叉口附近立交桥匝道出入口段不得设置公交停靠站。

4.4.13 当进口道公交车流量较大时，宜增设公交专用车道，其宽度不应小于3m，长度不应小于25m，公交专用道可设置于机动车道的外侧或内侧，并应符合下列原则：

1 当无右转机动车流时，公交专用车道可直接设置至停止线。

2 当有右转机动车流且流量不大时，公交专用车道设置至进口道右转车道末段的交织段后，交织段长度宜大于40m。右转车受信号灯控制时，右转车道长度不应小于右转车最大排队长度加上交织段长度。无流量资料时，右转车道长度应大于50m。

3 当右转车流较大时，公交专用车道可布设在右转车道左侧并直接设置至停止线。

4 当相邻交叉口间距无法满足右转车道车辆与公交车交织长度要求时，公交专用车道可直接设置至停止线。

4.4.14 出口道公交专用车道宽度不应小于3.50m，其起点距对侧进口道停止线延长线的距离，应大于进入该出口道的右转车变换车道所需的距离加上交织段长度。变换车道所需距离可取30m～50m，交织段长度宜取40m。

4.4.15 公交专用车道系统应在交叉口实行公交优先信号控制，保证公交专用车道公交车在交叉口有优先通行权。在公交车流量大的交叉口，宜延长公交专用车道的绿灯时间。

4.4.16 有快速公交通过的交叉口，必须设置公交优先信号控制，保证快速公交优先通行。

4.5 行人与非机动车过街设施

4.5.1 行人过街设施布设应遵循下列原则：

1 应保障行人安全、便捷过街；宜优先选用平面过街方式；同一交叉口的过街方式应协调一致。

2 行人过街设施的位置，应与交叉口周围公交站、轨道车站、大型公建等人流集散点紧密结合，并应在过街设施附近设置必要的交通引导设施和交通安全设施。

4.5.2 两条干路交叉，当采用立体过街设施时，根据交叉口形状，宜采用圆形、口字形、X形、T形、Y形、冂形的布置形式；当采用平面过街设施时，根据交叉口形状，宜采用口字形、冂形的布置形式。

4.5.3 行人立体过街设施设置应满足以下要求：

1 人行天桥或地道的梯道或坡道占用人行道宽度时，应局部拓宽人行道，保持人行道原有宽度；条件受限时，应保证原有人行道40%的宽度，且不得小于3m。

2 当设置人行天桥或地道时，应符合现行行业标准《城市人行天桥与人行地道技术规范》CJJ 69的规定。

4.5.4 人行横道设置应符合下列规定：

1 应设置在驾驶员容易看见的位置，宜与车行道垂直，平行于路段路缘石的延长线并适当后退，在右转车辆易与行人发生冲突的交叉口，宜后退3m～4m，人行横道间的转角部分长度不应小于6m。人行横道两侧沿路缘石30m～120m范围内，应设置分隔栏等隔离设施，主干路取上限，支路取下限。

2 有中央分隔带的道路，人行横道应设置在分隔带端部向后1m～2m处。

3 人行横道宽度应根据过街行人数量、行人信号时间等确定，顺延干路的人行横道宽度不宜小于5m，顺延支路的人行横道宽度不宜小于3m，宜以1m为单位增减。

4 当人行横道长度大于16m时，应在人行横道中央设置行人二次过街安全岛，其宽度不应小于2m，困难情况下不得小于1.5m。可通过减窄转角交通岛、利用转角曲线范围内的扩展空间、缩减进出口车道宽度等措施设置行人二次过街安全岛。因条件限制宽度不够时，安全岛两侧人行横道可错开设置。安全岛两端的保护岛应设反光装置。

5 当平面交叉口附近高架路下设置人行横道时，桥墩不应遮挡行人视线，并宜设置行人二次过街安全岛和专用信号。

6 无信号管制及让行管制交叉口必须设置条纹状人行横道，并在人行横道线上游设置“让行人先行”禁令标志。对右转车无信号控制时，应在右转专用车道上游设置减速让行线，人行道边应设置“让行人先行”禁令标志。

7 环形交叉口的人行横道宜设置在交通岛上游，并采用定时信号或按钮信号控制。环形交叉口的中心岛上不得设置人行道。

4.5.5 人行横道与人行道或交通岛的交接处应做成坡道，且应符合现行行业标准《城市道路和建筑物无障碍设计规范》JGJ 50的规定。

4.5.6 穿越主、次干路的行人流量较大，可设行人过街专用信号相位，其绿灯时长应根据行人安全过街所需时间而定，绿灯信号相位间隔不宜超过70s。

4.5.7 非机动车流量较大时，宜在交叉口设置独立的非机动车进出口道，并与机动车道间用设施分隔。非机动车独立进出口道宜采用与机动车一起过街的交通组织方式。

4.5.8 左转非机动车流量较大且交叉口用地条件许可时，可采用非机动车二次过街方式，左转非机动车待行区的面积应满足非机动车停车需要，位置应保证非机动车的安全并符合其行驶轨迹的要求，且不影响其他各类交通流的通行。

4.6 环形交叉口

4.6.1 环形交叉口适用多路交汇或转弯交通量较均衡的交叉口，相邻道路中心线间夹角宜大致相等。常规环形交叉口不宜用于城市干道交叉口。坡向交叉口的道路，纵坡度大于或等于3%时，不宜采用环形平面交叉。

4.6.2 中心岛的形状根据交通条件可采用圆形、椭圆形、圆角菱形、卵形等。中心岛最小半径（或当量半径）应同时满足环道设计速度和最小交织长度的要求，并应符合下列要求：

1 满足环道设计速度中心岛最小半径可由下式确定：

$$R_1 = \frac{V^2}{127(\mu \pm i)} - \frac{b_i}{2} \qquad (4.6.2\text{-}1)$$

式中：V——环道设计速度（km/h）；环道设计速度应按相交道路中最大设计速度的50%～70%计取，车速较大的，宜取较小的系数值；

μ——横向摩阻力系数，取0.14～0.18；

i——路面横坡，取1.5%～2%；

b_i——内侧车道宽（含车道加宽），可取5.5m（大型车）。

中心岛最小半径与相应的环道设计速度应符合表4.6.2-1的规定。

表 4.6.2-1　环道设计速度与中心岛最小半径

环道设计速度（km/h）	20	25	30	35	40
中心岛最小半径（m）	20	25	35	50	65

2 最小交织长度不应小于以环道设计速度行驶4s的距离，行驶铰接车时，最小交织长度应不小于30m。最小交织长度应符合表4.6.2-2的规定。

表 4.6.2-2 最小交织长度

环道设计速度（km/h）	20	25	30	35	40
最小交织长度（m）	25	30	35	40	45

满足相邻两条道路交角间的交织段长度对应的中心岛圆弧半径 R_2 可由下式确定：

$$R_2 = \frac{360 l_g}{2\pi\omega} \tag{4.6.2-2}$$

式中：ω——相邻两条相交道路间的交角（°）；

l_g——最小交织长度（m）。

4.6.3 环道的车道数、宽度、断面布置应符合下列规定：

1 环道的机动车道数宜为 2～3 条。对现有大型环形交叉的改建或具有特殊要求的可放宽要求。

2 环道上每条车道宽度为正常车道宽度加上弯道上车道加宽的宽度。环道上车道加宽值应符合表 4.6.3 的规定。

表 4.6.3 环道上车道加宽值（m）

中心岛半径（m）		10<R≤15	15<R≤20	20<R≤30	30<R≤40	40<R≤50	50<R≤60
车型	小型车	0.80	0.70	0.60	0.50	0.40	0.40
	大型车	3.00	2.40	1.80	1.30	1.00	0.90

3 非机动车道宽度不应小于交汇道路中的最大非机动车道的宽度，也不宜大于 6m。

4 根据交通流的情况，环道可布置为机动车与非机动车混行或分行。分行时可用分隔带、分隔物或标线分隔，分隔带宽度不应小于 1m。

5 中心岛上不应布设人行道。环道外侧人行道宽度不应小于与该段环道相邻的相交道路路段上人行道宽度。

6 环道横断面宜设计成以环道中线为路拱脊线的两面坡，中心岛四周低洼处应布设雨水口；环道纵坡度不宜大于 2%。

4.6.4 环道外缘宜设计成直线；出口缘石半径应大于或等于进口缘石半径；进口缘石半径的要求可与一般平面交叉口相同，但不应大于中心岛的设计半径；进口缘石半径相差不应过大。

4.6.5 环形平面交叉应采用交通岛、路面标线、交通标志进行渠化设计。在环道进出口上各向车辆行驶迹线的盲区范围，可设计成三角形的交通岛，交通岛中布置绿化或交通设施时，不得阻挡行车视线。

4.6.6 中心岛上不宜布置开放式绿地。中心岛上的绿化不得阻挡行车视线，应保证环道上绕行车辆的行车视距要求。

4.6.7 环形交叉口在同地下设施相配合或地形有利的情况下，宜设置行人地下通道。

4.7 附属设施

4.7.1 平面交叉口交通管理及有关附属设施应包括交通信号灯、交通岛、标志、标线、隔离设施、排水、照明、绿化、景观及环保设施等。附属设施应与交叉口同步设计。

4.7.2 信号控制交叉口交通信号灯应按现行国家标准《道路交通信号灯设置规范》GB 14886 规定设置。有转弯专用车道且用多相位信号控制的道路上，按各流向车道分别设置车道信号灯。当自行车交通流可与行人交通流同样处理时，可设自行车、行人共用信号灯。

4.7.3 当环形交叉口交通流量较大时，可采用交通信号灯控制进、出环车辆在环道交织段上的通行权。

4.7.4 交通岛可分为导流岛和安全岛。交通岛不应设在竖曲线顶部。交通岛面积不宜小于 7.0m^2，面积窄小时，可用路面标线表示。转角交通岛兼作行人过街安全岛时，面积（包括岛端尖角标线部分）不宜小于 20m^2。

4.7.5 导流岛间导流车道的宽度应适当，以避免因过宽而引起车辆并行、抢道。当需设右转专用车道而布设转角交通岛时，右转专用车道曲线半径应大于 25m，并应按设计车速及曲线半径大小设置车道加宽，加宽后的车道宽度应符合表 4.7.5 的规定。

表 4.7.5 右转专用车道加宽后的宽度（m）

设计车辆 / 曲线半径（m）	大型车	小型车
25～30	5.0	4.0
＞30	4.5	3.75

4.7.6 导流岛端部应醒目，并在外形上能诱导车辆前进方向，必要时可兼作行人过街安全岛。导流岛的偏移距、内移距及端部圆曲线半径（图 4.7.6-1）最小值可按表 4.7.6-1 取用。导流岛各部分要素（图 4.7.6-2）最小值可按表 4.7.6-2 取用。

表 4.7.6-1 导流岛偏移距、内移距、端部圆曲线半径最小值

设计速度（km/h）	偏移距 S（m）	内移距 Q（m）	R_0（m）	R_1（m）	R_2（m）
≥50	0.50	0.75	0.5	0.5～1.0	0.5～1.5
＜50	0.25	0.50			

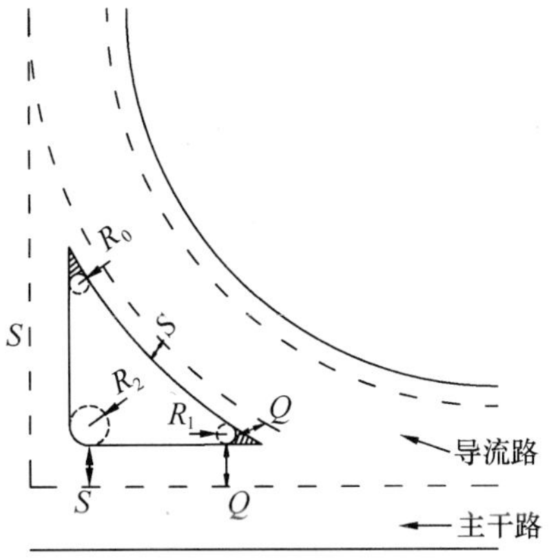

图 4.7.6-1 偏移距、内移距及端部圆曲线半径最小值

表 4.7.6-2 导流岛各要素的最小值（m）

图示	(a)			(b)			(c)	
要素	W_a	L_a	R_a	W_b	L_b	R_b	W_c	L_c
最小值（m）	3.0	5.0	0.5	3.0	(b+3)	1.0	(D+3)	5.0

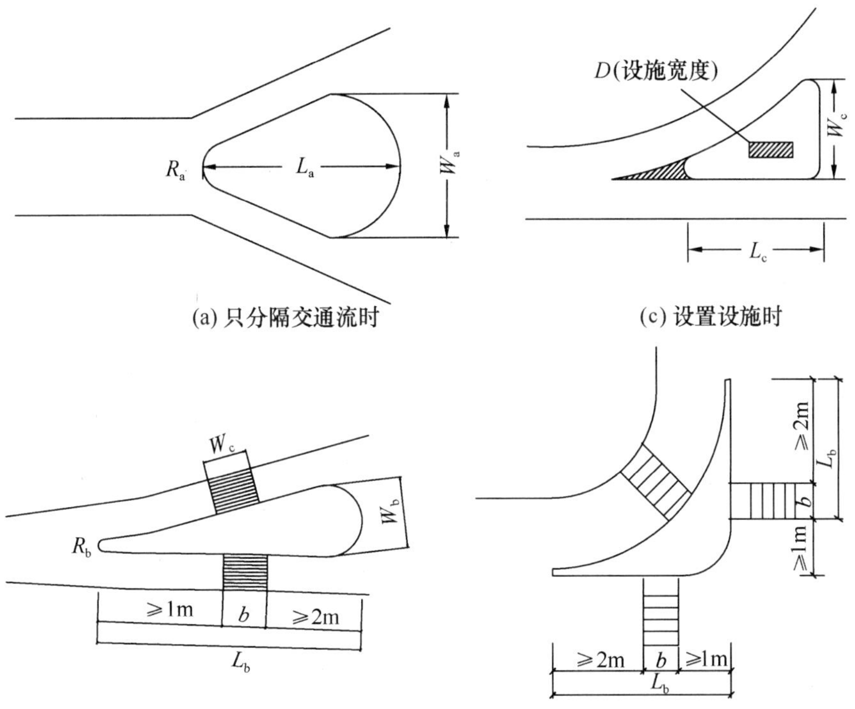

图 4.7.6-2 导流岛各部分要素

4.7.7 交叉口范围内的交通标志和标线设计应符合现行国家标准《道路交通标志和标线》GB 5768 的规定。

4.7.8 当进口道横断面中线偏移（图 4.7.8）时，应采用过渡区标线加以渠化。渠化长度（l_d）可按展宽条件下确定左右转道的渐变段长度的方法确定；l_2不应小于 2m。

4.7.9 当进口道向右侧展宽而左转车道直接从直行车道引出（图

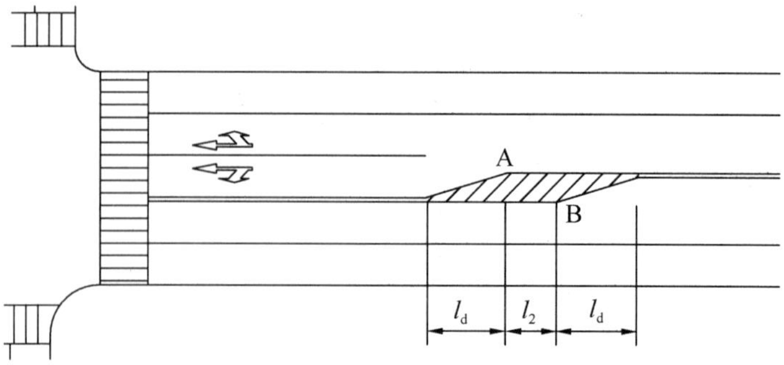

图 4.7.8 进口道横断面中线偏移时的过渡区标线

4.7.9）时，应采用鱼肚形标线加以渠化。渠化长度 l_{d1} 和 l_{d2} 可按展宽条件下确定左右转车道的渐变段长度的方法确定。

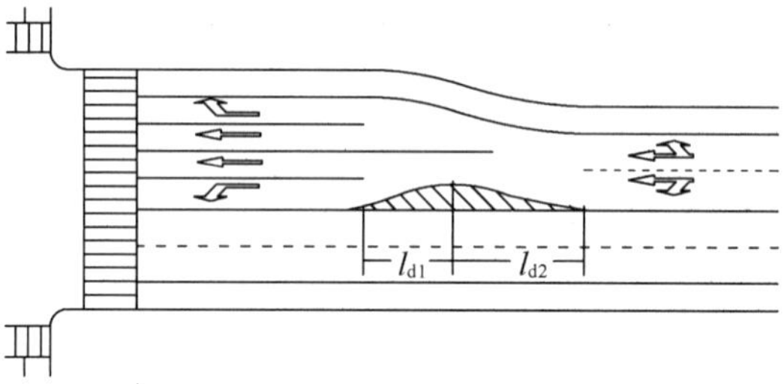

图 4.7.9 进口道的鱼肚形标线

4.7.10 平面交叉口可根据用地条件设置越过行人横道线的左转车超前候驶区，候驶区前端位置以不影响相邻道路直行车流为原则。

4.7.11 有交通信号控制或停车让行标志的平面交叉口进口道处必须设置停止线。停止线宜垂直于车道中心线。有人行横道时，停止线宜在其后 1m～2m 处设置。畸形交叉口或特殊需要时，停止线应后退更大的距离。

4.7.12 平面交叉口应防止路段的雨水流入交叉口、防止雨水流过行人过街横道、防止交叉口积水，其排水设计应符合国家现行标准《室外排水设计规范》GB 50014 及《城市道路设计规范》CJJ 37 的规定。

4.7.13 平面交叉口的照明应满足平均照度、照度均匀度和眩光限制三项指标，照度应高于每一条相交道路的照度；照明设施应有良好的诱导性。平面交叉口照明设计应符合现行行业标准《城市道路照明设计标准》CJJ 45 的规定。

4.7.14 平面交叉口的绿化应起到夏季遮阳、交通诱导、防护隔离、吸尘降噪、美化环境的作用，其设计应符合现行行业标准《城市道路绿化规划与设计规范》CJJ 75 的规定。

4.8 高架路下的平面交叉

4.8.1 高架路下的平面交叉，由于受高架桥墩、柱的影响，通视条件较差，应通过交通组织和交通标志、标线布设，确保视距和行车安全。

4.8.2　在交叉口处设有高架路上下匝道时，应根据上下匝道交通量情况对相关进出口道路进行拓宽。

5　立体交叉

5.1　主线横断面

5.1.1　立交主线横断面可由车行道、路缘带、分车带、路侧带、集散车道、变速车道以及防撞设施等部分组成。车行道宽度应能满足交通量要求；路缘带宽度同路段；集散车道、变速车道的车道宽应符合本规程第5.5节的规定。

5.1.2　主线横断面车行道布置宜与主线路段相同。当设集散车道时，集散车道布置在主线机动车道右侧，其间宜设分车带。主线变速车道路段的横断面应根据变速车道平面设计形式确定。

5.3　匝　　道

5.3.1　立交匝道横断面应由车道、路缘带、停车带和防撞护栏或路肩组成，并应符合下列规定：

1　匝道横断面布置宜符合表5.3.1-1中的图示要求。匝道横断面形式单向交通应采用单幅式断面，双向交通应采用双向分离式断面。在匝道范围内，路、桥同宽，中央分车带困难路段可采用分隔物（钢护栏和混凝土护栏）。

表 5.3.1-1　匝道横断面布置（m）

车道类型		图式（图中数值不包括加宽值）
单向单车道	路堤式	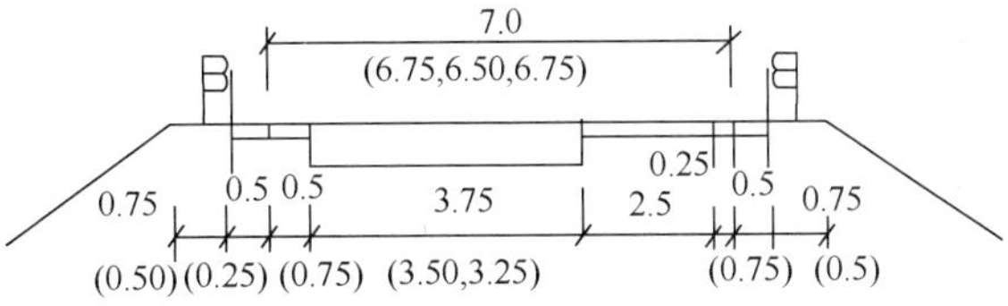 图a1
	结构式	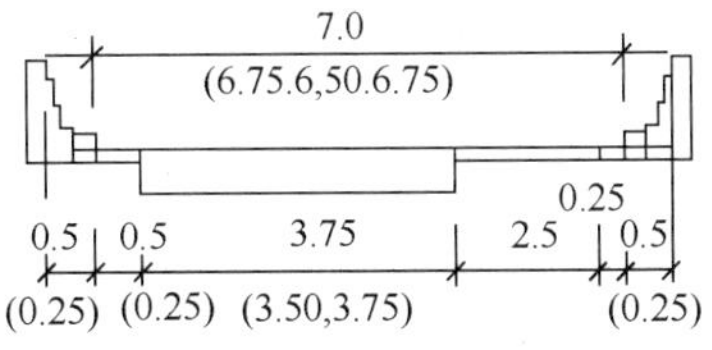 图a2

续表 5.3.1-1

<table>
<tr><th>车道类型</th><th>图式（图中数值不包括加宽值）</th></tr>
<tr><td>单向
双车道</td><td>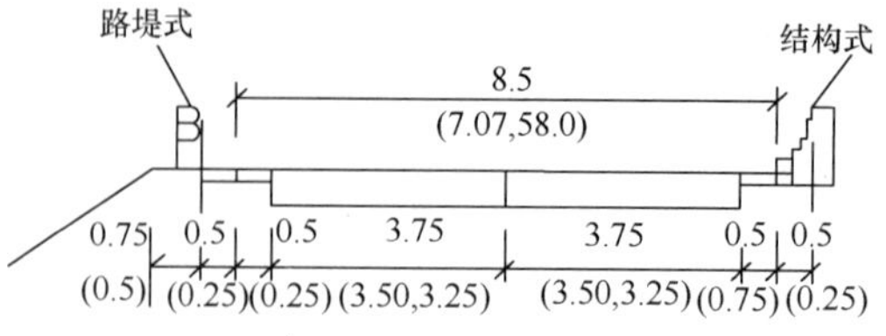

图 b</td></tr>
<tr><td>双向
分离式
双车道</td><td>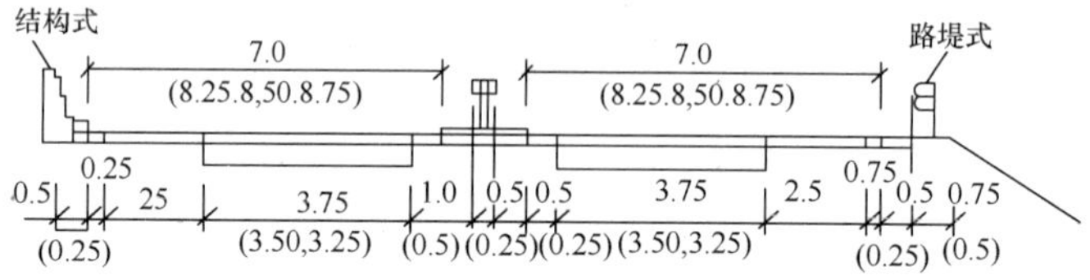

图 c</td></tr>
</table>

2 车行道宽应根据车道数、车型及设计速度确定，机动车车道宽度应符合表 5.3.1-2 所列数值。单车道匝道必须设停车带，停车带含一侧路缘带宽度应为 2.75m；当为小型汽车专用匝道时可为 2.0m。

表 5.3.1-2 机动车车道宽度

车型及行驶状态	设计速度(km/h)	车道宽度(m)
大型汽车或大小型汽车混行	≥60	3.75
	<60	3.5(3.25)
小型汽车专用道	≥60	3.5
	<60	3.25(3.0)

注：括号内数值为设计速度不超过 40km/h 时，或在困难情况下可采用的最小宽度值。

3 匝道横断面组成中，分隔带、路缘带、侧向净宽、安全带、分车带最小宽度及匝道建筑限界（图 5.3.1-1）应符合表 5.3.1-3 的要求，最小限高 h 值应符合本规程表 3.4.1 的规定。

机非混行匝道车行道宽应增加非机动车车道宽度，一般机动车道与非机动车道应采用物理分隔。

表 5.3.1-3 分车带最小宽度

分车带类别	中间带			两侧带		
设计速度 V（km/h）	80～70	60～50	≤40	80～70	60～50	≤40
分隔带最小宽度 W_{dm}（m）	1.5	1.5	1.5	1.5	1.5	1.5
路缘带最小宽度 W_{mc}（m）	0.5	0.5	0.25	0.5	0.5	0.25
安全带最小宽度 W_{sc}（m）	0.5	0.25	0.25	0.25	0.25	0.25
最小侧向净宽 W_l（m）	1	0.75	0.5	0.75	0.75	0.5
分车带最小宽度 W_{sm}（m）	2.5	2.5	2	—	—	—

注：分车带由分隔带及两侧路缘带组成。

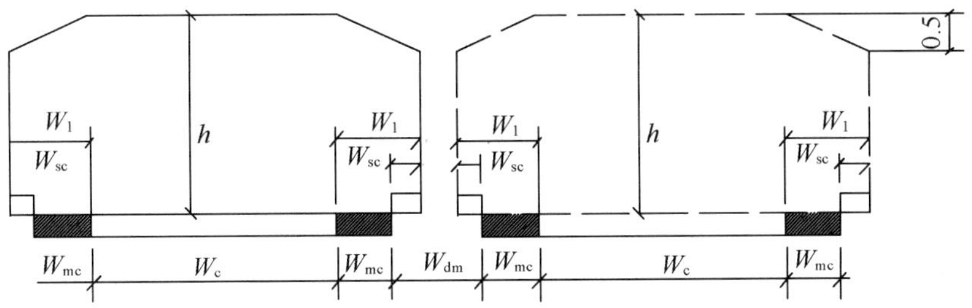

图 5.3.1-1　匝道横断面组成

W_c—车行道宽度（m）；W_{mc}—机动车道路缘带宽度（m）；W_1—侧向净宽（m）；
W_{dm}—中间分隔带宽度（m）；W_{sc}—安全带宽度（m）

4　双车道匝道设置应符合下列条件：

1）交通量超过单车道匝道设计通行能力时。

2）在单车道匝道和匝道出入口通行能力满足交通量要求，但遇以下情况之一仍应采用双车道匝道，且宜采用画线方式控制出入口为一车道：

① 匝道长度大于 300m。

② 预计匝道上或匝道和街道连接处的管制（如信号灯控制）可能形成车辆排队，需增加蓄车空间。

③ 纵坡采用极限值的陡坡匝道。

5　匝道在曲线弯道处应设置加宽，每条车道加宽值应符合表 5.3.1-4 所列值。曲线加宽的过渡应按主线加宽的方式执行。

表 5.3.1-4　圆曲线每条车道的加宽值（m）

车型＼圆曲线半径（m）	200＜R≤250	150＜R≤200	100＜R≤150	60＜R≤100	50＜R≤60	40＜R≤50	30R≤40	20＜R≤30	15＜R≤20
小型汽车	0.28	0.30	0.32	0.35	0.39	0.40	0.45	0.60	0.70
普通汽车	0.40	0.45	0.60	0.70	0.90	1.00	1.30	1.80	2.40
铰接车	0.45	0.55	0.75	0.95	1.25	1.50	1.90	2.80	3.50

6　匝道主曲线路面加宽的设置，应在内侧进行，当内侧加宽有困难，或加宽后对几何线形设计有较大影响时，可在内、外侧均等分配加宽值。在外侧加宽时，其加宽值宜小于车道中心线的缓和曲线内移值。

7　设缓和曲线时，加宽缓和段和超高缓和段长度宜采用回旋曲线全长。

加宽缓和段的过渡方法可采用以下三种：

1）曲线加宽值在整个缓和曲线全长上作线性分配（图 5.3.1-2），并应符合下式要求：

$$b_x = kb \qquad (5.3.1\text{-}1)$$

$$k = L_x/L \qquad (5.3.1\text{-}2)$$

式中：b_x——加宽缓和段上任一点 A 的加宽值（m）；

L_x——加宽缓和段 A 点处到加宽缓和段起点距离（m）；

L——加宽缓和段全长（m）；

b——匝道圆曲线部分路面加宽值（m）。

2）曲线加宽值在整个缓和曲线全长按高次抛物线分配，匝道曲线加宽值较大，计算过渡曲线不顺适时，可采用下式计算：

$$b_x = (4k^3 - 3k^4)b \qquad (5.3.1\text{-}3)$$

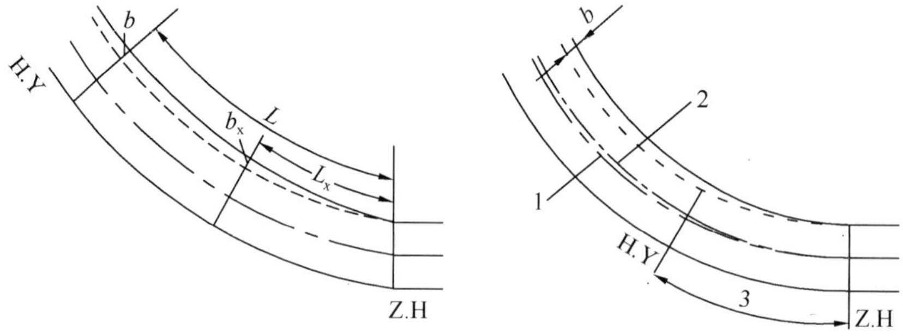

图 5.3.1-2　加宽过渡方式

1—原中心线；2—设回旋线后中心线；3—回旋线

3）在市内主要交叉口及设有桥梁、隧道、挡土墙及设有各种安全防护设施的路段，可采用插入回旋曲线的方法。

5.3.2　立交匝道平面线形设计应符合下列规定：

1　匝道的圆曲线最小半径值应符合表 5.3.2-1 的规定。

表 5.3.2-1　匝道圆曲线最小半径（m）

匝道设计速度（km/h）		80	70	60	50	40	35	30	25	20
积雪冰冻地区		—	—	240	150	90	70	50	35	25
一般地区	不设超高	420	300	200	130	80	60	45	30	20
	i_{max}=0.02	315	230	160	105	65	50	35	25	20
	i_{max}=0.04	280	205	145	95	60	45	35	25	15
	i_{max}=0.06	255	185	130	90	55	40	30	25	15

注：不设缓和曲线的匝道圆曲线极限最小半径与不设超高情况相同。积雪冰冻地区超高不大于 4%。

2　匝道平面线形中，直线与圆曲线或大半径圆曲线与小半径圆曲线之间应设缓和曲线，缓和曲线最小长度应符合表 5.3.2-2 的规定。缓和曲线应采用回旋曲线，回旋曲线的计算应符合下式规定：

$$R \cdot L = A^2 \qquad (5.3.2)$$

式中：A——回旋曲线的参数（m），$A \leqslant 1.5R$ 并应符合表 5.3.2-3 的规定；

R——回旋曲线终端曲线半径（m）；

L——回旋曲线曲线长（m）。

表 5.3.2-2 匝道缓和曲线最小长度

匝道设计速度（km/h）	80	70	60	50	40	35	30	25	20
缓和曲线最小长度（m）	75	70	60	50	45	40	35	25	20

表 5.3.2-3 匝道回旋曲线参数

匝道设计速度（km/h）	80	70	60	50	40	35	30	25	20
回旋曲线参数 *A*（m）	135	110	90	70	50	40	35	25	20

反向曲线间的两个回旋线，其参数宜相等，不相等时其比值应小于1.5。

回旋线的长度还应满足超高过渡的需要。

3 匝道平曲线可由一条圆曲线及两条缓和曲线组成，也可由两条缓和曲线直接衔接，平曲线与圆曲线长度应大于或等于表5.3.2-4的规定。

表 5.3.2-4 匝道平曲线、圆曲线最小长度

匝道设计速度（km/h）	80	70	60	50	40	35	30	25	20
平曲线最小长度（m）	150	140	120	100	90	80	70	50	40
圆曲线最小长度（m）	70	60	50	45	35	30	25	20	20

4 匝道停车视距不应小于表5.3.2-5的规定。

表 5.3.2-5 匝道停车视距

匝道设计速度（km/h）	80	70	60	50	40	35	30	25	20
停车视距（m）	110	90	70	55	40	35	30	25	20

5 匝道平曲线内侧宜采用视距包络线作为视距界限。

5.3.3 立交匝道纵断面设计应符合下列规定：

1 立交匝道最大纵坡不应大于表5.3.3-1的规定值。

表 5.3.3-1 匝道最大纵坡（%）

匝道设计速度（km/h）	80	70	60	50	≤40
一般地区	5	5.5	6	7	8
积雪冰冻地区	4		4	4	4

2 各种设计速度的匝道所对应的最小竖曲线半径及竖曲线长度应符合表 5.3.3-2 的规定。

表 5.3.3-2 匝道竖曲线最小半径及长度

匝道设计速度(km/h)			80	70	60	50	40	35	30	25	20
竖曲线最小半径（m）	凸形	一般值	4500	3000	1800	1200	600	450	400	250	150
		极限值	3000	2000	1200	800	400	300	250	150	100
	凹形	一般值	2700	2025	1500	1050	675	525	375	255	165
		极限值	1800	1350	1000	700	450	350	250	170	110
竖曲线最小长度（m）		一般值	105	90	75	60	55	45	40	30	30
		极限值	70	60	50	40	35	30	25	20	20

3 在设计匝道纵断面线形中，应符合下列规定：

1） 匝道纵断面线形应平缓，不宜采用断背纵坡线（两同向竖曲线间隔一短直线段）。机非混行匝道纵坡应满足非机动车行驶纵坡要求。

2） 匝道驶入（出）主线附近的纵断面，宜与主线有适当长度的平行段。

4 对凸形竖曲线和在立交桥下的凹型竖曲线应校核行车视距。验算时物高宜为 0.1m；目高在凸型竖曲线上宜为 1.2m，在凹型竖曲线宜采用 2.2m。

5.3.4 立交匝道横坡与超高应符合下列规定：

1 立交匝道路拱横坡应满足最低路表排水要求。路拱（双向坡和单向坡）横坡不应大于 2%。

2 设计速度条件下，当匝道平曲线半径引起的离心力不能由正常路拱横坡和正常轮胎摩阻力所平衡时，应取消反向横坡，应采用单向路拱和设置超高横坡。

3 最大超高横坡的取值应根据当地气候、地形、地区性质和交通特点来确定。一般地区最大超高横坡不应超过 6%，积雪冰冻地区不应超过 3.5%。

4 设计超高横坡度根据容许最大超高横坡度、最大横向摩阻力系数、圆曲线半径和设计速度，应按下式计算：

$$i=\frac{V^2}{127R}-\mu_{\max} \tag{5.3.4-1}$$

式中：i——设计超高横坡度（%）；

R——圆曲线半径（m）；

$\mu_{\max}$——最大容许横向摩阻力系数，可按表 5.3.4-1 取用；

V——设计速度（km/h）。

表 5.3.4-1 最大容许横向摩阻力系数

匝道设计速度（km/h）	80	70	60	50	45	40	35	30	25	20
横向摩阻力系数 μ_{max}	0.14	0.15	0.16	0.17	0.175	0.18	0.18	0.18	0.18	0.18

5 正常路拱与全超高路段之间应设置超高缓和段，其长度可按下式计算：

$$L_{\varepsilon}=\frac{b\times\Delta i}{\varepsilon} \qquad (5.3.4\text{-}2)$$

式中：L_{ε}——超高缓和段长度（m），不少于 2s 的设计速度行驶距离；

b——超高旋转轴至路面边缘的宽度（m）；

Δi——超高横坡度与正常路拱坡度的代数差（%）；

ε——超高渐变率，超高旋转轴与路面边缘之间相对升降的比率，可按表 5.3.4-2 取值。

表 5.3.4-2 超高渐变率

匝道设计速度（km/h）	20	30	40	50	60	70	80
超高渐变率 $\varepsilon_{中}$	1/100	1/125	1/150	1/160	1/175	1/185	1/200
超高渐变率 $\varepsilon_{边}$	1/50	1/75	1/100	1/115	1/125	1/135	1/150

6 坡道上平曲线设置超高，必须考虑纵坡对实际超高的不利影响。合成坡度一般地区最大不应超过 8%，冰雪冰冻地区不应超过 6%。合成坡度应按下式计算：

$$i_{H}=\sqrt{i_{N}^{2}+i_{Z}^{2}} \qquad (5.3.4\text{-}3)$$

式中：i_{H}——合成坡度（%）；

i_{N}——超高横坡（%）；

i_{Z}——纵坡（%）。

7 缓和曲线长度实际取值为超高缓和段长度和平曲线缓和段长度两者中的大值。

8 超高设置方式可根据地形状况、车道数、景观要求、排水需要在下述方式（图 5.3.4）中选择：

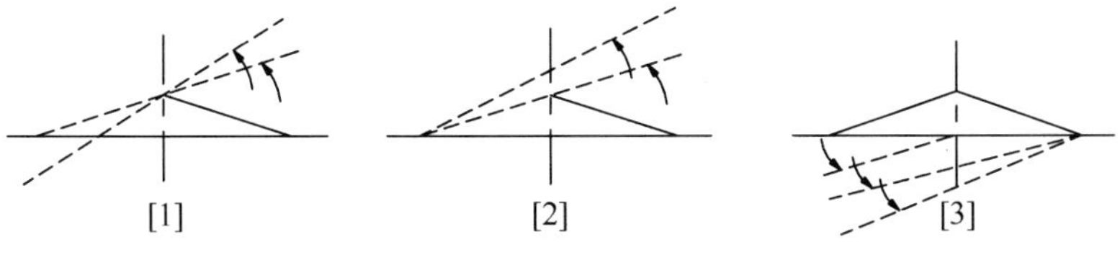

图 5.3.4 超高设置方式

1） 车道绕中心线旋转；

2） 车道绕内侧边缘线旋转；

3） 车道绕外侧边缘线旋转。

5.3.5 匝道端部出入口设计应符合下列规定：

1 匝道端部出入口应包括匝道渐变段、变速车道。

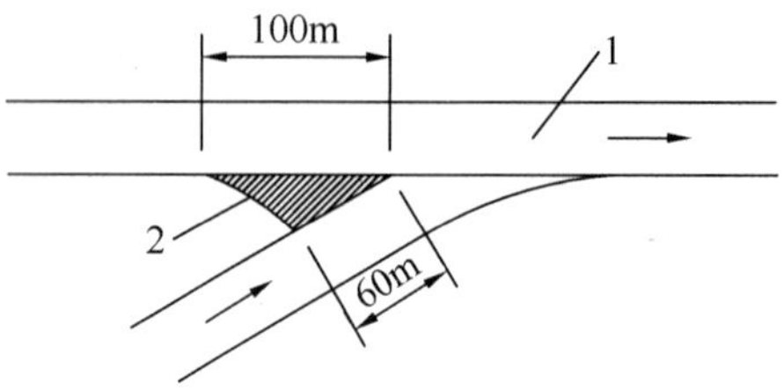

图 5.3.5-1 匝道入口端部视距

1—主线；2—确保通视区域

2 匝道端部出入口宜设置在主线行车道右侧；且宜设置在跨线桥等构造物前，或凸形竖曲线上坡道上。

3 匝道端部出入口宜设在主线下坡路段，应保持充分的视距（图 5.3.5-1）。

4 驶出匝道出口端部，在减速车道终点，应设置缓和曲线（图 5.3.5-2）。

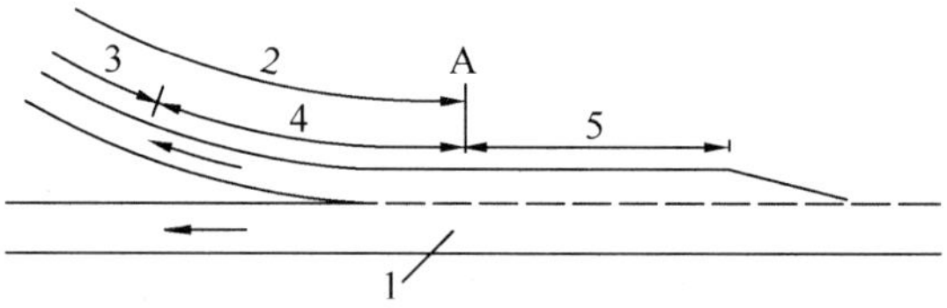

图 5.3.5-2 匝道出口端部缓和曲线

1—主线；2—匝道；3—圆曲线；

4—回旋线；5—减速车道；A—分流点

分流点的曲率半径与回旋线参数应符合表 5.3.5-1 的规定。

表 5.3.5-1 分流点的曲率半径与回旋线参数

主线设计速度（km/h）	分流点的行驶速度（km/h）	分流点的最小曲半径（m）	回旋参数 A（m）	
			一般值	低限值
120	80	250	110	100
	60	150	70	65
100	55	120	60	55
80	50	100	50	45
60	≤40	70	35	30

5 立 A_1 类立交主线与驶出匝道的出口分流点处，当需给误行车辆提供返回余地时，行车道边缘宜设偏置加宽，并应采用圆弧连接主线和匝道路面的边缘（图 5.3.5-3）。偏置加宽值和楔形端部鼻端半径应符合表 5.3.5-2 的规定。高架结构段可不设偏置加宽。

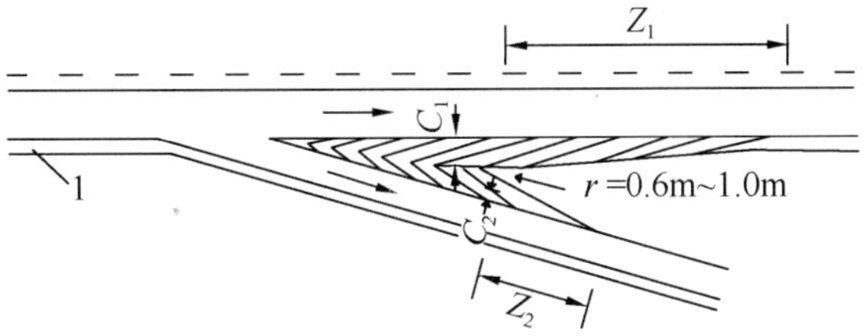

(a) 驶出匝道出口硬路肩较窄时

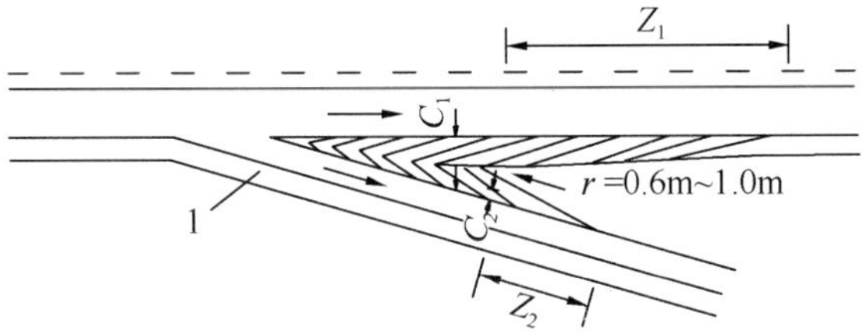

(b) 驶出匝道出口硬路肩较宽时

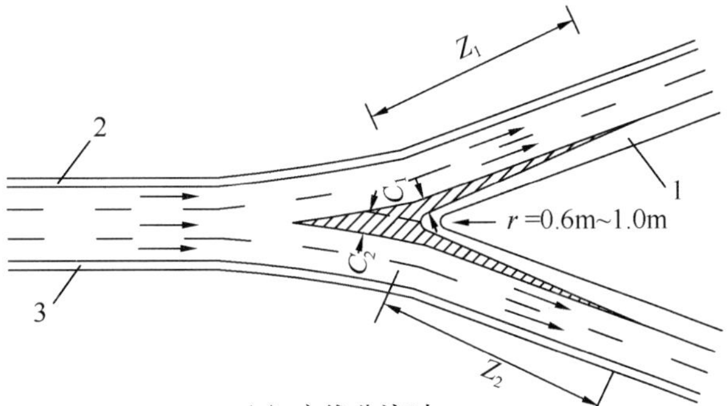

(c) 主线分流时

图 5.3.5-3 分流点处楔形端布置

1—硬路肩；2—左路肩；3—右路肩

表 5.3.5-2 分流点处偏置值与端部半径

分流方向	主线偏置值 C_1（m）	匝道偏置值 C_2（m）	鼻端半径 r（m）
驶离主线	≥3.0	0.6～1.0	0.6～1.0
主线相互分岔	1.8		0.6～1.0

楔形端端部后的过渡长度 Z_1、Z_2 应根据表 5.3.5-3 的渐变率计算。

表 5.3.5-3 分流点处楔形端的渐变率

设计速度（km/h）	120	100	80	60	≤40
渐变率	1/12	1/11	1/10	1/8	1/7

当主线硬路肩宽度能满足停车宽度要求时，偏置值可采用该硬路肩宽度，渐变段部分硬路肩应铺成与行车道路面相同的结构。

6 相邻匝道出入口之间的最小净距 L（图 5.3.5-4）应符合表 5.3.5-4 的要求。

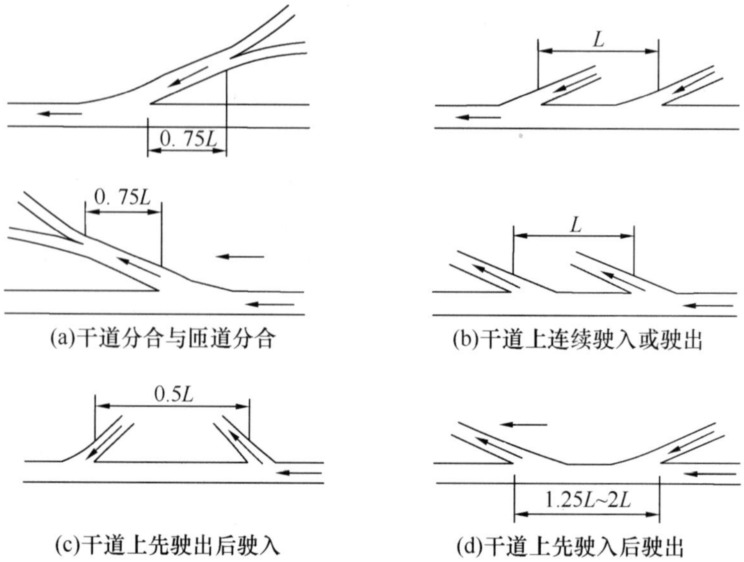

图 5.3.5-4　匝道口最小净距

表 5.3.5-4　相邻匝道口最小净距 L

干道设计速度（km/h） 距离 L（m）	120	100	80	60	50	40
极限值	165	140	110	80	70	55
一般值	330	280	220	160	140	110

注：图 5.3.5-4 中的（b）、（d）情况不宜采用极限值。

匝道出入口之间最小净距还应满足下列要求：

1）相邻驶入或驶出匝道之间的间距还应考虑变速道长度及标志之间需要的距离，并按最长需要距离决定取用值。

2）驶入匝道紧接着有驶出匝道的情况下［图 5.3.5-4（d）］，枢纽立交匝道间距取上限，一般立交取下限；并应根据交织交通量计算其交织所需长度，按最长需要距离决定取用值。对于延伸交织长度不能达到足够通行能力或是苜蓿叶立交相邻环形匝道，应设置集散车道。

7　单车道出入口按交通流线分直接式出入口（图 5.3.5-5、图 5.3.5-7）和平行式出入口（图 5.3.5-6、图 5.3.5-8）二类，并应符合下列规定：

1）单车道直接式入口应按 1∶40～1∶20（横纵比）均匀的渐变率和主线连接，汇合点设定在主线直行车道右侧边缘 3.5m（一条车道）处，汇合点后方为加速段，汇合点前方为过渡段。

2）单车道平行式入口是在汇流点处起，提供一条附加变速车道，并在其末端设置过渡渐变段，供车辆驶入。

3）直接式出口线形应符合行车轨迹，其出口横纵比应按

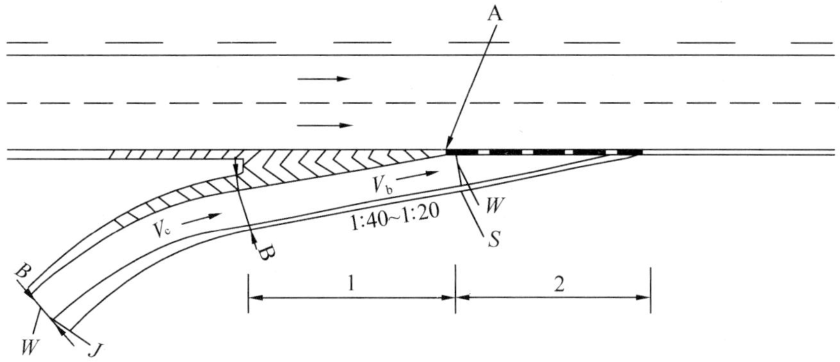

图 5.3.5-5 单车道直接式入口

A—合流点；B—单车道匝道宽度；W—一车道宽；S—路缘带宽；
J—紧急停车带宽；1—加速段；2—渐变段

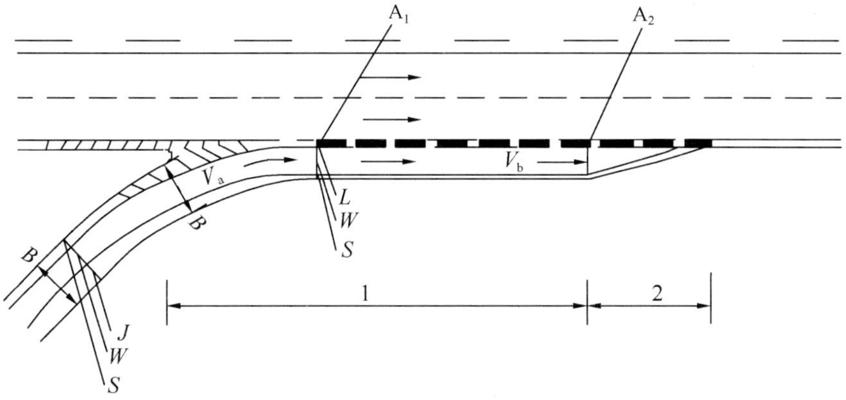

图 5.3.5-6 单车道平行式入口

A_1—并流点；A_2—汇合点；B—单车道匝道宽度；W—一车道宽；
S—路缘带宽；J—紧急停车带宽；L—出入口标线宽；1—加速段；2—渐变段

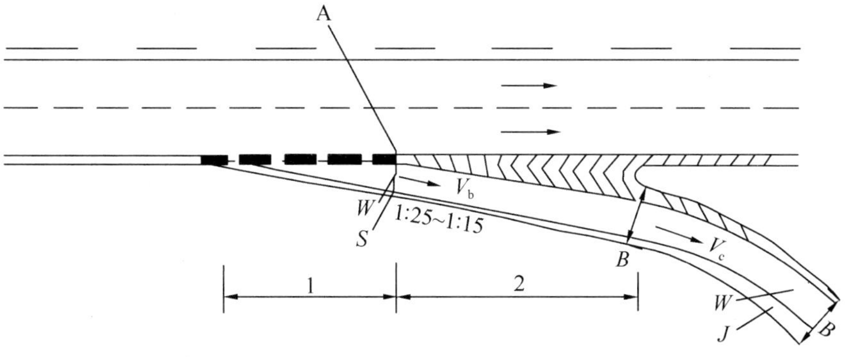

图 5.3.5-7 单车道直接式出口

A—分流点；B—单车道匝道宽度；W—一车道宽；S—路缘带宽；
J—紧急停车带宽；1—渐变段；2—减速段

1：25～1：15 均匀的渐变率和主线相接，分散角宜为 2°～5°。

4）平行式出口线形其渐变段及减速车道线形特征应明显，能提供驾驶员注目的出口区域，以防止主线车辆误驶出主线。

8 多车道出入口除和单车道出入口一样根据交通流线分两类外，

还应按功能分类：一种是按出入口进行设计，适应于一般立交匝道的出入口设计；另一种按主要岔口分、合流进行设计，适应于城市主干道和更高级别道路在立交范围内岔口的分、合流设计，并应符合下列规定：

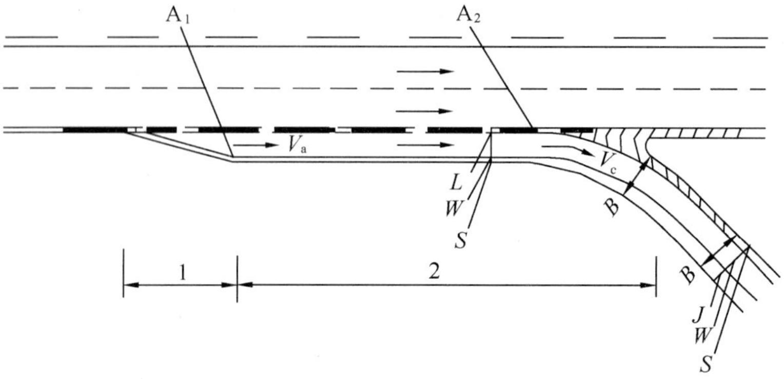

图 5.3.5-8　单车道平行式出口

A_1—分离点；A_2—分流点；B—单车道匝道宽度；W—一车道宽；S—路缘带宽；J—紧急停车带宽；L—出入口标线宽；1—渐变段；2—减速段

1）一般双车道匝道出入口应符合下列规定：

① 双车道匝道直接式出入口，布置形式和单车道一样，第二条变速车道加在第一条变速车道右侧，内侧车道加减速段长是单车道规定值的80%（图 5.3.5-9、图 5.3.5-10）。

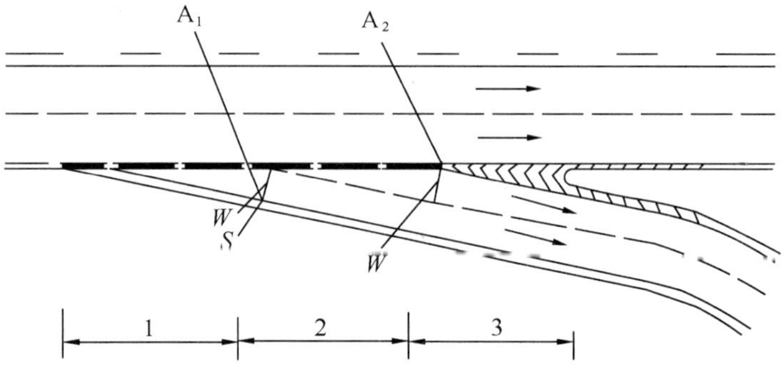

图 5.3.5-9　双车道匝道直接式出口

A_1—分离点；A_2—分流点；W—一车道宽；S—路缘带宽；1—渐变段；2—减速段；3—0.8×减速段

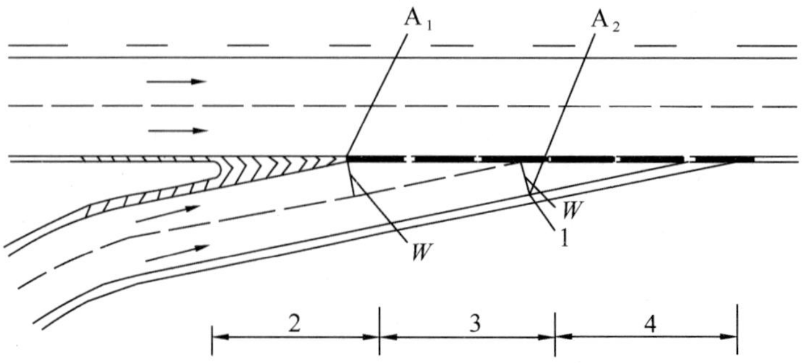

图 5.3.5-10　双车道匝道直接式入口

A_1—汇流点；A_2—汇合点；W—一车道宽；1—路缘带；2—0.8×加速段；3—加速段；4—渐变段

② 双车道平行式出入口，形式和单车道一样布置，第二条车道加在第一条车道右侧，右侧变速车道较左侧第一车道短一个渐变段长度（图 5.3.5-11、图 5.3.5-12）。

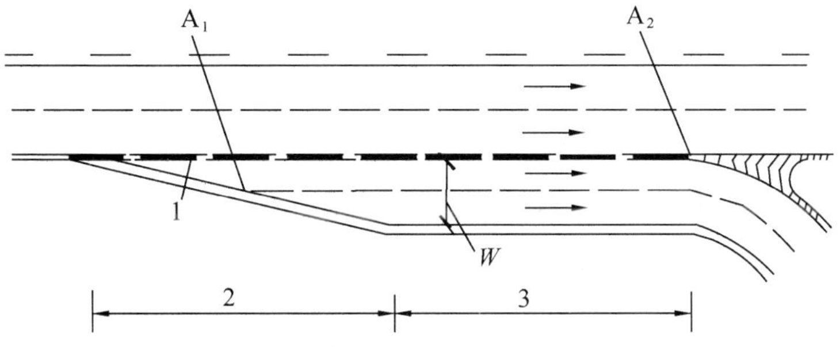

图 5.3.5-11　双车道匝道平行式出口

A_1—分离点；A_2—分流点；W—双车道宽；

1—路缘带；2—渐变段；3—减速段

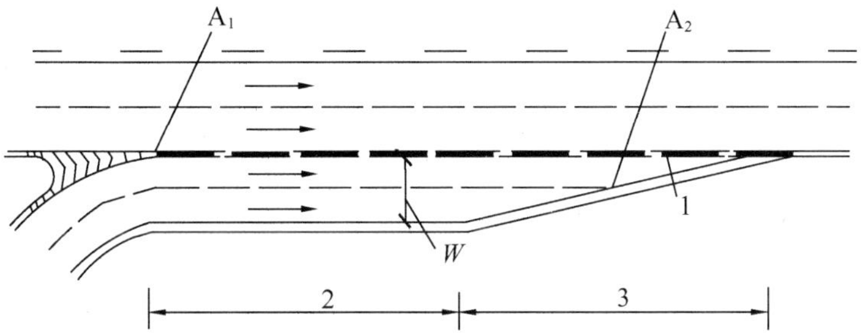

图 5.3.5-12　双车道匝道平行式入口

A_1—汇流点；A_2—汇合点；W—双车道宽；

1—路缘带；2—加速段；3—渐变段

2）增设辅助车道双车道匝道出入口（图 5.3.5-13）

一般位于枢纽立交的定向匝道，当出入口交通量很大时，双车道出入口应在下行方向按车道数平衡、基本车道数连续两条原则，增设辅助车道。

3）主要岔口分流、合流应符合下列规定：

① 枢纽立交处，为能在与主线车速基本相同行驶条件下实现大交通量的分流、合流和路线的转换，道路分岔端部［图 5.3.5-14（a)］应按分岔方式保证主线基本车道数连续和主线车道数的平衡，必要时增设辅助车道。其中，相对较次要分岔流向应靠右侧进出。

② 高速公路或城市快速路在起讫点处可分成两条定向多车道，与类似的高等级道路相衔接。大交通量的分、合流或路线间交通流转换期间车速基本保持不变。多车道岔口分流、合流端部可按图 5.3.5-14（b）所示方式主线进行设计。

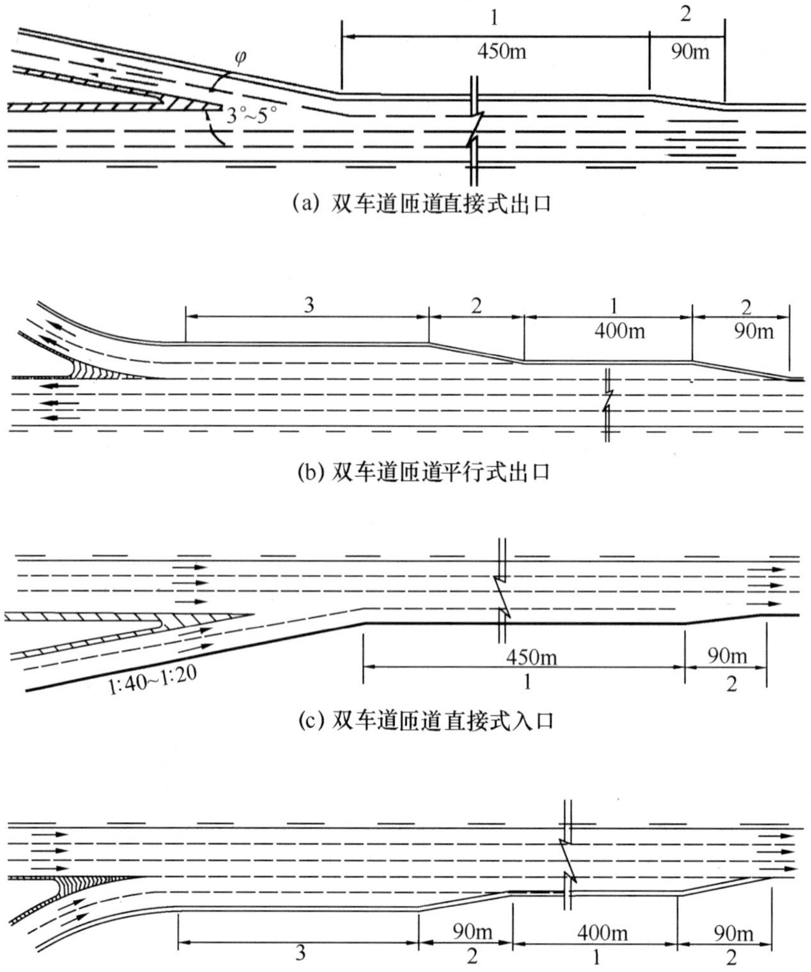

(a) 双车道匝道直接式出口

(b) 双车道匝道平行式出口

(c) 双车道匝道直接式入口

(d) 双车道匝道平行式入口

图 5.3.5-13　设辅助车道双车道匝道出入口

φ—分离角；1—辅助车道；2—渐变段；3—减速段

③ 枢纽立交的主要岔口除了按车道数平衡原则进行设计外，还应按树枝状分岔，以每两个流向分别进行分流、合流设计［图 5.3.5-14（c）］。

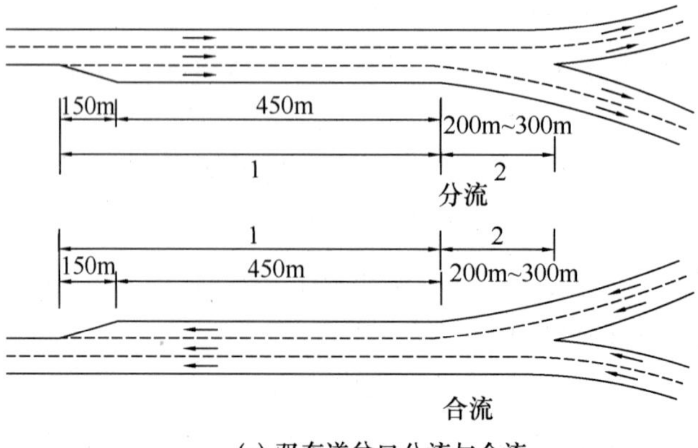

(a) 双车道岔口分流与合流

图 5.3.5-14　主要岔口分流、合流（一）

1—辅助车道；2—变化段

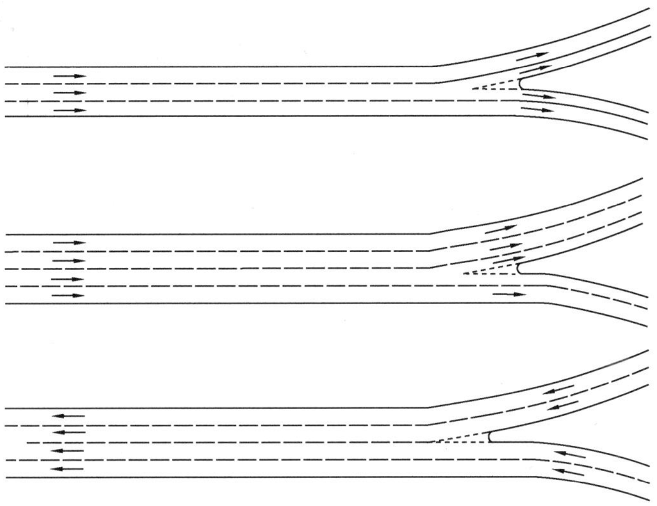

(b) 多车道岔口分流与合流

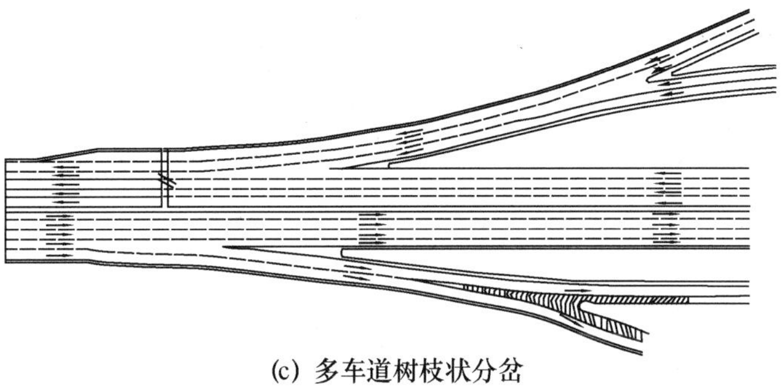

(c) 多车道树枝状分岔

图 5.3.5-14　主要岔口分流、合流（二）

5.4　辅 助 车 道

5.4.1　辅助车道用于互通式立交分、合流段。辅助车道的宽度应与直行车道相同。

5.4.2　在城市快速路的全长或较长的路段内基本车道数应保持一致，相邻两段同一方向的增减必须符合基本车道数连续和车道数平衡原则，每次增减不得多于一条，分、合流处（图 5.4.2）应按下式进行计算：

(a) 分流　　　(b) 合流

图 5.4.2　车道数平衡

$$N_c \geqslant N_f + N_e - 1 \tag{5.4.2}$$

式中：N_c——分流前或合流后的主线车道数；

N_f——分流后或合流前的主线车道数；

N_e——匝道车道数。

5.4.3 在设置双车道匝道的分、合流处，应增设辅助车道［图 5.4.3（a）］。辅助车道长度（包括渐变段）在分流端宜为 1000m，且不得小于 600m，在合流端宜为 600m。辅助车道过渡段渐变率应大于等于 1/50。当前一个互通式立体交叉的加速车道末端至下一个互通式立体交叉的减速车道的起点之间的距离小于 500m 时，应设辅助车道并连接［图 5.4.3（b）］。

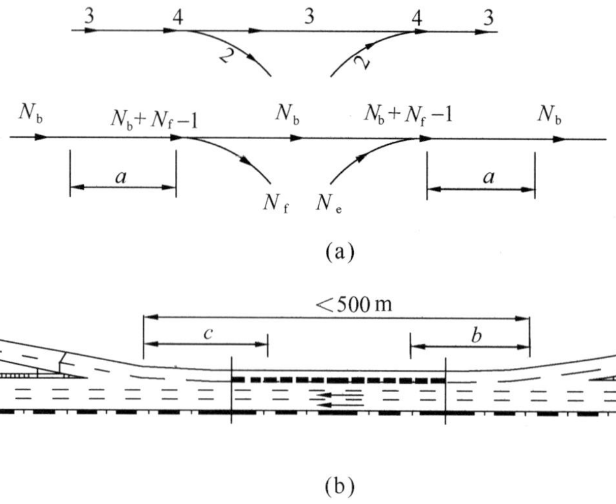

图 5.4.3　主线分流、合流处

N_b—基本车道数；a—辅助车道；b—加速道；c—减速道

5.5　变速车道和集散车道

5.5.1　在互通式立交匝道出入口处，应设置车辆变速车道。

5.5.2 变速车道分为直接式和平行式两种（图 5.5.2-1、图 5.5.2-2）。减速车道宜采用直接式，加速车道宜采用平行式。

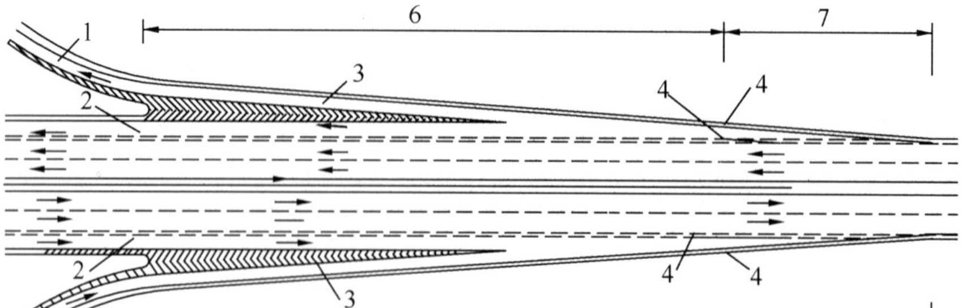

图 5.5.2-1　直接式变速车道

1—匝道；2—集散车道；3—变速车道；4—路缘带；

5—加速段；6—减速段；7—渐变段

5.5.3 主线为曲线时的变速车道分为两种，并应符合下列要求：

1 对平行式变速车道（图 5.5.3-1），主线为曲线时，平行式变速车道线形宜与主线曲线平行。平行式变速车道同匝道曲线连接应符

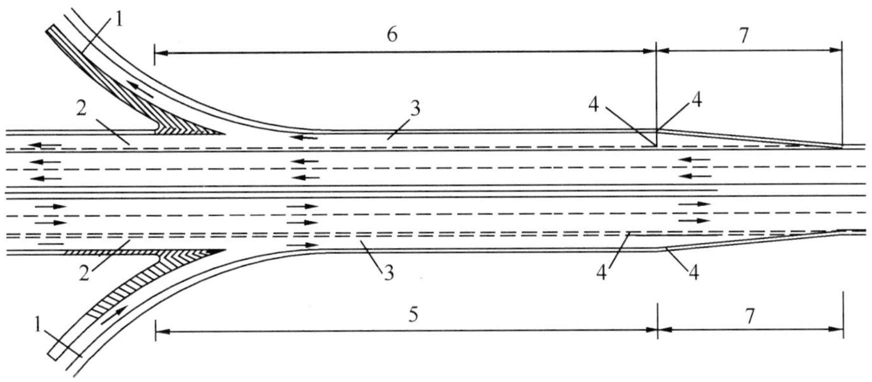

图 5.5.2-2 平行式变速车道

1—匝道；2—集散车道；3—变速车道；4—路缘带；
5—加速段；6—减速段；7—渐变段

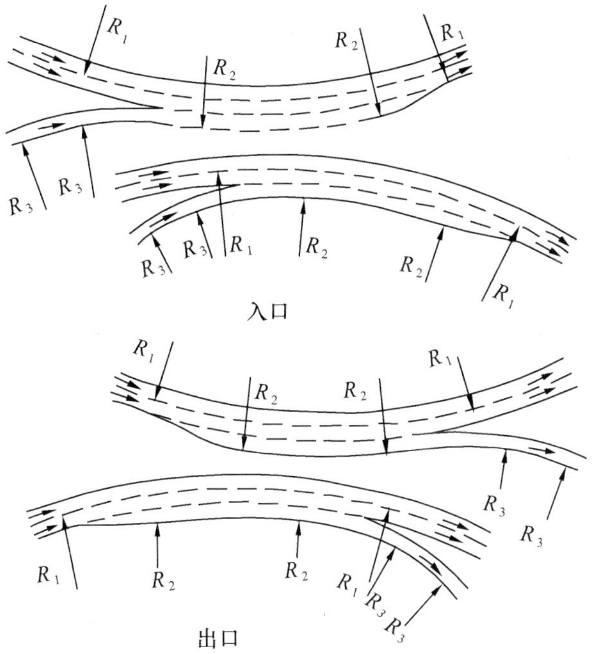

图 5.5.3-1 曲线上的平行式变速车道

合下列规定：

1） 当为同向时，可采用卵形回旋线或复合形回旋线连接；当主线圆曲线半径 $R_1>1500$m 时，可视 $R_1\approx\infty$ 而直接作回旋线的起点。

2） 当为反向时，可采用 S 形回旋线连接；当主线圆曲线半径 $R_1>2000$m 时，可视 $R_1\approx\infty$ 而直接作为回旋线的起点。

2 对直接式变速车道（图 5.5.3-2）线形，可采用与主线为直线时相同的宽度渐变率，顺主线线性变宽接出或接入，也可采用内切圆法曲线接入或接出主线（图 5.5.3-2）。当主线位于回旋线范围内时，变速车道亦可采用同一参数的回旋线，但宽度渐变率应符合表 5.5.3-

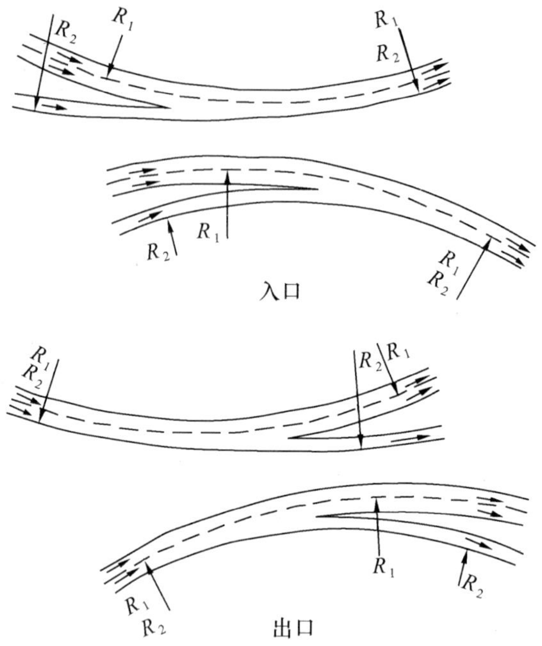

图 5.5.3-2 曲线上的直接式变速车道

1 和表 5.5.3-2 的规定。直接式变速车道与匝道曲线连接，可按平行式变速车道的连接方式处理。

3 变速车道长度为加速或减速车道长度与过渡段长度之和，应根据主线设计速度采用大于表 5.5.3-1 所列值。

下坡路段的减速车道和上坡路段的加速车道，其长度应按表 5.5.3-2 所列修正系数予以修正。

表 5.5.3-1 变速车道长度及出、入口渐变率

主线设计速度（km/h）		120	100	80	60	50	40
除宽度缓和部分外的减速车道规定长度（m）	1 车道	100	90	80	70	50	30
	2 车道	150	130	110	90	—	—
除宽度缓和部分外的加速车道规定长（m）	1 车道	200	180	160	120	90	50
	2 车道	300	260	220	160	—	—
宽度缓和路段长（m）	1 车道	70	60	50	45	40	40
出口角度	1 车道 2 车道	1/25		1/20	1/15		
入口角度	1 车道 2 车道	1/40		1/30	1/20		

表 5.5.3-2 变速车道长的修正系数

纵坡度（%）	0＜i≤2	2＜i≤3	3＜i≤4	4＜i≤6
下坡减速车道修正系数	1.00	1.10	1.20	1.30
上坡加速车道修正系数	1.00	1.20	1.30	1.40

4 变速车道横断面位置应自主线的路缘带外侧算起，一条变速车道宽度应为 3.5m。变速车道外侧应另加路缘带（图 5.5.3-3），当

与高速公路相接时为紧急停车带。

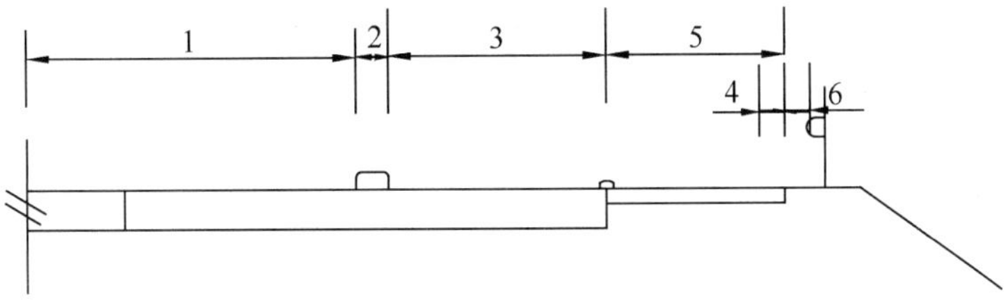

图 5.5.3-3 变速车道横断面

1—主线；2—主线路缘带；3—变速车道；4—路缘带；5—停车带；6—安全道

5.5.4 集散车道应符合下列规定：

1 当有下列情况之一，可考虑设置集散车道：

1）通过车道交通量大，需要分离。

2）两个以上出口分流岛端部靠得很近。

3）三个以上出入口分流岛端部靠得近。

4）所需要交织长度得不到保证。

5）因交通标志密集而不能用标志诱导。

2 集散车道可为单车道或双车道，每条车道宽应为 3.5m。在主线出入口处应保持车道平衡，对集散道路可不作规定。

5.6 服务水平与通行能力

5.6.1 立交通行能力分为可能通行能力和设计通行能力，设计通行能力等于可能通行能力（N_p）乘以相应设计服务水平“交通量/通行能力”比率（α）。

5.6.2 立交主线一条车道可能通行能力可采用表 5.6.2-1 的数值。

表 5.6.2-1 主线一条车道可能通行能力（N_p）

设计速度（km/h）	40	50	60	70	80	100	120
可能通行能力（pcu/h）	2020	2050	1950	1870	1800	1760	1720

立交匝道一条车道可能通行能力可采用表 5.6.2-2 的数值。

表 5.6.2-2 匝道一条车道可能通行能力（N_p）

设计速度（km/h）	20～25	30	40	50	60
可能通行能力（pcu/h）	1550 （1400～1250）	1650 （1550～1450）	1700	1730	1750

注：括号内为机非立交（其直行非机动车流量为 1000 辆/h～2000 辆/h），考虑非机动车影响时的取值。当非机动车流量＜1000 辆/h 时，可在括号内上限值与机非分行值之间内插求得；当流量为 3000 辆/h～5000 辆/h 时，每增加 1000 辆/h，括号内下限值应再降低 7%。

若当地有可靠的平均车头时距观测值，也可由下式计算主线或匝道一条车道的可能通行能力：

$$N_{\mathrm{p}} = 3600/t_{\mathrm{i}} \quad (5.6.2)$$

式中：N_{p}——一条车道可能通行能力（pcu/h）；

t_{i}——连续小客车车流平均车头时距（s/pcu）。

5.6.3 立交主线及其匝道的服务水平可划分为四个等级，服务水平标准分级应符合表 5.6.3 的规定。

表 5.6.3 立交服务水平标准

等级		交通运行特征	（服务交通量/可能通行能力）比率 α						
			设计速度（km/h）						
			100	80	60	50	40	30	20
Ⅰ	Ⅰ1	自由流，行车自由度大	0.33	0.29	0.26	0.24	—	—	—
	Ⅰ2	自由流，行车自由度适中	0.56	0.50	0.43	0.40	0.37	—	—
Ⅱ	Ⅱ1	接近自由流，变换车道或超车自由度受到一定限制	0.76	0.69	0.62	0.58	0.55	0.51	—
	Ⅱ2	行车自由度受限，车速有所下降	0.91	0.82	0.75	0.71	0.67	0.63	0.59
Ⅲ		饱和车流，行车没有自由度	1.00						
Ⅳ		拥塞状况，强制车流	无意义						

5.6.4 立 A_1、立 A_2类立交宜采用服务水平Ⅱ1 级，立 B 类立交服务水平可采用Ⅱ2 级。一般匝道服务水平宜采用Ⅱ2 级，定向匝道服务水平宜采用Ⅱ1 级。对个别线形受限制的立 A_2、立 B 类立交的匝道，经论证确有困难时，可采用Ⅲ级。

5.6.5 立交设计通行能力应为组成该立交的主线直行车道、转向匝道设计通行能力的组合值，与服务水平采用等级相关。不同形式的立交宜符合下列规定：

1 苜蓿叶立交设计通行能力

1） 直行车道无附加车道情况：

$$N = (n_1 - 2)N_{\mathrm{S1}} + (n_2 - 2)N_{\mathrm{S2}} + 4N_{\mathrm{R}} \quad (5.6.5\text{-}1)$$

式中：N——立交总的设计能行能力（pcu/h）；

N_{S1}、N_{S2}——立交两条相交道路各自一条直行车道设计通行能力（puc/h）；

n_1、n_2——立交两条相交道路各自进入立交的车道条数；

N_{R}——一条匝道设计通行能力（puc/h）。

2） 直行车道设有附加车道情况：

$$N = n_1 N_{\mathrm{S1}} + n_2 N_{\mathrm{S2}} \quad (5.6.5\text{-}2)$$

2 环形立交设计通行能力

1）一方向直行车道穿越(或跨越)环道时(无附加车道)：

$$N=(m-2)N_{S1}+N_r \qquad (5.6.5\text{-}3)$$

式中：m——穿越（或跨越）环道的直行车道车道数；

N_{S1}——穿越（或跨越）环道的直行车道一条车道设计通行能力（puc/h）；

N_r——环道设计通行能力（puc/h）。

机非分行的环道设计通行能力取 2000puc/h～2700puc/h，车道为 4 条时，取上限值，车道为 3 条时，取下限值。

2）两方向直行车道分别上跨、下穿环道时（无附加车道）：

$$N=(n_1-2)N_{S1}+(n_2-2)N_{S2}+N_r \qquad (5.6.5\text{-}4)$$

3）一方向直行车道穿越（或跨越）环道时（有附加车道）：

$$N=n_1N_{S1}+N_r \qquad (5.6.5\text{-}5)$$

4）两方向直行车道分别上跨、下穿环道时（有附加车道）：

$$N=n_1N_{S1}+n_2N_{S2} \qquad (5.6.5\text{-}6)$$

3 喇叭形立交设计通行能力

1）无附加车道（A、B 面进入立交的直行车道无附加车道）：

$$N=(n-m_1)N_S+m_1N_R \qquad (5.6.5\text{-}7)$$

式中：n——直行车道数；

m_1——C 面进口车道数；

N_S——一条直行车道设计通行能力（puc/h）；

N_R——一条匝道设计通行能力（puc/h）。

2）有附加车道（C 面进口车道数大于 A、B 面附加车道数）：

$$N=(n-m_1-m_2)N_S+(m_1-m_2)N_S \qquad (5.6.5\text{-}8)$$

式中：m_2——附加车道数。

3）有附加车道（C 面进口车道数小于或等于 A、B 面附加车道数）：

$$N=nN_S \qquad (5.6.5\text{-}9)$$

5.7 附属设施

5.7.1 交通标志和标线应符合现行国家标准《道路交通标志和标线》GB 5768 的规定。

5.7.2 防撞护栏应符合《公路交通安全设施设计技术规范》JTG D 81 的规定。

5.7.3 防眩设施主要分为防眩板、防眩网和密集植树三大类，并应符合下列规定：

1 符合下列情况之一者，宜设置防眩设施：

1）立交主线或匝道上较小平曲线或竖曲线，对驾驶员造成严重眩目影响路段；

2）从匝道或连接道驶入立交主线时，使对向驾驶员有严重眩目影响的主线路段；

3）无照明或照明不良高架跨线桥或下穿道路上。

2 防眩设施的设置应考虑设施的连续性，并应与周围环境协调。

3 防眩设施与各种护栏配合设置时，应针对不同地区，结合防风、防雪、防眩的综合要求，考虑组合结构的合理性。

4 防眩设施高度宜为1.7m。防眩设施在凸形或凹形竖曲线上设置时，应对防眩设施高度变化进行验算，避免出现漏光现象。

5 防眩设施在平曲线半径较小弯道上设置时，应验算相应的停车视距。

6 当中央分隔带为3m～7m宽时，可采用高度为1.7m的密集植树方式进行防眩。但在无封闭设施的路段，宜优先考虑采用防眩板或防眩网形式。

7 防眩板（或防眩网）与中央分隔带护栏配合设置时，结构形式应符合本规程附录B的要求。

5.7.4 隔声设施主要分为声屏障和绿化带二大类。当立交主线或匝道经过居民住宅区、学校或医院以及办公大楼，且噪声超过所在城市规定的声级标准时，宜设置隔声设施，并应符合下列规定：

1 声屏障可与各种护栏配合设置，并应结合环境，采用合理结构形式。声屏障结构形式应符合本规程附录B的要求。

2 声屏障应采用吸声材料，同时又要便于清洗，以减少灰尘对材料性能及美观的影响。

3 声屏障安装高度应适当，不宜小于4m。当道路经过高层建筑时，可采用弧形结构，或在垂直形结构顶端增设吸声筒。

4 立交主线或匝道外侧宜布置绿化带。

5.7.5 城市道路立交的排水设计应在城市总体排水规划指导下进行，并应符合现行国家标准《室外排水设计规范》GB 50014的规定。如城市道路交叉所处地区无排水规划，应先作出规划再进行设计，并应符合下列规定：

1 城市道路立交范围内的排水，应与相交道路的排水统一设计，其排水设计应包括雨水管、雨水口和连接管的布设，特别是竖直方向连接管的布设，并与地面排水系统沟通。城市道路立交的路面水应排泄迅速。

2 城市道路立交排水设计重现期应符合现行行业标准《城市道

路设计规范》CJJ 37 的规定。路面雨水径流量应按现行国家标准《室外排水设计规范》GB 50014 执行。

3 在下穿式立体交叉引道两端纵坡的起点处应设倒坡，并在道路两侧采取截水措施，减少坡底聚水量。纵坡大于 2%的坡段内，不宜设雨水口，应在凹形曲线最低点道路两侧集中设置并联雨水口，其数量应按设计流量计算确定。

4 城市道路立交地面水排除的其他规定以及立交的地下水排除应按现行行业标准《城市道路设计规范》CJJ 37 执行。

5.7.6 城市道路立交照明设施应安全可靠、经济合理、节省能源、维修方便、技术先进，具有良好的诱导性，并应符合下列规定：

1 城市道路立交照明应符合下列规定：

1） 应为驾驶员提供良好的视线引导性。

2） 应照明道路本身，并提供不产生干扰眩光的环境照明。

3） 在交叉口、出入口、曲线路段、坡道等交通复杂路段的照明应适当加强。

4） 一般立交可采用常规照明，但不宜设置太多的光源灯具。采用常规照明时，平面交叉、曲线路段、坡道、上跨道路和下穿地道等的照明应符合现行行业标准《城市道路照明设计标准》CJJ 45 中道路及与其连接的特殊场所照明有关要求。

5） 枢纽立交宜优先采用高杆照明，采用高杆照明时应符合现行行业标准《城市道路照明设计标准》CJJ 45 的有关要求。

6） 立体交叉的照明除应为路面提供足够的照度外，还应考虑下穿道路的灯具在下穿道路上产生的光斑和上跨道路的灯具在下穿道路上产生的光斑衔接协调，使该处的照明均匀度不低于规定值，并防止下穿道路的灯具在上跨道路上造成眩光。

2 照明标准应按现行行业标准《城市道路照明设计标准》CJJ 45 有关条款执行。

3 照明供电、控制以及节能措施均应按现行行业标准《城市道路照明设计标准》CJJ 45 有关条款执行。

5.7.7 互通式立体交叉范围的环境绿化应符合下列规定：

1 互通式立体交叉范围内栽植树木时，应栽植不同树种以作为该互通式立体交叉的特征标志。在出、入口处，应栽植引导视线的树木。在出口一侧可栽植灌木以缩小视野，间接引导驾驶者减低车速。

匝道转弯处所构成的三角区内只可种植花、草。平曲线内侧栽植灌木（图 5.7.7-1）时，应满足视距要求，并起诱导驾驶的作用。

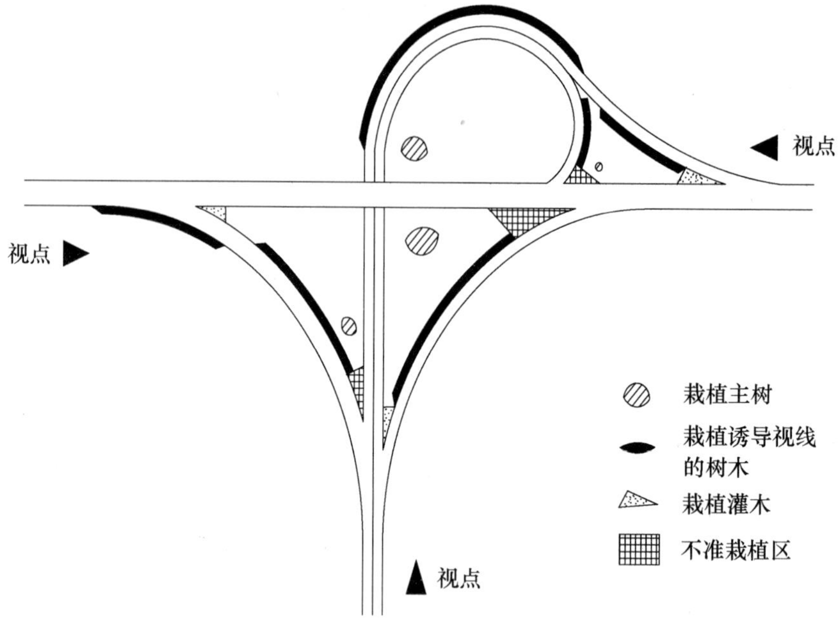

图 5.7.7-1　绿化布置

2　应对边坡进行修整，保持坡面规则、坡脚顺适。填方段匝道的边坡，在接近原地面的一定高度内应逐渐减缓，使其整齐、美观。坡面可只修饰匝道包围的区域（图 5.7.7-2）。

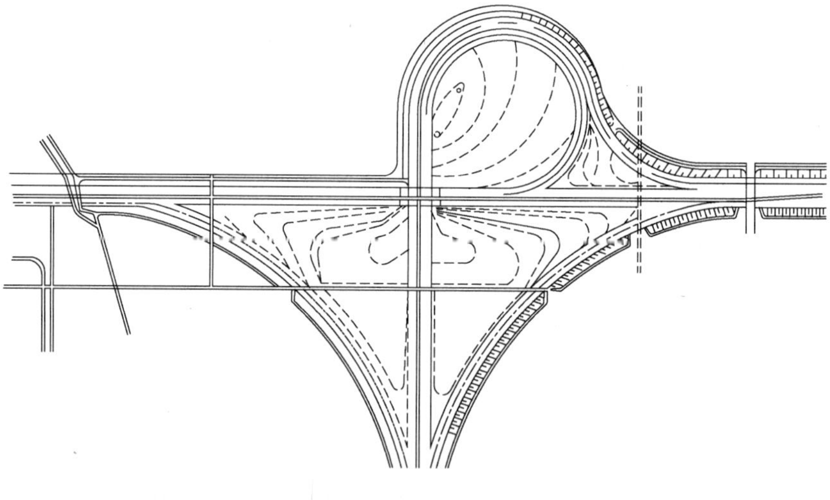

图 5.7.7-2　坡面修饰

环境绿化其他要求可按现行行业标准《城市道路绿化规划与设计规范》CJJ 75 及《城市道路设计规范》CJJ 37 中道路绿化有关条款执行。

附录 A　立交方案评价

A.0.1　立交方案评价可按下列原则进行：

1　应根据相交道路性质按本规程表 3.1.4 确定立交类型。

2 立交工程应多方案比选。在比选过程中先对各方案进行经济评价，然后从技术、经济、社会、环境四个方面对各方案进行综合评价，从中选优作为推荐方案。

A.0.2 立交方案评价宜采用下述方法：

1 立交方案经济评价方法可采用国民经济评价方法。

2 经济效益，只计直接经济效益。

3 立交的综合评价，宜采用系统工程的层次分析法（AHP），按层次分析模型进行计算，应做到理论和实际相结合、定性和定量相结合，以计算的定量值确定最优方案。综合评价层次分析模型宜符合表A.0.2-1的规定。

表 A.0.2-1 层次分析模型

目标层 A	城市道路立交方案 A													
准则层 B	技术评价 B_1				经济评价 B_2			社会评价 B_3			环境评价 B_4			
子准则层 C	C1 主线匝道设计车速	C2 通行能力及解决总交通量百分比	C3 安全度	C4 线型标准主线匝道及平纵线形	C5 总造价	C6 拆迁征地	C7 经济效益净现值回收期内部收益率	C8 施工方案工期难易	C9 影响交通程度	C10 与周围建筑单位居民影响程度	C11 绿化面积率	C12 立交造型	C13 照明方式及条件	C14 噪声污染
方案层 D	方案 1	方案 2	方案 3	方案 4										

4 层次分析模型中准则层各层权重标准值宜按表A.0.2-2中数值选取。

表 A.0.2-2 准则层权重值表（%）

准则层 权重 / 城市类型	技术评价	经济评价	社会评价	环境评价	总值
特大城市	40～45	25～30	15～10	20～15	100
大型城市	35～40	30～35	15～10	20～15	100
中等城市	30	40	15	15	100
小城市	35～30	40～45	10～15	15～10	100

城市道路交叉口设计规程

CJJ 152－2010

条 文 说 明

4 平面交叉

4.2 交通组织与进出口道设计

4.2.9 进口道车道宽度应比路段车道宽度窄，这是因为车辆驶入进口道时，车速较路段明显降低，同时也可防止车辆在进口道内因车道过宽而发生抢道现象。

4.2.13 进口道长度应以交叉口转角缘石曲线的端点算起，渐变段长度引用日本文献推荐值。

4.3 平面与竖向设计

4.3.5 交叉口竖向设计时要考虑以下情况：

1 交叉口竖向设计的形式取决于和地形相适应的相交道路的设计纵、横断面。可采用以下六种基本形式：

1）凸形交叉口　相交道路纵坡均由中心向外倾斜。

2）凹形交叉口　相交道路纵坡均由外向中心倾斜。

3）脊形交叉口　主路纵坡方向不变，其相交道路纵坡由中心向外倾斜。

4）谷形交叉口　主路纵坡方向不变，其相交道路纵坡由外向中心倾斜。

5）斜坡交叉口　相交道路纵坡均保持不变。

6）鞍形交叉口　对向相交路纵坡自外向内倾斜，另一对向相交路纵坡自内向外倾斜。

4.4 公交停靠站与专用道的设置

4.4.3 公交站点设在进口道时，公交车常常因遇红灯而二次停车，影响交叉口的通行能力。公交站点设在出口道可消除公交车的二次停车对交通的影响。

4.4.5 公交停靠站设在进口道时，其位置不应影响进口道车辆的正常排队；公交停靠站设在出口道时，其位置不应影响出口道车辆正常加速变换车道的要求。当实际条件不满足规程要求时，公交停靠站离停车线的最小距离应根据实际情况验算确定。

5 立体交叉

5.3 匝 道

5.3.5 第1款，在匝道端部汽车要作变速、分流、合流等复杂运动是互通式立交易发生交通事故部位，故设计时应给予特别注意。

第2款，在互通式立交设计中应尽量避免左侧入口和出口，即使在主要分岔口与支线连接情况下的次要道路也宜在右侧出入。左侧匝道设置会破坏整条路线上互通式立交出入位置的统一性，尤其是在市区互通式立交间距密集，只能在短距离内指示立交出口，左出口、右出口混用会引起驾驶混乱，引起主线直行车辆行驶迟疑不决，破坏了路线的连续性。

路线的连续性是指沿指定路线全长（一般指一条命名的主线全长）的定向行驶轨迹的保证，路线的连续性是一条道路连续应具备的主要技术指标，用路线连续原理可以减少车道变化，特别是为对路况陌生的驾驶员提供了一条连续快速不受干扰行驶的路线，运行过程中其他车辆均位于其右侧。同时简化了交通标志设置，减少了驾驶员对标志的寻找时间（出入口标志均设在右侧，易于寻找）从而简化了驾驶工作，可充分保障行车安全。

在实施道路连续性设计过程中（图4），尤其是主线为绕过城市环线时互通式立交设计除出入口设置在右侧外还要有利于保持路线车辆运行方向连续，在设计中直行主要交通流向可用设有平缓曲线（大半径）的定向匝道，使车辆在其上行驶仍具有相当于直线上行驶的特征措施，以保持主线行驶连续。

匝道出入口端部位置应明显，出口匝道端部必须使主线行驶车辆的驾驶员从很远就能识别，至少在500m以外，能清楚地识别出变速车道的宽度渐变路段的起点。对于驾驶员来说，目的是在接近互通式立交的同时需要预先判断出从哪一个出口驶出，从何处开始减速较合适，所以必须很早就能识别出匝道的驶入点。减速车道的路面标线必须明显和主线区分，使之很容易区别出减速车道，并能防止主线车辆误入减速车道。把出口端部设置在构造物前面或跨线桥后150m，目的是防止跨线桥结构的阻碍，看清出口匝道的起点和匝道平曲线方向。同样为保证不受凸形竖曲线视距影响，避免视距不足产生凸形竖

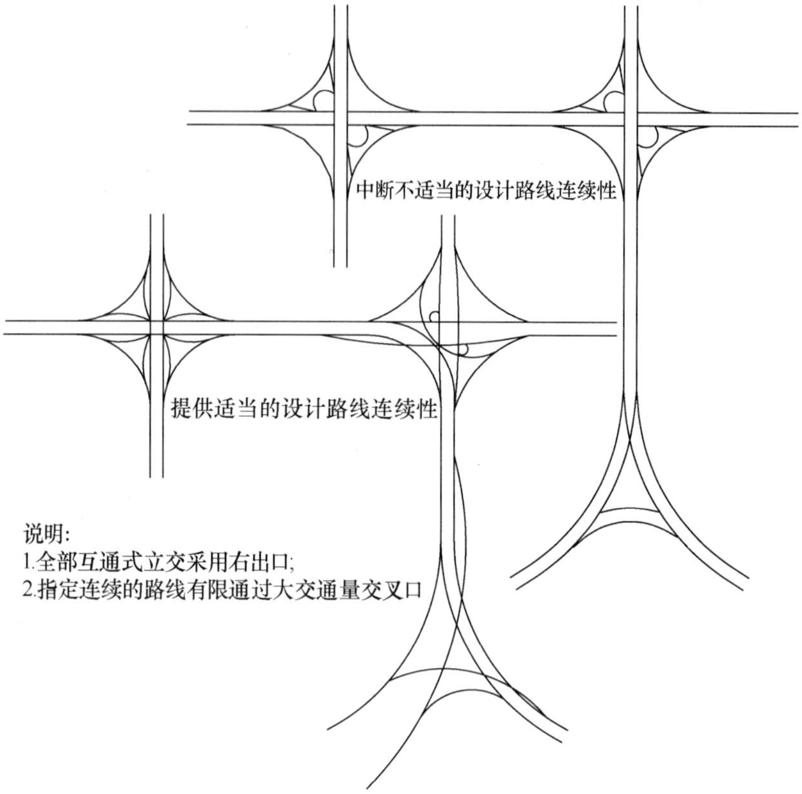

图 4　保持路线的连续性

曲线后突然出现匝道小半径平曲线弯道，应将竖曲线设计长些，使驾驶员能在行驶中较早发现凸形竖曲线下坡道处匝道平曲线起点及方向。

匝道入口端部处为了能有充分的视距有利于车辆插入主线，匝道及其入口汇合处纵断面应接近主线车道纵断面，入口端部一侧的匝道宜设计成平行主线纵断面的长约为 60m 的平台，使驾驶员能够在平行主线的直行车道上前后左右通视。

在主线出口匝道范围，驾驶员还没有摆脱在主线上快速行驶的高速感（行驶惯性），即使在减速车道上也不能完全减到匝道设定圆曲线半径适应的设计车速，所以出口匝道不宜突然出现小半径，而应设有一定的缓和行驶路程。为了保证有足够的缓和行程，有必要在减速车道终点处设置一段使驾驶员能够适应车速变化的缓和路段，此段范围内随车速的降低而逐渐减小曲线半径，以确保交通安全。

先求出从端部通过的速度降低到最小半径匝道时速度所需缓和路段长度，据此计算缓和曲线的参数，进而规定了端部附近曲率半径最小值计算公式。

$$V_0^2 - V_1^2 = 2aL$$

$$L = (V_0^2 - V_1^2)/2a$$

$$A^2 = R \cdot L$$

式中：L——缓和路段长（m）；

R——匝道最小曲线半径（m）；

A——回旋曲线参数值（m）；

V_0——通过分流点的行驶速度（m/s）；

V_1——通过匝道最小半径设计速度（m/s）；

a——减速度（m/s^2），取 $1m/s^2$。

分流点最小半径计算公式：

$$R=V^2/[127(i+\mu)]$$

其中：$i=0.02\sim0.06$，$\mu=0.18$。

分流点的曲率半径与回旋线参数见表 3。

表 3 分流点的曲率半径与回旋线参数

主线设计速度（km/h）	匝道最小曲线半径设计速度（km/h）	分流点的行驶速度（km/h）	匝道最小曲线半径一般值（m）	匝道最小曲线半径最小值（m）	减速度（m/s^2）	分流点最小曲线半径（m）	缓和曲线长（m）	回旋曲线参数计算值		回旋曲线参数采用值	
								最小值（m）	一般值（m）	最小值（m）	一般值（m）
120	40	80	65	55	1	(250) 251.97	185.2	100.9	110.0	100	110
		60				(150) 141.73	77.17	65.15	70.82	65	70
100	35	55	50	40	1	(120) 119.09	69.45	52.71	58.93	55	60
80	30	50	35	30	1	(100) 98.43	61.73	43.03	46.48	45	50
60	25	≤40	30	25	1	(70) 62.99	37.62	30.67	33.59	30	35

注：匝道最小曲线半径一般值采用 $i=0.02$ 计算值；匝道最小曲线半径最小值采用 $i=0.06$ 计算值。括号中的分流点最小曲线半径值为规定值。

在枢纽立交主线分流的出口匝道处，匝道行驶车速较高，汽车误行的机会较多，必须在安全上加以考虑，为了减少汽车对端部撞击，一般推荐采用车道边缘留出端点余宽的方法，并在楔形端点后方的干道侧通过一定渐变率，做成楔形分隔带，保证错误驶近减速车道一边的过境交通车辆，能安全回到主线一边，并在楔形端点后一定范围设置缘石使其轮廓醒目，易于识别。

第 6 款，立交邻近匝道出入口之间最小间距是指匝道端点（导流岛端部）之间距离，最小净距是以美国各州公路工作者协会对驾驶员辨认标志引起反应所需时间及汽车移向邻近车道所需时间合计规定为 5s～10s，《城市道路设计规范》CJJ 37 设计 5s 值实际应用中偏短，现推荐用一般值，困难条件采用极限值。如车辆驶入后又紧接着驶出情况，还应计算交织长度的最大值。

第7款，对单车道匝道出入口作出规定。

1）单车道直接式入口行车特点是在变速车道上驾驶员能直接看见并利用主线交通流合适的间隙直接插入。行车轨迹顺畅，车辆可在汇流点处经加速段加速后进入主线。

2）单车道平行式入口行车特点是车辆在汇流点之后开始加速，驶入加速车道后驾驶员能利用侧视镜和后视镜有效地观察后面的主线车辆运行情况，利用空档插入主线。其有较长的平行插入区段，与直接式入口相比，能适应较大的交通量。

3）研究表明，直接式出口大部分驶出车辆都能以比较高的车速驶离主线，从而减少了由于车辆在主线上开始减速而引起车辆追尾事故发生的可能。一旦离开主线车道，沿过渡段驶入变速车道就能进行必要的减速，是一种比较合理的出口形式。

4）平行式出口，驾驶员会在靠近附加减速车道起点驶出，然后变速。行驶轨迹是一条S形反向曲线，行驶舒适性较差，在主线驶出交通量少情况下，驾驶员为避免作反向曲线行驶而直接以直接驶出的轨迹驶向分流点，这种运行方式会导致在主线车道上开始减速，易发生车辆追尾事故。

第8款，对多车道匝道出入口作出规定。

1）按出入口形式设计：

①由于驶入驶出匝道通行能力要求而需设置多车道端部，常见是双车道出入口，对于双车道直接式入口，驾驶员倾向于使用内侧车道。当驶入车辆达不到驶入速度或是在主线上没有驶入空档间隙，车辆可以很自然的向外侧车道行驶。如在内侧车道采用单车道的规定长度，从实际情况看似乎偏长，故内侧车道取其0.8折减。

双车道直接式出口驾驶员倾向右侧车道，可尽快驶离主线。

②平行式双车道入口，来自匝道的大部分车辆会使用左侧车道，左侧车道紧靠主线，便于插入。右侧车道上只有在左侧车道车辆已经驶入主线，出现空当后右侧车道的车辆才能进入主线。

双车道平行式出口，驶出主线的驾驶员倾向于用内侧车道，为了使用外侧车道，在主线上需要变换二个车道，降低了行驶舒适性。

2）按增设辅道双车道出入口布置。枢纽立交多数是二条或多条高速公路、快速道路交叉，其重要出入口为适应大交通量运行，形成多车道端部。匝道一般为定向匝道，行驶车速较高，为了提高运行效率并保持车流行驶的连续性、保障交通安全、充分提高出入口通行能力，在出入口处按分、合流原理进行设计。在分、合流处必须保持车道数平衡和基本车道数连续，为了使车道数的平衡和保持主线车道的基本车道数两者要求不产生矛盾，在设计中应考虑附加足够长度的辅助车道。

3）在多车道端部为了使出入口有明显的导向同时简化交通标志的设置，提高设置标志的交通导向清晰性，最大限度地提供驾驶员明确的行车方向，避免过多的方向目标而造成驾驶员操作上的迟疑及驾驶混乱。在多车道端部应以树枝状分岔，避免车辆在分流处丧失方向。在合流处过多的变换车道易造成多重交织行驶，引起交通混乱，降低了出入口通行能力，严重时将造成重大交通事故，影响整个枢纽立交的交通正常运行。

5.4 辅助车道

5.4.1 属于干线的道路（高速公路、一级公路、城市快速路）应在相当长的路段或全线保持一定的基本车道数，基本车道数是以道路相当长路段内设计的交通量与通行能力服务水平分析为依据。除在陡坡段车辆变速影响主线通行能力外，在短路段上交通量骤增高于一般路段，以及立交枢纽的匝道存在从左侧插入和驶出的出入口时，需将匝道出入口设计成分流、合流岔口形式。以上情况均需设置辅助车道，用来平衡交通负荷和维持道路上均匀的服务水平以及改善出入口的转向交织车流交通行驶状况，以达到保持车流交通行驶的连续性。

5.4.2 在立交枢纽中交通量大的双车道出入交通量在干线分流合流行驶均需满足主线基本车道数连续和车道数平衡，才能保证交通畅通有序。

图5这种布置形式，对直行交通可能会引起混乱和运行错误。驶出匝道虽然分流了穿过互通式立交的交通量，但同时因驶出交通量略有变化等情况或主线道路上车道的减少（因事故或养护施工操作）都会产生明显的瓶颈路段。

图5 车道数平衡、基本车道数不连续

图6这种布置形式，保证了基本车道数的连续性，但不符合车道平衡原则，对需要双车道的大量出入交通量在干线分流或合流时都会

有困难。

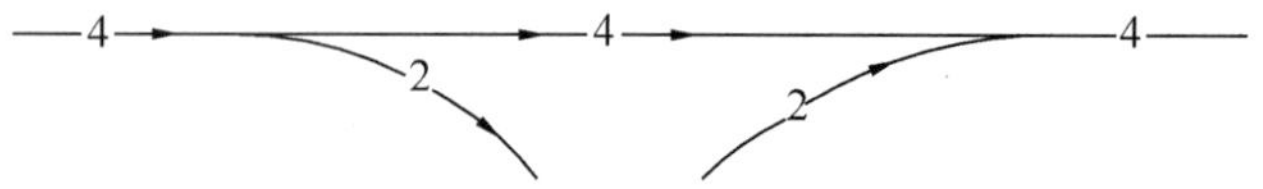

图 6　车道数不平衡、基本车道数连续

5.4.3　根据使用经验，不论是分流处或合流处，辅助车道长度最小约 600m，如果能达到 1000m 则可使交通流畅无阻，并能充分发挥其通行能力。特别是分流处由于标志的辨认、心理上的准备、车道间平移、反应时间等关系，需要较长的辅助车道将多种因素和快速路的标志体系设置最小距离联系起来考虑。分合流处辅助车道长度（包括通过过渡段长度）一般希望在 600m～1000m。

5.5　变速车道和集散车道

5.5.1　驾驶员在互通式立交处，离开主线并经匝道转向需要减速行驶以适应匝道的设计车速；而从匝道进入主线，驾驶员需要加速行驶直至达到主线车速或与主线合流所需达到的速度，参考日本实测结果见表 4。

表 4　与主线合流所需达到的速度

主线设计速度（km/h）	120	100	80	60	50	40
要达到的速度（km/h）	70	65	63	60	50	40

车辆行驶过程中变速幅度很大，必须增设变速车道，以保证加、减速行程能在变速车道内完成（变速车道亦具有辅道的一种功能），以减少匝道驶入车辆对主线交通的干扰，避免车辆在主线减速而引起后车追尾事故的发生。

5.5.2　变速车道通常设计成直接式和平行式，直接式是根据直接以平缓的角度出入主线原理进行设计；而平行式是以增设一条平行主线的变速车道的方式构成。

不论哪一种形式，只要适当地对交通量及主线线形进行分析，并进行合理的设计，均能满足变速运行的要求。我国交通部主张出口使用直接式，入口则用平行式；当变速车道为双车道时，加、减速车道均应采用直接式。根据国内城市快速路实际使用情况，城市立交匝道交通量比公路大，故双车道入口一般也采用平行式，有利于加速车道车辆有更多机会插入主线。直接式变速车道能提供驾驶员合适的直接驶离主线的行车轨迹，研究表明，大部分车辆都能以比较高的速度驶离直行车道，从而减少了由于在直行主线车道上开始减速而引起尾部碰撞事故的发生，故较为广泛地用于减速车道。

直接式变速车道因其行驶轨迹平顺，在加速车道中采用，车辆能仅通过较小的速度调整，直接驶入主线交通流中车辆间隙。当主线直行方向交通量较少时，为提供舒适的行车轨迹，也可在加速车道处采用直接式。

平行式变速车道其行驶轨迹是一条S形曲线，可能导致减速车道车辆在直行主线上减速而发生追尾冲突，故一般在加速车道采用。它除了提供车辆加速功能外，还能提供等候主线车流空档以使车辆顺利插入的功能。普遍认为平行式加速车道能给汇流车辆提供更多的时间和机会去寻找直行交通车流中间隙，故加速车道一般采用平行式。

平行式变速车道的渐变段和附加车道的“作用”很明显，主线和渐变段起点轮廓线的转折明显，能防止直接式长的渐变段会诱导直行车辆误入减速车道现象，故主线直行交通流量大时，在减速车道也可采用平行式。

5.5.4 集散车道（图10）：

1 在互通式立交内使用集散车道的特点是将交织点移出主线道路，并将多出入口形成单一出入口，所有主线出口都在互通立交之前，从而保持统一的出口线形。苜蓿叶形互通式立交中两条环形匝道的交通流就是典型实例，用集散车道将交织车流和主线车流分离，保证主线大交通量的正常运行。

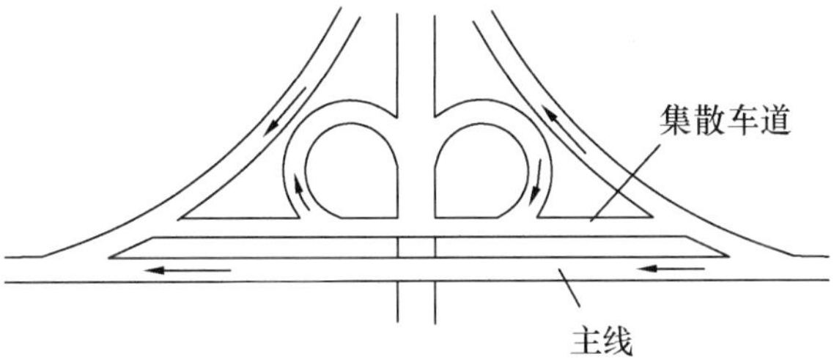

图10 集散车道

苜蓿叶形互通式立交的环道在靠近外侧直行车道处构成交织段，在直行车道中产生相当大的加速和减速行驶使用集散车道，可将多出口形成单一出口，并将交织段转移到集散道路上。苜蓿叶形互通立交的第二出口（环道出口）往往是隐蔽在凸形竖曲线之后，视距不易保证，采用单出口设计，出口出现在上坡道上，因而视距得到充分保证。

2 设置集散型车道后，交织运行转移至集散车道，集散车道车速较主线低，交织运行在减速状态下进行，故集散车道宽度仅取决于通行能力需求。但出入口处应按辅助道路的车道平衡原则才能保证交通畅通有序。

三、城镇道路工程施工与质量验收规范

CJJ 1－2008

3 基本规定

3.0.1 施工单位应具备相应的城镇道路工程施工资质。

3.0.2 施工单位应建立健全施工技术、质量、安全生产管理体系，制定各项施工管理制度，并贯彻执行。

3.0.3 施工前，施工单位应组织有关施工技术管理人员深入现场调查，了解掌握现场情况，做好充分的施工准备工作。

3.0.4 工程开工前，施工单位应根据合同文件、设计文件和有关的法规、标准、规范、规程，并根据建设单位提供的施工界域内地下管线等构筑物资料、工程水文地质资料等踏勘施工现场，依据工程特点编制施工组织设计，并按其管理程序进行审批。

3.0.5 施工单位应按合同规定的、经过审批的有效设计文件进行施工。严禁按未经批准的设计变更、工程洽商进行施工。

3.0.6 施工中应对施工测量进行复核，确保准确。

3.0.7 施工中必须建立安全技术交底制度，并对作业人员进行相关的安全技术教育与培训。作业前主管施工技术人员必须向作业人员进行详尽的安全技术交底，并形成文件。

3.0.8 遇冬、雨期等特殊气候施工时，应结合工程实际情况，制定专项施工方案，并经审批程序批准后实施。

3.0.9 施工中，前一分项工程未经验收合格严禁进行后一分项工程施工。

3.0.10 与道路同期施工，敷设于城镇道路下的新管线等构筑物，应按先深后浅的原则与道路配合施工。施工中应保护好既有及新建地上杆线、地下管线等构筑物。

3.0.11 道路范围（含人行步道、隔离带）内的各种检查井井座应设于混凝土或钢筋混凝土井圈上。井盖宜能锁固。检查井的井盖、井座应与道路交通等级匹配。

3.0.12 施工中应按合同文件的要求，根据国家现行有关标准的规定，进行施工过程与成品质量控制。

3.0.13 道路工程应划分为单位工程、分部工程、分项工程和检验批，作为工程施工质量检验和验收的基础。

3.0.14 单位工程完成后，施工单位应进行自检，并在自检合格的基础上，将竣工资料、自检结果报监理工程师，申请预验收。监理工程师应在预验合格后报建设单位申请正式验收。建设单位应依相关规定及时组织相关单位进行工程竣工验收，并应在规定时间内报建设行政主管部门备案。

4 施工准备

4.0.1 开工前，建设单位应向施工、监理、设计等单位有关人员进行交底，并应形成文件。

4.0.2 开工前，建设单位应向施工单位提供施工现场及其毗邻区域内各种地下管线等构筑物的现况详实资料和地勘、气象、水文观测资料，相关设施管理单位应向施工、监理单位的有关技术管理人员进行详细的交底；应研究确定施工区域内地上、地下管线等构筑物的拆移或保护、加固方案，并应形成文件后实施。

4.0.3 开工前，建设单位应组织设计、勘测单位向施工单位移交现场测量控制桩、水准点，并形成文件。施工单位应结合实际情况，制定施工测量方案，建立测量控制网、线、点。

4.0.4 施工单位应根据建设单位提供的资料，组织有关人员对施工现场进行全面深入的调查；应熟悉现场地形、地貌、环境条件；应掌握水、电、劳动力、设备等资源供应条件；并应核实施工影响范围内的管线、构筑物、河湖、绿化、杆线、文物古迹等情况。

4.0.5 开工前，施工技术人员应对施工图进行认真审查，发现问题应及时与设计人联系，进行变更，并形成文件。

4.0.6 开工前施工单位应编制施工组织设计。施工组织设计应根据合同、标书、设计文件和有关施工的法规、标准、规范、规程及现场实际条件编制。内容应包括：施工部署、施工方案、保证质量和安全的保障体系与技术措施、必要的专项施工设计，以及环境保护、交通疏导措施等。

4.0.7 施工前应做好量具、器具的检定工作与有关原材料的检验。

4.0.8 施工前，应根据施工组织设计确定的质量保证计划，确定工程质量控制的单位工程、分部工程、分项工程和检验批，报监理工程师批准后执行，并作为施工质量控制的基础。

4.0.9 开工前应结合工程特点对现场作业人员进行技术安全培训，对特殊工种进行资格培训。

4.0.10 应根据政府有关安全、文明施工生产的法规规定，结合工程特点、现场环境条件，搭建现场临时生产、生活设施，并应制定施工管理措施；结合施工部署与进度计划，应做好安全、文明生产和环境保护工作。

5 测量

5.1 一般规定

5.1.1 施工测量开始前应完成下列准备工作：

1 建设单位组织设计、勘测单位向施工单位办理桩点交接手续。给出施工图控制网、点等级、起算数据，并形成文件。施工单位应进行现场踏勘、复核。

2 施工单位应组织学习设计文件及相应的技术标准，根据工程需要编制施工测量方案。

3 测量仪器、设备、工具等使用前应进行符合性检查，确认符合要求。严禁使用未经计量检定、校准及超过检定有效期或检定不合格的仪器、设备、工具。

5.1.2 施工单位开工前应对施工图规定的基准点、基准线和高程测量控制资料进行内业及外业复核。复核过程中，当发现不符或与相邻施工路段或桥梁的衔接有问题时，应向建设单位提出，进行查询，并取得准确结果。

5.1.3 开工前施工单位应在合同规定的期限内向建设单位提交测量复核书面报告。经监理工程师签认批准后，方可作为施工控制桩放线测量、建立施工控制网、线、点的依据。

5.1.4 施工测量用的控制桩应进行保护并校测。

5.1.5 测量记录应使用专用表格，记录应字迹清楚，严禁涂改。

5.1.6 施工中应建立施工测量的技术质量保证体系，建立健全测量复核制度。从事施工测量的作业人员应经专业培训，考核合格后持证上岗。

5.1.7 测量控制网应作好与相邻道路、桥梁控制网的联系。

5.1.8 施工测量除执行本规范规定外，尚应符合国家现行有关标准的规定。

5.2 平面控制测量

5.2.1 平面测量，应按当地城市统一的坐标系统实施。当采用当地城市统一坐标系统确有困难时，小测区所采用的假设坐标系统应经上级建设行政主管、规划部门批准。

5.2.2 平面控制网的布设，应因地制宜、确保精度，满足施工实际需要，且方便应用。

5.2.3 国家有关标准规定的各种精度的三角点，一级、二级、三级导线点以及相应精度的GPS点，根据施工需要均宜作为施工测量的首级控制。施工图提供的首级控制点（交桩点）点位中误差（相对起算点）不得大于5cm。首级控制点应满足施工复核和施工控制需要，首级控制点应为2个以上，间距不宜大于700m。控制点宜为控制道路施工图的相交道路交点、中线上点、折点及附近点、控制施工点等。

5.2.4 施工测量应作好起点、终点、转折点、道路相交点及其他重要设施的位置、方向的控制及校核。

5.3 高程控制测量

5.3.1 高程控制应在当地城市建立的高程系统下进行。当小测区采用独立高程系统时，应经上级行政主管和规划部门批准。

高程控制测量应采用直接水准测量。城镇道路工程应按二、三等级水准测量方法建立首级工程控制。高程控制测量应起闭于设计施工图给定的城镇水准点。

6 路基

6.1 一般规定

6.1.1 施工前，应对道路中线控制桩、边线桩及高程控制桩等进行复核，确认无误后方可施工。

6.1.2 当施工中破坏地面原有排水系统时，应采取有效处理措施。

6.1.3 施工前，应根据现场与周边环境条件、交通状况与道路交通管理部门，研究制定交通疏导或导行方案，并实施完毕。施工中影响或阻断既有人行交通时，应在施工前采取措施，保障人行交通畅通、安全。

6.1.4 施工前，应根据工程地质勘察报告，对路基土进行天然含水量、液限、塑限、标准击实、CBR试验，必要时应做颗粒分析、有机质含量、易溶盐含量、冻膨胀和膨胀量等试验。

6.1.5 施工前，应根据工程规模、环境条件，修筑临时施工道路。临时施工道路应满足施工机械调运和行车安全要求，且不得妨碍施工。

6.1.6 城镇道路施工范围内的新建地下管线、人行地道等地下构筑物宜先行施工。对埋深较浅的既有地下管线，作业中可能受损时，应向建设单位、设计单位提出加固或挪移措施方案，并办理手续后实施。

6.1.7 施工中，发现文物、古迹、不明物应立即停止施工，保护好现场，通知建设单位及有关管理部门到场处理。

6.3 土方路基

6.3.12 填方施工应符合下列规定：

1 填方前应将地面积水、积雪（冰）和冻土层、生活垃圾等清除干净。

2 填方材料的强度（CBR）值应符合设计要求，其最小强度值应符合表 6.3.12-1 规定。不应使用淤泥、沼泽土、泥炭土、冻土、有机土以及含生活垃圾的土做路基填料。对液限大于 50%、塑性指数大于 26、可溶盐含量大于 5%、700℃有机质烧失量大于 8%的土，未经技术处理不得用作路基填料。

表 6.3.12-1 路基填料强度（CBR）的最小值

填方类型	路床顶面以下深度（cm）	最小强度（%）	
		城市快速路、主干路	其他等级道路
路床	0～30	8.0	6.0
路基	30～80	5.0	4.0
路基	80～150	4.0	3.0
路基	>150	3.0	2.0

3 填方中使用房渣土、工业废渣等需经过试验，确认可靠并经建设单位、设计单位同意后方可使用。

4 路基填方高度应按设计标高增加预沉量值。预沉量应根据工程性质、填方高度、填料种类、压实系数和地基情况与建设单位、监理工程师、设计单位共同商定确认。

5 不同性质的土应分类、分层填筑，不得混填，填土中大于 10cm 的土块应打碎或剔除。

6 填土应分层进行。下层填土验收合格后，方可进行上层填筑。路基填土宽度每侧应比设计规定宽 50cm。

7 路基填筑中宜做成双向横坡，一般土质填筑横坡宜为 2%～3%，透水性小的土类填筑横坡宜为 4%。

8 透水性较大的土壤边坡不宜被透水性较小的土壤所覆盖。

9 受潮湿及冻融影响较小的土壤应填在路基的上部。

10 在路基宽度内，每层虚铺厚度应视压实机具的功能确定。人工夯实虚铺厚度应小于 20cm。

11 路基填土中断时，应对已填路基表面土层压实并进行维护。

12 原地面横向坡度在 1∶10～1∶5 时，应先翻松表土再进行填土；原地面横向坡度陡于 1∶5 时应做成台阶形，每级台阶宽度不得小于 1m，台阶顶面应向内倾斜；在沙土地段可不作台阶，但应翻松表层土。

13 压实应符合下列要求：

1）路基压实度应符合表 6.3.12-2 的规定。

表 6.3.12-2 路基压实度标准

填挖类型	路床顶面以下深度（cm）	道路类别	压实度（%）（重型击实）	检验频率		检验方法
				范围	点数	
挖方	0～30	城市快速路、主干路	≥95	1000m²	每层3点	环刀法、灌水法或灌砂法
		次干路	≥93			
		支路及其他小路	≥90			
填方	0～80	城市快速路、主干路	≥95			
		次干路	≥93			
		支路及其他小路	≥90			
	＞80～150	城市快速路、主干路	≥93			
		次干路	≥90			
		支路及其他小路	≥90			
	＞150	城市快速路、主干路	≥90			
		次干路	≥90			
		支路及其他小路	≥87			

2）压实应先轻后重、先慢后快、均匀一致。压路机最快速度不宜超过 4km/h。

3）填土的压实遍数，应按压实度要求，经现场试验确定。

4）压实过程中应采取措施保护地下管线、构筑物安全。

5）碾压应自路基边缘向中央进行，压路机轮外缘距路基边应保持安全距离，压实度应达到要求，且表面应无显著轮迹、翻浆、起皮、波浪等现象。

6）压实应在土壤含水量接近最佳含水量值时进行。其含水量偏差幅度经试验确定。

7）当管道位于路基范围内时，其沟槽的回填土压实度应符合现行国家标准《给水排水管道工程施工及验收规范》GB 50268 的有关规定，且管顶以上 50cm 范围内不得用压路机压实。当管道结构顶面至路床的覆土厚度不大于 50cm 时，应对管道结构进行加固。当管道结构顶面至路床的覆土厚度在 50～80cm 时，路基压实过程中应对管道结构采取保护或加固措施。

6.4 石 方 路 基

6.4.5 石方填筑路基应符合下列规定：

1 修筑填石路堤应进行地表清理，先码砌边部，然后逐层水平填筑石料，确保边坡稳定。

2 施工前应先修筑试验段，以确定能达到最大压实干密度的松铺厚度与压实机械组合，及相应的压实遍数、沉降差等施工参数。

3 填石路堤宜选用12t以上的振动压路机、25t以上的轮胎压路机或2.5t以上的夯锤压（夯）实。

4 路基范围内管线、构筑物四周的沟槽宜回填土料。

6.6 构筑物处理

6.6.1 路基范围内存在既有地下管线等构筑物时，施工应符合下列规定：

1 施工前，应根据管线等构筑物顶部与路床的高差，结合构筑物结构状况，分析、评估其受施工影响程度，采取相应的保护措施。

2 构筑物拆改或加固保护处理措施完成后，应由建设单位、管理单位参加进行隐蔽验收，确认符合要求、形成文件后，方可进行下一工序施工。

3 施工中，应保持构筑物的临时加固设施处于有效工作状态。

4 对构筑物的永久性加固，应在达到规定强度后，方可承受施工荷载。

6.6.2 新建管线等构筑物间或新建管线与既有管线、构筑物间有矛盾时，应报请建设单位，由管线管理单位、设计单位确定处理措施，并形成文件，据以施工。

6.6.3 沟槽回填土施工应符合下列规定：

1 回填土应保证涵洞（管）、地下构筑物结构安全和外部防水层及保护层不受破坏。

2 预制涵洞的现浇混凝土基础强度及预制件装配接缝的水泥砂浆强度达5MPa后，方可进行回填。砌体涵洞应在砌体砂浆强度达到5MPa，且预制盖板安装后进行回填；现浇钢筋混凝土涵洞，其胸腔回填土宜在混凝土强度达到设计强度70%后进行，顶板以上填土应在达到设计强度后进行。

3 涵洞两侧应同时回填，两侧填土高差不得大于30cm。

4 对有防水层的涵洞靠防水层部位应回填细粒土，填土中不得含有碎石、碎砖及大于10cm的硬块。

5 涵洞位于路基范围内时，其顶部及两侧回填土应符合本规范第6.3.12条的有关规定。

6 土壤最佳含水量和最大干密度应经试验确定。

7 回填过程不得劈槽取土，严禁掏洞取土。

6.7 特殊土路基

6.7.1 特殊土路基在加固处理施工前应做好下列准备工作：

1 进行详细的现场调查，依据工程地质勘察报告核查特殊土的分布范围、埋置深度和地表水、地下水状况，根据设计文件、水文地质资料编制专项施工方案。

2 做好路基施工范围内的地面、地下排水设施，并保证排水通畅。

3 进行土工试验，提供施工技术参数。

4 选择适宜的季节进行路基加固处理施工，并宜符合下列要求：

1）湖、塘、沼泽等地的软土路基宜在枯水期施工；

2）膨胀土路基宜在少雨季节施工；

3）强盐渍土路基应在春季施工；黏性盐渍土路基宜在夏季施工；砂性盐渍土路基宜在春季和夏初施工。

6.7.2 软土路基施工应符合下列规定：

1 软土路基施工应列入地基固结期。应按设计要求进行预压，预压期内除补填因加固沉降引起的补填土方外，严禁其他作业。

2 施工前应修筑路基处理试验路段，以获取各种施工参数。

3 置换土施工应符合下列要求：

1）填筑前，应排除地表水，清除腐殖土、淤泥。

2）填料宜采用透水性土。处于常水位以下部分的填土，不得使用非透水性土壤。

3）填土应由路中心向两侧按要求分层填筑并压实，层厚宜为15cm。

4）分段填筑时，接茬应按分层作成台阶形状，台阶宽不宜小于2m。

4 当软土层厚度小于3.0m，且位于水下或为含水量极高的淤泥时，可使用抛石挤淤，并应符合下列要求：

1）应使用不易风化石料，石料中尺寸小于30cm粒径的含量不得超过20％。

2）抛填方向应根据道路横断面下卧软土地层坡度而定。坡度平坦时自地基中部渐次向两侧扩展；坡度陡于1∶10时，自高侧向低侧抛填，并在低侧边部多抛投，使低侧边部约有2m宽的平台顶面。

3）抛石露出水面或软土面后，应用较小石块填平、碾压密实，再铺设反滤层填土压实。

5 采用砂垫层置换时，砂垫层应宽出路基边脚 0.5～1.0m，两侧以片石护砌。

6 采用反压护道时，护道宜与路基同时填筑。当分别填筑时，必须在路基达到临界高度前将反压护道施工完成。压实度应符合设计规定，且不应低于最大干密度的 90%。

7 采用土工材料处理软土路基应符合下列要求：

1）土工材料应由耐高温、耐腐蚀、抗老化、不易断裂的聚合物材料制成。其抗拉强度、顶破强度、负荷延伸率等均应符合设计及有关产品质量标准的要求。

2）土工材料铺设前，应对基面压实整平。宜在原地基上铺设一层 30～50cm 厚的砂垫层。铺设土工材料后，运、铺料等施工机具不得在其上直接行走。

3）每压实层的压实度、平整度经检验合格后，方可于其上铺设土工材料。土工材料应完好，发生破损应及时修补或更换。

4）铺设土工材料时，应将其沿垂直于路轴线展开，并视填土层厚度选用符合要求的锚固钉固定、拉直，不得出现扭曲、折皱等现象。土工材料纵向搭接宽度不应小于 30cm，采用锚接时其搭接宽度不得小于 15cm；采用胶结时胶接宽度不得小于 5cm，其胶结强度不得低于土工材料的抗拉强度。相邻土工材料横向搭接宽度不应小于 30cm。

5）路基边坡留置的回卷土工材料，其长度不应小于 2m。

6）土工材料铺设完后，应立即铺筑上层填料，其间隔时间不应超过 48h。

7）双层土工材料上、下层接缝应错开，错缝距离不应小于 50cm。

8 采用袋装砂井排水应符合下列要求：

1）宜采用含泥量小于 3%的粗砂或中砂做填料。砂袋的渗透系数应大于所用砂的渗透系数。

2）砂袋存放使用中不应长期曝晒。

3）砂袋安装应垂直入井，不应扭曲、缩颈、断割或磨损，砂袋在孔口外的长度应能顺直伸入砂垫层不小于 30cm。

4）袋装砂井的井距、井深、井径等应符合设计要求。

9 采用塑料排水板应符合下列要求：

1）塑料排水板应具有耐腐性、柔韧性，其强度与排水性能应符合设计要求。

2）塑料排水板贮存与使用中不得长期曝晒，并应采取保护滤膜措施。

3）塑料排水板敷设应直顺，深度符合设计规定，超过孔口长度应伸入砂垫层不小于50cm。

10　采用砂桩处理软土地基应符合下列要求：

1）砂宜采用含泥量小于3%的粗砂或中砂。

2）应根据成桩方法选定填砂的含水量。

3）砂桩应砂体连续、密实。

4）桩长、桩距、桩径、填砂量应符合设计规定。

11　采用碎石桩处理软土地基应符合下列要求：

1）宜选用含泥砂量小于10%、粒径19～63mm的碎石或砾石作桩料。

2）应进行成桩试验，确定控制水压、电流和振冲器的振留时间等参数。

3）应分层加入碎石（砾石）料，观察振实挤密效果，防止断桩、缩颈。

4）桩距、桩长、灌石量等应符合设计规定。

12　采用粉喷桩加固土桩处理软土地基应符合下列要求：

1）石灰应采用磨细Ⅰ级钙质石灰（最大粒径小于2.36mm、氧化钙含量大于80%），宜选用SiO_2和Al_2O_3含量大于70%，烧失量小于10%的粉煤灰、普通或矿渣硅酸盐水泥。

2）工艺性成桩试验桩数不宜少于5根，以获取钻进速度、提升速度、搅拌、喷气压力与单位时间喷入量等参数。

3）柱距、桩长、桩径、承载力等应符合设计规定。

13　施工中，施工单位应按设计与施工方案要求记录各项控制观测数值，并与设计单位、监理单位及时沟通反馈有关工程信息以指导施工。路堤完工后，应观测沉降值与位移至符合设计规定并稳定后，方可进行后续施工。

7　基层

7.1　一般规定

7.1.1　石灰稳定土类材料宜在冬期开始前30～45d完成施工，水泥稳定土类材料宜在冬期开始前15～30d完成施工。

7.1.2　高填土路基与软土路基，应在沉降值符合设计规定且沉降稳定后，方可施工道路基层。

7.1.3　稳定土类道路基层材料配合比中，石灰、水泥等稳定剂计量应以稳定剂质量占全部土（粒料）的干质量百分率表示。

7.1.4 基层材料的摊铺宽度应为设计宽度两侧加施工必要附加宽度。

7.1.5 基层施工中严禁用贴薄层方法整平修补表面。

7.1.6 用沥青混合料、沥青贯入式、水泥混凝土做道路基层时，其施工应分别符合本规范第8～10章的有关规定。

8 沥青混合料面层

8.1 一般规定

8.1.1 施工中应根据面层厚度和沥青混合料的种类、组成、施工季节，确定铺筑层次及各分层厚度。

8.1.2 沥青混合料面层不得在雨、雪天气及环境最高温度低于5℃时施工。

8.1.3 城镇道路不宜使用煤沥青。确需使用时，应制定保护施工人员防止吸入煤沥青蒸气或皮肤直接接触煤沥青的措施。

8.1.4 当采用旧沥青路面作为基层加铺沥青混合料面层时，应对原有路面进行处理、整平或补强，符合设计要求，并应符合下列规定：

1 符合设计强度、基本无损坏的旧沥青路面经整平后可作基层使用。

2 旧路面有明显损坏，但强度能达到设计要求的，应对损坏部分进行处理。

3 填补旧沥青路面，凹坑应按高程控制、分层铺筑，每层最大厚度不宜超过10cm。

8.1.5 旧路面整治处理中刨除与铣刨产生的废旧沥青混合料应集中回收，再生利用。

8.1.6 当旧水泥混凝土路面作为基层加铺沥青混合料面层时，应对原水泥混凝土路面进行处理，整平或补强，符合设计要求，并应符合下列规定：

1 对原混凝土路面应作弯沉试验，符合设计要求，经表面处理后，可作基层使用。

2 对原混凝土路面层与基层间的空隙，应填充处理。

3 对局部破损的原混凝土面层应剔除，并修补完好。

4 对混凝土面层的胀缝、缩缝、裂缝应清理干净，并应采取防反射裂缝措施。

8.1.9 沥青混合料配合比设计应符合国家现行标准《公路沥青路面施工技术规范》JTG F40的要求，并应遵守下列规定：

1 各地区应根据气候条件、道路等级、路面结构等情况，通过试验，确定适宜的沥青混合料技术指标。

2 开工前，应对当地同类道路的沥青混合料配合比及其使用情况进行调研，借鉴成功经验。

3 各地区应结合当地自然条件，充分利用当地资源，选择合格的材料。

8.1.10 基层施工透层油或下封层后，应及时铺筑面层。

8.2 热拌沥青混合料面层

8.2.1 热拌沥青混合料（HMA）适用于各种等级道路的面层。其种类应按集料公称最大粒径、矿料级配、空隙率划分，并应符合表 8.2.1 的要求。应按工程要求选择适宜的混合料规格、品种。

表 8.2.1 热拌沥青混合料种类

混合料类型	密级配			开级配		半开级配	公称最大粒径（mm）	最大粒径（mm）
	连续级配		间断级配	间断级配				
	沥青混凝土	沥青稳定碎石	沥青玛琋脂碎石	排水式沥青磨耗层	排水式沥青碎石基层	沥青碎石		
特粗式	—	ATB-40	—	—	ATPB-40	—	37.5	53.0
粗粒式	—	ATB-30	—	—	ATPB-30	—	31.5	37.5
	AC-25	ATB-25	—	—	ATPB-25	—	26.5	31.5
中粒式	AC-20	—	SMA-20	—	—	AM-20	19.0	26.5
	AC-16	—	SMA-16	OGFC-16	—	AM-16	16.0	19.0
细粒式	AC-13	—	SMA-13	OGFC-13	—	AM-13	13.2	16.0
	AC-10	—	SMA-10	OGFC-10	—	AM-10	9.5	13.2
砂粒式	AC-5	—	—	—	—	—	4.75	9.5
设计空隙率（%）	3～5	3～6	3～4	＞18	＞18	6～12	—	—

注：设计空隙率可按配合比设计要求适当调整。

8.2.2 沥青混合料面层集料的最大粒径应与分层压实层厚度相匹配。密级配沥青混合料，每层的压实厚度不宜小于集料公称最大粒径的 2.5～3 倍；对 SMA 和 OGFC 等嵌挤型混合料不宜小于公称最大粒径的 2～2.5 倍。

8.2.3 各层沥青混合料应满足所在层位的功能性要求，便于施工，不得离析。各层应连续施工并连结成一体。

8.2.20 热拌沥青混合料路面应待摊铺层自然降温至表面温度低于 50℃后，方可开放交通。

18　工程质量与竣工验收

18.0.1　开工前，施工单位应会同建设单位、监理工程师确认构成建设项目的单位工程、分部工程、分项工程和检验批，作为施工质量检验、验收的基础，并应符合下列规定：

1　建设单位招标文件确定的每一个独立合同应为一个单位工程。

当合同文件包含的工程内涵较多，或工程规模较大或由若干独立设计组成时，宜按工程部位或工程量、每一独立设计将单位工程分成若干子单位工程。

2　单位（子单位）工程应按工程的结构部位或特点、功能、工程量划分分部工程。

分部工程的规模较大或工程复杂时宜按材料种类、工艺特点、施工工法等，将分部工程划为若干子分部工程。

3　分部工程（子分部工程）可由一个或若干个分项工程组成，应按主要工种、材料、施工工艺等划分分项工程。

4　分项工程可由一个或若干检验批组成。检验批应根据施工、质量控制和专业验收需要划定。各地区应根据城镇道路建设实际需要，划定适应的检验批。

5　各分部（子分部）工程相应的分项工程、检验批应按表18.0.1的规定执行。本规范未规定时，施工单位应在开工前会同建设单位、监理工程师共同研究确定。

表 18.0.1　城镇道路分部（子分部）工程与相应的分项工程、检验批

分部工程	子分部工程	分项工程	检验批
路基	—	土方路基	每条路或路段
		石方路基	每条路或路段
		路基处理	每条处理段
		路肩	每条路肩
基层	—	石灰土基层	每条路或路段
		石灰粉煤灰稳定砂砾（碎石）基层	每条路或路段
		石灰粉煤灰钢渣基层	每条路或路段
		水泥稳定土类基层	每条路或路段
		级配砂砾（砾石）基层	每条路或路段
		级配碎石（碎砾石）基层	每条路或路段
		沥青碎石基层	每条路或路段
		沥青贯入式基层	每条路或路段

续表 18.0.1

分部工程	子分部工程	分项工程	检　验　批
面层	沥青混合料面层	透层	每条路或路段
		粘层	每条路或路段
		封层	每条路或路段
		热拌沥青混合料面层	每条路或路段
		冷拌沥青混合料面层	每条路或路段
	沥青贯入式与沥青表面处治面层	沥青贯入式面层	每条路或路段
		沥青表面处治面层	每条路或路段
	水泥混凝土面层	水泥混凝土面层（模板、钢筋、混凝土）	每条路或路段
	铺砌式面层	料石面层	每条路或路段
		预制混凝土砌块面层	每条路或路段
广场与停车场	—	料石面层	每个广场或划分的区段
		预制混凝土砌块面层	每个广场或划分的区段
		沥青混合料面层	每个广场或划分的区段
		水泥混凝土面层	每个广场或划分的区段
人行道	—	料石人行道铺砌面层（含盲道砖）	每条路或路段
		混凝土预制块铺砌人行道面层（含盲道砖）	每条路或路段
		沥青混合料铺筑面层	每条路或路段
人行地道结构	现浇钢筋混凝土人行地道结构	地基	每座通道
		防水	每座通道
		基础（模板、钢筋、混凝土）	每座通道
		墙与顶板（模板、钢筋、混凝土）	每座通道
	预制安装钢筋混凝土人行地道结构	墙与顶部构件预制	每座通道
		地基	每座通道
		防水	每座通道
		基础（模板、钢筋、混凝土）	每座通道
		墙板、顶板安装	每座通道
	砌筑墙体、钢筋混凝土顶板人行地道结构	顶部构件预制	每座通道
		地基	每座通道
		防水	每座通道
		基础（模板、钢筋、混凝土）	每座通道
		墙体砌筑	每座通道或分段
		顶部构件、顶板安装	每座通道或分段
		顶部现浇（模板、钢筋、混凝土）	每座通道或分段

续表 18.0.1

分部工程	子分部工程	分项工程	检 验 批
挡土墙	现浇钢筋混凝土挡土墙	地基	每道挡土墙地基或分段
		基础	每道挡土墙基础或分段
		墙（模板、钢筋、混凝土）	每道墙体或分段
		滤层、泄水孔	每道墙体或分段
		回填土	每道墙体或分段
		帽石	每道墙体或分段
		栏杆	每道墙体或分段
	装配式钢筋混凝土挡土墙	挡土墙板预制	每道墙体或分段
		地基	每道挡土墙地基或分段
		基础（模板、钢筋、混凝土）	每道基础或分段
		墙板安装（含焊接）	每道墙体或分段
		滤层、泄水孔	每道墙体或分段
		回填土	每道墙体或分段
		帽石	每道墙体或分段
		栏杆	每道墙体或分段
	砌筑挡土墙	地基	每道墙体地基或分段
		基础（砌筑、混凝土）	每道基础或分段
		墙体砌筑	每道墙体或分段
		滤层、泄水孔	每道墙体或分段
		回填土	每道墙体或分段
		帽石	每道墙体或分段
	加筋土挡土墙	地基	每道挡土墙地基或分段
		基础（模板、钢筋、混凝土）	每道基础或分段
		加筋挡土墙砌块与筋带安装	每道墙体或分段
		滤层、泄水孔	每道墙体或分段
		回填土	每道墙体或分段
		帽石	每道墙体或分段
		栏杆	每道墙体或分段
附属构筑物	—	路缘石	每条路或路段
		雨水支管与雨水口	每条路或路段
		排（截）水沟	每条路或路段
		倒虹管及涵洞	每座结构
		护坡	每条路或路段
		隔离墩	每条路或路段
		隔离栅	每条路或路段
		护栏	每条路或路段
		声屏障（砌体、金属）	每处声屏障墙
		防眩板	每条路或路段

18.0.2 施工中应按下列规定进行施工质量控制，并应进行过程检验、验收：

1 工程采用的主要材料、半成品、成品、构配件、器具和设备应按相关专业质量标准进行进场检验和使用前复验。现场验收和复验结果应经监理工程师检查认可。凡涉及结构安全和使用功能的，监理工程师应按规定进行平行检测或见证取样检测，并确认合格。

2 各分项工程应按本规范进行质量控制，各分项工程完成后应进行自检、交接检验，并形成文件，经监理工程师检查签认后，方可进行下个分项工程施工。

18.0.3 工程施工质量应按下列要求进行验收：

1 工程施工质量应符合本规范和相关专业验收规范的规定。

2 工程施工应符合工程勘察、设计文件的要求。

3 参加工程施工质量验收的各方人员应具备规定的资格。

4 工程质量的验收均应在施工单位自行检查评定合格的基础上进行。

5 隐蔽工程在隐蔽前，应由施工单位通知监理工程师和相关单位人员进行隐蔽验收，确认合格，并形成隐蔽验收文件。

6 监理工程师应按规定对涉及结构安全的试块、试件和现场检测项目，进行平行检测、见证取样检测并确认合格。

7 检验批的质量应按主控项目和一般项目进行验收。

8 对涉及结构安全和使用功能的分部工程应进行抽样检测。

9 承担复验或检测的单位应为具有相应资质的独立第三方。

10 工程的外观质量应由验收人员通过现场检查共同确认。

18.0.4 隐蔽工程应由专业监理工程师负责验收。检验批及分项工程应由专业监理工程师组织施工单位项目专业质量（技术）负责人等进行验收。关键分项工程及重要部位应由建设单位项目负责人组织总监理工程师、施工单位项目负责人和技术质量负责人、设计单位专业设计人员等进行验收。分部工程应由总监理工程师组织施工单位项目负责人和技术质量负责人等进行验收。

18.0.5 检验批合格质量应符合下列规定：

1 主控项目的质量应经抽样检验合格。

2 一般项目的质量应经抽样检验合格；当采用计数检验时，除有专门要求外，一般项目的合格点率应达到80％及以上，且不合格点的最大偏差值不得大于规定允许偏差值的1.5倍。

3 具有完整的施工原始资料和质量检查记录。

18.0.6 分项工程质量验收合格应符合下列规定：

1 分项工程所含检验批均应符合合格质量的规定。

2 分项工程所含检验批的质量验收记录应完整。

18.0.7 分部工程质量验收合格应符合下列规定：

1 分部工程所含分项工程的质量均应验收合格。

2 质量控制资料应完整。

3 涉及结构安全和使用功能的质量应按规定验收合格。

4 外观质量验收应符合要求。

18.0.8 单位工程质量验收合格应符合下列规定：

1 单位工程所含分部工程的质量均应验收合格。

2 质量控制资料应完整。

3 单位工程所含分部工程验收资料应完整。

4 影响道路安全使用和周围环境的参数指标应符合设计规定。

5 外观质量验收应符合要求。

18.0.9 单位工程验收应符合下列要求：

1 施工单位应在自检合格基础上将竣工资料与自检结果，报监理工程师申请验收。

2 监理工程师应约请相关人员审核竣工资料进行预检，并据结果写出评估报告，报建设单位。

3 建设单位项目负责人应根据监理工程师的评估报告组织建设单位项目技术质量负责人、有关专业设计人员、总监理工程师和专业监理工程师、施工单位项目负责人参加工程验收。该工程的设施运行管理单位应派员参加工程验收。

18.0.10 工程竣工验收，应由建设单位组织验收组进行。验收组应由建设、勘察、设计、施工、监理、设施管理等单位的有关负责人组成，亦可邀请有关方面专家参加。验收组组长由建设单位担任。

工程竣工验收应在构成道路的各分项工程、分部工程、单位工程质量验收均合格后进行。当设计规定进行道路弯沉试验、荷载试验时，验收必须在试验完成后进行。道路工程竣工资料应于竣工验收前完成。

18.0.11 工程竣工验收应符合下列规定：

1 质量控制资料应符合本规范相关的规定。

检查数量：查全部工程。

检查方法：查质量验收、隐蔽验收、试验检验资料。

2 安全和主要使用功能应符合设计要求。

检查数量：查全部工程。

检查方法：查相关检测记录，并抽检。

3 观感质量检验应符合本规范要求。

检查数量：全部。

检查方法：目测并抽检。

18.0.12 竣工验收时，应对各单位工程的实体质量进行检查。

18.0.13　当参加验收各方对工程质量验收意见不一致时，应由政府行业行政主管部门或工程质量监督机构协调解决。

18.0.14　工程竣工验收合格后，建设单位应按规定将工程竣工验收报告和有关文件，报政府行政主管部门备案。

四、市政工程勘察规范

CJJ 56－2012

1 总则

1.0.1 为在市政工程勘察中贯彻国家的技术经济政策，做到安全适用、技术先进、确保质量、保护环境，制定本规范。

1.0.2 本规范适用于城市道路、桥涵、隧道、室外管道、给排水厂站、堤岸等建设项目的岩土工程勘察。

1.0.3 市政工程必须按基本建设程序进行岩土工程勘察，并应搜集、分析、利用已有资料和建设经验，针对市政工程特点、各勘察阶段的任务要求和岩土工程条件，提出资料完整、评价正确的勘察报告。

3 基本规定

3.0.1 市政工程勘察应根据市政工程的重要性、场地复杂程度和岩土条件复杂程度进行等级划分，并应符合下列规定：

1 市政工程的重要性等级应结合项目特点，按表 3.0.1-1 划分。

表 3.0.1-1 市政工程重要性等级划分

<table>
<tr><th colspan="2">工程类别</th><th>一级</th><th>二级</th><th>三级</th></tr>
<tr><td colspan="2">道路工程</td><td>快速路和主干路</td><td>次干路</td><td>支路、公交场站和城市广场的道路与地面工程</td></tr>
<tr><td colspan="2">桥涵工程</td><td>特大桥、大桥</td><td>除一级、三级之外的城市桥涵</td><td>小桥、涵洞及人行地下通道</td></tr>
<tr><td colspan="2">隧道工程</td><td>均按一级</td><td>—</td><td>—</td></tr>
<tr><td rowspan="2">室外管道工程</td><td>顶管或定向钻方法施工</td><td>均按一级</td><td>—</td><td>—</td></tr>
<tr><td>明挖法施工</td><td>$z>8m$</td><td>$5m\leqslant z\leqslant 8m$</td><td>$z<5m$</td></tr>
<tr><td colspan="2">给排水厂站工程</td><td>大型、中型厂站</td><td>小型厂站</td><td>—</td></tr>
<tr><td colspan="2">堤岸工程</td><td>桩式堤岸和桩基加固的混合式堤岸</td><td>圬工结构或钢筋混凝土结构的天然地基堤岸</td><td>土堤</td></tr>
</table>

注：1 根据设计路面标高与原地面标高的相对关系，道路工程可分为一般路基、高路堤、陡坡路堤和路堑。高路堤、陡坡路堤和路堑的工程重要性等级宜在表 3.0.1-1 基础上提高一级；

2 z 为管道工程基坑开挖深度。

2 市政工程的场地复杂程度等级宜按表 3.0.1-2 划分。

表 3.0.1-2　场地复杂程度等级

等级	场地复杂程度	划分依据
一级	复杂	地形地貌复杂；抗震危险地段；不良地质作用强烈发育；地质环境已经或可能受到强烈破坏；地下水对工程的影响大；周边环境条件复杂
二级	中等复杂	地形地貌较复杂；抗震不利地段；不良地质作用一般发育；地质环境已经或可能受到一般破坏；地下水对工程的影响一般；周边环境条件中等复杂
三级	简单	地形地貌简单；抗震一般或有利地段；不良地质作用不发育；地质环境基本未受破坏；地下水对工程无影响；周边环境条件简单

注：1　等级划分只需满足划分依据中任何一个条件即可；
　　2　从一级开始，向二级、三级推定，以最先满足的为准。

3 市政工程的岩土条件复杂程度等级宜按表 3.0.1-3 划分。

表 3.0.1-3　岩土条件复杂程度等级

等级	岩土条件复杂程度	划分依据
一级	复杂	岩土种类多，很不均匀；围岩或地基、边坡的岩土性质变化大；存在需进行专门治理的特殊性岩土
二级	中等复杂	岩土种类较多，不均匀；围岩或地基、边坡的岩土性质变化较大；特殊性岩土不需要专门治理
三级	简单	岩土种类单一，均匀；围岩或地基、边坡的岩土性质变化不大；无特殊性岩土

注：1　等级划分只需满足划分依据中任何一个条件即可；
　　2　从一级开始，向二级、三级推定，以最先满足的为准。

4 市政工程的勘察等级可按表 3.0.1-4 划分。

表 3.0.1-4　市政工程的勘察等级

等级	划分条件
甲级	在工程重要性等级、场地复杂程度等级、岩土条件复杂程度等级中有一项或多项为一级的
乙级	除甲级和丙级以外的勘察项目
丙级	工程重要性等级、场地复杂程度等级、岩土条件复杂程度等级均为三级

3.0.2 市政工程的工程地质调查和测绘、岩土分类、勘探、取样、原位测试、现场检验与监测应符合现行国家标准《岩土工程勘察规

范》GB 50021的相关规定。

3.0.3 市政工程的岩土室内试验的试验方法、操作和采用的仪器设备应符合国家现行有关标准的规定。

3.0.4 市政工程的岩土试验项目可按本规范附录A的规定并结合设计施工条件、工程地质与水文地质条件和岩土条件综合确定。

3.0.5 市政工程场地地震效应评价应符合国家现行抗震设计标准的规定。

3.0.6 市政工程勘察前，应取得地形图、地下设施图件或资料，必要时应开展工程周边环境及地下设施的专项调查。

3.0.7 既有市政基础设施的改扩建工程，应针对工程特点和新的工程设计要求，在利用原勘察资料基础上进行勘察。

3.0.8 符合下列情况时，应进行专项勘察工作：

1 对工程周边重要建（构）筑物或对工程建设有重要影响的地下设施，应进行专项勘察，并应查明其埋藏、分布情况，分析其与拟建市政工程之间的相互影响；

2 对重要工程，当水文地质条件对工程评价或工程降水有重大影响或需论证工程使用期间水位变化和抗浮设计水位建议值时，应进行专门的水文地质勘察；

3 对既有市政基础设施的改扩建工程，当需评估既有地基基础的工程状态、分析其再利用性能时，应进行专项勘察。

3.0.9 施工勘察应在详细勘察的基础上，针对施工方法、施工措施的特殊要求或施工过程中出现的工程地质或岩土工程问题，开展施工阶段勘察工作，其勘察工作内容和工作成果应当满足施工阶段设计和施工的相关要求。

3.0.10 燃气与热力厂（场）站、垃圾处理厂（场）站等的勘察应符合现行国家标准《岩土工程勘察规范》GB 50021及其他有关标准的规定。

4 勘察阶段的划分与基本工作内容

4.1 一 般 规 定

4.1.1 市政工程勘察宜按可行性研究勘察、初步勘察、详细勘察三个阶段开展工作，并可根据施工阶段的需要进行施工勘察。

4.1.2 市政工程勘察应根据不同的勘察阶段、工程类别和重要性、场地及岩土条件的复杂程度、设计要求，确定勘察方案和提交勘察成果。

4.2 可行性研究勘察

4.2.1 可行性研究勘察应对拟建场地的稳定性和工程建设的适宜性做出评价，并应以搜集资料、工程地质测绘和调查为主，必要时应进行适当的勘探、测试及试验。

4.2.2 可行性研究勘察工作应包括下列内容：

1 搜集区域地质、构造、地震、水文、气象、地形、地貌等资料；

2 了解场地的工程地质条件和水文地质条件概况；

3 调查拟建场区及周边环境条件；

4 分析不良地质作用和场地稳定性，划分抗震地段类别；

5 评价拟建场地工程建设的适宜性；

6 存在两个或以上拟选场地时，进行比选分析。

4.3 初步勘察

4.3.1 初步勘察宜在可行性研究勘察的基础上，初步查明拟建场地的岩土工程条件，提出初步设计所需的建议及岩土参数。

4.3.2 初步勘察工作应包括下列内容：

1 初步查明拟建场地不良地质作用的分布、规模、成因、发展趋势等；

2 初步查明场地岩土体地质年代、成因、结构及其工程性质；

3 初步查明地下水的埋藏条件、动态变化规律以及和地表水的补排关系；

4 初步判定水和土对工程材料的腐蚀性；

5 初步查明特殊性岩土的工程性质并对其进行相应的评价；

6 初步评价场地和地基的地震效应；

7 对可能采用的地基基础方案、围岩及边坡稳定性进行初步分析评价。

4.4 详细勘察

4.4.1 市政工程详细勘察应针对工程特点和场地岩土条件，进行岩土工程分析与评价，提供设计和施工所需的岩土参数及有关结论和建议。

4.4.2 市政工程详细勘察工作应包括下列内容：

1 查明拟建场地不良地质作用的分布、规模、成因，分析发展趋势，评价其对拟建场地的影响，提出防治措施的建议；

2 查明场地地层结构及其物理、力学性质；

3 查明特殊性岩土、河湖沟坑及暗浜的分布范围，调查工程周边环境条件，分析评价其对设计与施工的影响；

4 查明地下水埋藏条件及其和地表水的补排关系，提供地下水位动态变化规律，根据需要分析评价其对工程的影响；

5 判定水、土对工程材料的腐蚀性；

6 对场地和地基的地震效应进行评价，提供抗震设计所需的有关参数；

7 根据需要，对地基工程性质、围岩分级及稳定性、边坡稳定性等进行分析与评价；

8 对设计与施工中的岩土工程问题进行分析评价，提供岩土工程技术建议和相关岩土参数。

5 城市道路工程

5.1 一 般 规 定

5.1.1 本章适用于城市道路、公交场站和城市广场等工程的岩土工程勘察。

5.1.2 城市道路工程勘察前应根据不同勘察阶段工作的要求，取得下列图纸和资料：

1 道路、公交场站、城市广场的设计总平面布置图；

2 道路类别、路面设计标高、路基类型、宽度、道路纵横断面、拟采用的路面结构类型，城市广场的基底高程；

3 工程需要时，尚应取得高填方路堤的工后沉降控制标准等。

5.1.3 城市道路勘察应对沿线路基的稳定性和岩土条件作出工程评价，并为路基设计、不良地质作用的防治、特殊性岩土的治理等提供必要的岩土参数和建议。

5.1.4 城市道路勘察工作除应符合本规范第 4 章的相关规定外，尚应符合下列规定：

1 应查明沿线各区段的土基湿度状况，并提供划分路基干湿类型所需参数；

2 应评价地表水和地下水对路基稳定性的影响；

3 应评价沿线不良地质作用及特殊性岩土对路基稳定性的影响，并提出防治措施的建议。

5.1.5 城市既有道路改扩建工程及病害治理时，对原路面结构及原路开裂、翻浆、隆陷等缺陷地段，应通过专项工作并采用综合勘察方法，分析病害原因，提出防治措施的建议。

5.2　可行性研究勘察

5.2.1　可行性研究勘察应通过搜集资料、现场踏勘，辅以必要的勘探测试工作，调查道路沿线工程地质条件、水文地质条件及不良地质作用，评价场地稳定性和适宜性。

5.2.2　可行性研究勘察应重点分析评价下列内容：

1　根据沿线工程地质和水文地质条件，分析评价拟建场地的稳定性和适宜性；

2　道路沿线位于抗震危险地段时，应分析评价地震诱发次生地质灾害的可能性以及对工程的不利影响；

3　道路沿线涉及特殊性岩土时，应了解其工程特性，分析评价可能造成的不利影响；

4　道路沿线涉及不良地质作用时，应初步了解其分布的范围，分析评价对道路工程的影响。

5.3　初 步 勘 察

5.3.1　初步勘察应初步查明道路沿线的工程地质和水文地质条件，为路基类型选择及不良地质作用的防治提供依据。

5.3.2　初步勘察勘探点的间距宜根据道路分类、场地及岩土条件的复杂程度按表5.3.2确定。公交场站和城市广场的道路与地面勘探点间距宜为100m～200m。对场地及岩土条件特别复杂的区段，可加密勘探点，并应布置控制性横剖面。

表5.3.2　初步勘察勘探点间距（m）

场地及岩土条件复杂等级	一般路基	高路堤、陡坡路堤	路堑、支挡结构
一级	150～300	100～150	100～150
二级	300～500	150～300	150～250
三级	400～600	300～500	250～400

5.3.3　初步勘察勘探孔的深度应满足路基地基稳定性分析、变形计算、地基处理方案比选的要求。

5.3.4　初步勘察应重点分析评价下列内容：

1　阐明沿线的地形地貌、地质构造，进行拟建地段稳定性评价；

2　根据路基地基土、地下水条件，提供道路初步设计所需的岩土参数；

3　根据特殊性岩土的类别、分布范围和性质，提出初步的处理建议；

4　根据不良地质作用和地质灾害的分布范围和影响程度，提出初步的防治措施建议。

5.4 详 细 勘 察

5.4.1 详细勘察应根据确定的道路设计方案、设计对勘察的技术要求，为道路设计、路基处理、道路施工等提供详细的岩土参数，并作出分析、评价，提出相关建议。

5.4.2 详细勘察勘探点的布置应符合下列规定：

1 道路勘探点宜沿道路中线布置。当一般路基的道路宽度大于50m、其他路基形式的道路宽度大于30m时，宜在道路两侧交错布置勘探点。当路基岩土条件特别复杂时，应布置横剖面。

2 详细勘察勘探点的间距可根据道路分类、场地和岩土条件的复杂程度按表5.4.2确定。公交场站和城市广场的道路与地面可按方格网布置勘探点，勘探点间距宜为50m～100m。

表 5.4.2 详细勘察勘探点间距（m）

场地及岩土条件复杂程度	一般路基	高路堤、陡坡路堤	路堑、支挡结构
一级	50～100	30～50	30～50
二级	100～200	50～100	50～75
三级	200～300	100～200	75～150

3 每个地貌单元、不同地貌单元交界部位、相同地貌内的不同工程地质单元均应布置勘探点，在微地貌和地层变化较大的地段应予以加密。

4 路堑、陡坡路堤及支挡工程的勘察，应在代表性的区段布设工程地质横断面，每条横断面上的勘探点不应少于2个。

5 当线路通过沟、浜、湮埋的沟坑和古河道等地段时，勘探点的间距宜控制在20m～40m，控制边界线勘探点间距可适当加密。

5.4.3 详细勘察勘探孔深度应符合下列规定：

1 一般路基、公交场站和城市广场的道路与地面的勘探孔深度宜达到原地面以下5m，在挖方地段宜达到路面设计标高以下4m；当分布有填土、软土和可液化土层等特殊性岩土时，勘探孔应适当加深；在勘探深度内遇基岩时，应有勘探孔（井）钻（挖）入基岩一定深度，查明基岩风化特征。其他勘探孔（井）可钻（挖）入基岩适当深度。

2 高路堤勘探孔的深度应满足稳定性分析评价要求，控制性勘探孔应满足变形计算的要求。

3 陡坡路堤、路堑、支挡工程的勘探孔深度应满足稳定性分析评价和地基处理的要求。

5.4.4 详细勘察的取样和测试工作应符合下列规定：

1 一般路基的钻孔应采取土样；高路堤、陡坡路堤、路堑、支挡结构采取土试样和进行原位测试的勘探孔数量不应少于勘探孔总数的 1/2；控制性勘探孔的比例不应少于勘探孔总数的 1/3；

2 采取土样的竖向间距应按地基的均匀性和代表性确定，在原地面或路面设计标高以下 1.5m 和软土地区原地面或路面设计标高以下 3m 的深度范围内，取土间距宜为 0.5m，上述深度以下的取土间距可适当放宽；

3 划分路基土类别和路基干湿类型时，应进行颗粒分析、天然含水量、液限、塑限试验；

4 软土地区高路堤宜进行标准固结试验、静三轴压缩试验（不固结不排水）、无侧限抗压强度试验、承载比（CBR）试验或十字板剪切试验；

5 对路堑、下沉广场等挖方工程，需要时应进行水文地质试验；

6 对高路堤、陡坡路堤等填方工程，需要时宜对填筑土料进行击实试验。

5.4.5 详细勘察应重点分析评价下列内容：

1 岩土分布特征、路基干湿类型，提供道路设计所需的岩土参数；

2 地下水的分布、变化规律和地表水情况，分析评价对工程的不利影响；

3 工程地质、水文地质条件变化较大时，应进行分区评价；

4 不良地质作用的分布及其对工程的影响，提出针对性处理建议；

5 分析评价高路堤的地基承载力、稳定性，提供地基沉降计算参数，提出地基处理方法的建议，工程需要时应通过专项分析预测路基沉降；

6 评价挖方路堑段岩土条件、地下水对支护结构的影响，提供边坡稳定性验算、支护结构设计与施工所需岩土参数；

7 对路堑、下沉广场等挖方工程，工程需要时，应进行专项工作，分析评价地下水在施工和使用期间的变化及其对工程的影响，提出防治措施，提供抗浮设计建议；

8 高路堤及路堑设置支挡结构时，应分析评价地基的均匀性、稳定性、承载力，提供地基处理方法的建议；

9 对路桥接驳过渡段，应分析桥台与路堤的变形差异特征，提出接驳段沉降协调控制的地基处理措施等相关建议；

10 根据公交场站、城市广场的道路与地面工程特点，分析地基的均匀性、承载力及变形特性，提供设计所需的参数，工程需要时尚应提供地基处理、挖填方或支护措施的建议。

5.4.6 当遇有特殊性岩土时，分析评价尚应符合下列规定：

1 对湿陷性土，应根据沿线土层的湿陷程度、地下水分布特征及变化，分析评价可能引起的道路病害，并根据土质特征和地区经验，提出路基（地基）处理方法的建议；

2 对冻土，应根据冻土的类型、分布范围、上限深度、冻胀性分级等，分析评价融沉（融陷）的不利影响，并提出处理建议；

3 对膨胀土，应根据膨胀土的岩土特征，分析评价其体积膨胀、强度降低而引起路基（地基）破坏和边坡失稳的可能性；并应根据影响岩土胀缩变形的自然条件的变化特点，评价膨胀土地基的变形特点；

4 对软土，应根据软土的成因、应力历史、厚度、物理力学性质与排水条件，提供路基（地基）承载力、稳定性与沉降分析所需的岩土参数，建议适宜的地基处理方法；工程需要时，应通过专项分析预测其沉降性状；

5 对厚层填土，应根据填土堆积年限、堆积方式、填土的分布、成分、均匀性及密实度等，评价地基承载力，提供沉降计算参数；并应根据填土性质、道路等级和设计要求，提出地基处理方法和检测的建议；

6 对盐渍土，应根据盐渍土的成因、分布、含盐化学成分、含盐量及盐渍土地基的溶陷性和盐胀性，评价盐渍土地基的变形特点和对路基、路面、边坡的危害程度，评价盐渍土对工程材料的腐蚀性，提出病害防治措施的建议。

6 城市桥涵工程

6.1 一 般 规 定

6.1.1 本章适用于城市桥梁、涵洞及人行地下通道等工程的岩土工程勘察。

6.1.2 城市桥涵工程勘察前应根据不同勘察工作阶段的要求，取得下列图纸和资料：

1 工程设计总平面图；

2 工程规模、结构类型、基础形式、尺寸、荷载等设计要求；

3 周边环境和地下设施的相关资料。

6.1.3 城市桥涵勘察应对地基作出岩土工程评价，为地基方案选择及基础设计提供工程地质依据和必要的设计参数，并提出相应的建议。

6.1.4 城市桥涵勘察工作除应符合本规范第4章的相关规定外，尚应符合下列规定：

1 应提出可能采用的地基基础形式，并提供相应的设计与施工岩土参数；

2 对于跨河桥应搜集河流水文资料；

3 应评价拟建工程与既有地下设施之间的相互影响。

7 城市隧道工程

7.1 一般规定

7.1.1 本章适用于市政工程中暗挖施工的山岭隧道、地（水）下隧道等的岩土工程勘察。

7.1.2 城市隧道工程勘察前应根据不同勘察工作阶段的要求，取得下列图纸和资料：

1 附有隧道里程号及进出洞口位置的平面布置图及隧道纵断图；

2 隧道所在位置的区域地质图；

3 地形地貌资料、工程周边环境资料；

4 水下隧道工程，应搜集地表水体情况、水下地形等相关资料。

7.1.3 城市隧道勘察应根据设计阶段的任务、目的和要求，采用综合勘察方法，评价隧道围岩地质条件、围岩稳定性以及进出洞口、竖（斜）井、横洞、风道等特殊部位的工程地质条件，提供设计、施工相关的岩土参数。

7.1.4 对煤层、矿体、膨胀岩土、黄土、采空区、岩溶区等不良地质作用发育区和特殊性岩土分布地段，应查明其类型、性质、范围及其发生和发展情况，评价其对隧道影响程度，并提出防治建议。

7.1.5 当采用矿山法、新奥法、盾构掘进机法、全断面隧道掘进机（TBM）法施工时，陆域段的勘探点应布置在隧道边线外侧 3m～5m，水域段的勘探点应布置在隧道外侧 6m～10m，勘探点宜交错布置。

7.1.6 隧道围岩分级应采用定性和定量相结合的方法判定，并可按本规范附录 C 划分。

7.1.7 对地质条件或岩土条件特别复杂的地段，应在详勘工作基础上，针对隧道施工方法的专门要求，进行施工勘察。

7.1.8 城市隧道工程勘察时，应专项调查沿线重要建（构）筑物的基础类型、结构形式和使用状态，并分析隧道工程建设与周边重要建（构）筑物、地下设施之间的相互影响。

8 城市室外管道工程

8.1 一 般 规 定

8.1.1 本章适用于采用明挖法及顶管、定向钻施工的给水、排水、热力、燃气、电力、通讯等城市地下管道工程的岩土工程勘察。

8.1.2 勘察前应根据不同勘察工作阶段的要求，取得下列图纸和资料：

1 管道总平面布置图；

2 管道类型、管底控制高程、管径（或断面尺寸）、管材和可能采取的施工工法；

3 周边既有地下埋设物分布情况。

8.1.3 城市室外管道勘察应为明挖法管道地基基础及顶管、定向钻施工的设计、地基处理与加固、管道基槽开挖和支护、排水设计等提供必要的岩土参数和相关建议。

8.1.4 城市室外管道勘察工作除应符合本规范第4章规定外，尚应符合下列规定：

1 管道通过基岩埋藏较浅的地段时，应查明对设计和施工方案有影响的基岩埋深及其风化、破碎程度；

2 应在管顶和管底部位采取土、水试样进行腐蚀性分析试验。对钢、铸铁金属管道，尚应对管道埋设深度范围内各岩土层进行电阻率测试。

11 报告编制基本规定

11.1 一 般 规 定

11.1.1 市政工程勘察资料整理应在工程地质测绘、勘探、室内试验和原位测试、搜集已有相关资料的基础上，根据不同勘察阶段和具体市政工程要求进行。

11.1.2 对各类岩土工程问题，应在试验与测试数据基础上，充分考虑当地工程或类似工程经验，依据具体市政工程的特点有针对性地进行评价。

11.2 成果报告基本要求

11.2.1 岩土工程勘察报告书应数据准确、内容齐全、结论有据、建议合理。

11.2.2 可行性研究勘察报告宜包括下列内容：

1 勘察目的、任务要求和依据的技术标准；

2 工程所在地区的水文气象条件；

3 拟建场地及其附近地区的地质与地震背景；

4 拟建场地的地形、地貌；

5 场地水文地质和工程地质条件；

6 可能影响场地的不良地质作用、地质灾害、特殊性岩土的描述，对其危害影响程度的分析与评价；

7 场地稳定性和适宜性的评价；

8 拟选场地的对比分析及相应的建议；

9 附图表：拟建场地及其附近的地质图、地震区划图、地形地貌图、水文地质图、工程地质图等。

11.2.3 初步勘察报告宜包括下列内容：

1 勘察目的、任务要求和依据的技术标准；

2 拟建工程概况；

3 场地地形地貌、地质构造、地震效应、地层岩性及均匀性；

4 岩土物理、力学性质指标，岩土的强度参数、变形计算参数；

5 地下水类型、埋藏条件、变化规律及其和地表水补排关系的初步分析；

6 土和水对建筑材料腐蚀性的初步判定结论；

7 可能影响场地地基稳定的不良地质作用、地质灾害、特殊性岩土的描述及对其危害影响程度的评价；

8 各类市政工程的重点分析评价内容；

9 附图表：勘探点平面布置图、工程地质柱状图、工程地质剖面图、原位测试成果图表、室内试验成果图表等。

11.2.4 详细勘察报告宜包括下列内容：

1 勘察目的、任务要求和依据的技术标准；

2 拟建工程概况；

3 勘察方法和勘察工作布置；

4 场地地形地貌、地质构造、地震效应、地层岩性及均匀性；

5 岩土物理、力学性质指标，岩土的强度参数、变形计算参数等的建议值；

6 地下水类型、埋藏条件、变化规律及其和地表水补排关系的分析；

7 土和水对建筑材料的腐蚀性评价；

8 可能影响工程稳定的不良地质作用、地质灾害、特殊性岩土的描述及其危害程度的评价；

9 地基基础方案的分析论证及设计所需的各项岩土参数；

10 对建（构）筑物施工及使用过程中的岩土工程问题的分析预测及预防、监控及治理措施的建议；

11 各类市政工程的重点分析评价内容；

12 附图表：勘探点平面布置图、工程地质柱状图、工程地质剖面图、原位测试成果图表、室内试验成果图表等。

附录 A　岩土试验项目

A.0.1 岩石试验宜包括物理、力学性质试验，如密度、吸水性试验、软化或崩解试验、抗压、抗剪、抗拉试验等，具体项目应根据不同市政工程的要求确定。

A.0.2 市政工程勘察土的试验项目可按表 A.0.2 执行。

表 A.0.2　土的试验项目

试验项目 / 市政工程类别	物理性质试验									力学性质试验			
	密度	含水率	土粒相对密度	界限含水率	颗粒分析	渗透试验	有机质含量	击实试验	易溶盐试验	固结试验	直接剪切试验	三轴压缩试验	无侧限抗压强度试验
城市道路	√	√	√	√	√	○	○	○	○	√	√	○	○
城市桥涵	√	√	√	√	√	○	○	○	○	√	√	○	○
城市隧道	√	√	√	√	√	○	○	○	○	√	√	○	○
城市室外管道	√	√	√	√	√	○	○	○	√	√	√	○	○
城市给排水厂站	√	√	√	√	√	○	○	○	○	√	√	○	○
城市堤岸	√	√	√	√	√	○	○	○	○	√	√	○	○

注：1　表中符号√为应做项目；○为根据需要选做项目；

2　本表不包括特殊性岩土；

3　工程需要时，可进行土的动力性质试验；

4　土粒相对密度，可直接测定也可根据经验值确定；

5　对城市隧道工程，应根据具体施工方法（矿山法、盾构法等）及设计要求，进行相应的试验项目，如岩土的热物理性质试验、基床系数试验等。

附录 C　隧道围岩分级

表 C　隧道围岩分级

<table>
<tr><th rowspan="2">围岩级别</th><th colspan="2">围岩主要工程地质条件</th><th rowspan="2">围岩开挖后的稳定状态（单线）</th><th rowspan="2">围岩弹性纵波波速 v_p（km/s）</th></tr>
<tr><th>主要工程地质特征</th><th>结构形态和完整状态</th></tr>
<tr><td>Ⅰ</td><td>坚硬岩（单轴饱和抗压强度 f_{rk}＞60MPa）；受地质构造影响轻微，节理不发育，无软弱面（或夹层）；层状岩层为巨厚层或厚层，层间结合良好，岩体完整</td><td>呈巨块状整体结构</td><td>围岩稳定，无坍塌，可能产生岩爆</td><td>＞4.5</td></tr>
<tr><td rowspan="2">Ⅱ</td><td>坚硬岩（f_{rk}＞60MPa）：受地质构造影响较重，节理较发育，有少量软弱面（或夹层）和贯通微张节理，但其产状及组合关系不致产生滑动；层状岩层为中层或厚层，层间结合一般，很少有分离现象；或为硬质岩偶夹软质岩石；岩体较完整</td><td>呈大块状砌体结构</td><td rowspan="2">暴露时间长，可能会出现局部小坍塌，侧壁稳定，层间结合差的平缓岩层顶板易塌落</td><td rowspan="2">3.5～4.5</td></tr>
<tr><td>较硬岩（30＜f_{rk}≤60）受地质构造影响轻微，节理不发育；层状岩层为厚层，层间结合良好，岩体完整</td><td>呈巨块状整体结构</td></tr>
<tr><td rowspan="2">Ⅲ</td><td>坚硬岩和较硬岩：受地质构造影响较重，节理较发育，有层状软弱面（或夹层），但其产状组合关系尚不致产生滑动；层状岩层为薄层或中层，层间结合差，多有分离现象；或为硬、软质岩石互层</td><td>呈块(石)碎(石)状镶嵌结构</td><td>拱部无支护时可能产生局部小坍塌，侧壁基本稳定，爆破震动过大易塌落</td><td rowspan="2">2.5～4.0</td></tr>
<tr><td>较软岩（15＜f_{rk}≤30）和软岩（5＜f_{rk}≤15）：受地质构造影响严重，节理较发育；层状岩层为薄层、中厚层或厚层，层间结合一般</td><td>呈大块状结构</td><td>拱部无支护时可能产生局部小坍塌，侧壁基本稳定，爆破震动过大易塌落</td></tr>
</table>

续表 C

<table>
<tr><th rowspan="2">围岩级别</th><th colspan="2">围岩主要工程地质条件</th><th rowspan="2">围岩开挖后的稳定状态（单线）</th><th rowspan="2">围岩弹性纵波波速 v_p（km/s）</th></tr>
<tr><th>主要工程地质特征</th><th>结构形态和完整状态</th></tr>
<tr><td rowspan="3">Ⅳ</td><td>坚硬岩和较硬岩：受地质构造影响极严重，节理较发育；层状软弱面（或夹层）已基本破坏</td><td>呈碎石状压碎结构</td><td rowspan="3">拱部无支护时可产生较大坍塌，侧壁有时失去稳定</td><td rowspan="3">1.5～3.0</td></tr>
<tr><td>较软岩和软岩：受地质构造影响严重，节理较发育</td><td>呈块石、碎石状镶嵌结构</td></tr>
<tr><td>土体：
1. 具压密或成岩作用的黏性土、粉土及碎石土
2. 黄土（Q_1、Q_2）
3. 一般钙质或铁质胶结的碎石土、卵石土、粗角砾土、粗圆砾土、大块石土</td><td>1 和 2 呈大块状压密结构，3 呈巨块状整体结构</td></tr>
<tr><td rowspan="2">Ⅴ</td><td>岩体：受地质构造影响严重，裂隙杂乱，呈石夹土或土夹石状</td><td>呈角砾碎石状松散结构</td><td rowspan="2">围岩易坍塌，处理不当会出现大坍塌，侧壁经常小坍塌；浅埋时易出现地表下沉（陷）或塌至地表</td><td rowspan="2">1.0～2.0</td></tr>
<tr><td>土体：一般第四系的坚硬、硬塑的黏性土、稍密及以上、稍湿或潮湿的碎石土、卵石土，圆砾土、角砾土、粉土及黄土（Q_3、Q_4）</td><td>非黏性土呈松散结构，黏性土及黄土松软状结构</td></tr>
<tr><td rowspan="2">Ⅵ</td><td>岩体：受地质构造影响严重，呈碎石、角砾及粉末、泥土状</td><td>呈松软状</td><td rowspan="2">围岩极易坍塌变形，有水时土砂常与水一齐涌出，浅埋时易塌至地表</td><td rowspan="2"><1.0（饱和状态的土<1.5）</td></tr>
<tr><td>土体：可塑、软塑状黏性土、饱和的粉土和砂类等土</td><td>黏性土呈易蠕动的松软结构，砂性土呈潮湿松散结构</td></tr>
</table>

注：1　表中“围岩级别”和“围岩主要工程地质条件”栏，不包括膨胀性围岩、多年冻土等特殊岩土；

2　软质岩石Ⅱ、Ⅲ类围岩遇有地下水时，可根据具体情况和施工条件适当降低围岩级别。

五、城市工程管线综合规划规范

GB 50289－98

2　地下敷设

2.2　直埋敷设

2.2.1　严寒或寒冷地区给水、排水、燃气等工程管线应根据土壤冰冻深度确定管线覆土深度；热力、电信、电力电缆等工程管线以及严寒或寒冷地区以外的地区的工程管线应根据土壤性质和地面承受荷载的大小确定管线的覆土深度。

工程管线的最小覆土深度应符合表2.2.1的规定。

工程管线的最小覆土深度（m）　　表2.2.1

序号		1		2		3		4	5	6	7
管线名称		电力管线		电信管线		热力管线		燃气管线	给水管线	雨水排水管线	污水排水管线
		直埋	管沟	直埋	管沟	直埋	管沟				
最小覆土深度（m）	人行道下	0.50	0.40	0.70	0.40	0.50	0.20	0.60	0.60	0.60	0.60
	车行道下	0.70	0.50	0.80	0.70	0.70	0.20	0.80	0.70	0.70	0.70

注：10kV以上直埋电力电缆管线的覆土深度不应小于1.0m。

2.2.2　工程管线在道路下面的规划位置，应布置在人行道或非机动车道下面。电信电缆、给水输水、燃气输气、污雨水排水等工程管线可布置在非机动车道或机动车道下面。

2.2.3　工程管线在道路下面的规划位置宜相对固定。从道路红线向道路中心线方向平行布置的次序，应根据工程管线的性质、埋设深度等确定。分支线少、埋设深、检修周期短和可燃、易燃和损坏时对建筑物基础安全有影响的工程管线应远离建筑物。布置次序宜为：电力电缆、电信电缆、燃气配气、给水配水、热力干线、燃气输气、给水输水、雨水排水、污水排水。

2.2.5　沿城市道路规划的工程管线应与道路中心线平行，其主干线应靠近分支管线多的一侧，工程管线不宜从道路一侧转到另一侧。

道路红线宽度超过30m的城市干道宜两侧布置给水配水管线和燃气配气管线；道路红线宽度超过50m的城市干道应在道路两侧布置排水管线。

工程管线之间及其与建（构）筑物之间的最小水平净距（m） **表 2.2.9**

<table>
<tr><td rowspan="4">序号</td><td rowspan="4" colspan="3">管线名称</td><td>1</td><td colspan="2">2</td><td>3</td><td colspan="5">4</td><td colspan="2">5</td><td colspan="2">6</td><td colspan="2">7</td><td>8</td><td>9</td><td colspan="3">10</td><td>11</td><td>12</td></tr>
<tr><td rowspan="3">建筑物</td><td colspan="2">给水管</td><td rowspan="3">污水雨水排水管</td><td colspan="5">燃气管</td><td colspan="2">热力管</td><td colspan="2">电力电缆</td><td colspan="2">电信电缆</td><td rowspan="3">乔木</td><td rowspan="3">灌木</td><td colspan="3">地上杆柱</td><td rowspan="3">道路侧石边缘</td><td rowspan="3">铁路钢轨（或坡脚）</td></tr>
<tr><td rowspan="2">$d\leqslant$200mm</td><td rowspan="2">$d>$200mm</td><td rowspan="2">低压</td><td colspan="2">中压</td><td colspan="2">高压</td><td rowspan="2">直埋</td><td rowspan="2">地沟</td><td rowspan="2">直埋</td><td rowspan="2">缆沟</td><td rowspan="2">直埋</td><td rowspan="2">管道</td><td rowspan="2">通信照明及<10kV</td><td colspan="2">高压铁塔基础边</td></tr>
<tr><td>B</td><td>A</td><td>B</td><td>A</td><td>≤35kV</td><td>>35kV</td></tr>
<tr><td>1</td><td colspan="3">建筑物</td><td></td><td>1.0</td><td>3.0</td><td>2.5</td><td>0.7</td><td>1.5</td><td>2.0</td><td>4.0</td><td>6.0</td><td>2.5</td><td>0.5</td><td colspan="2">0.5</td><td>1.0</td><td>1.5</td><td>3.0</td><td>1.5</td><td colspan="3">*</td><td></td><td>6.0</td></tr>
<tr><td rowspan="2">2</td><td rowspan="2" colspan="2">给水管</td><td>$d\leqslant$200mm</td><td>1.0</td><td rowspan="2" colspan="2"></td><td>1.0</td><td rowspan="2" colspan="3">0.5</td><td rowspan="2">1.0</td><td rowspan="2">1.5</td><td rowspan="2" colspan="2">1.5</td><td rowspan="2" colspan="2">0.5</td><td rowspan="2" colspan="2">1.0</td><td rowspan="2" colspan="2">1.5</td><td rowspan="2">0.5</td><td rowspan="2" colspan="2">3.0</td><td rowspan="2">1.5</td><td rowspan="8">5.0</td></tr>
<tr><td>$d>$200mm</td><td>3.0</td><td>1.5</td></tr>
<tr><td>3</td><td colspan="3">污水、雨水排水管</td><td>2.5</td><td>1.0</td><td>1.5</td><td></td><td>1.0</td><td colspan="2">1.2</td><td>1.5</td><td>2.0</td><td colspan="2">1.5</td><td colspan="2">0.5</td><td colspan="2">1.0</td><td colspan="2">1.5</td><td>0.5</td><td colspan="2">1.5</td><td>1.5</td></tr>
<tr><td rowspan="5">4</td><td rowspan="5">燃气管</td><td>低压</td><td>$P\leqslant$0.05MPa</td><td>0.7</td><td rowspan="3" colspan="2">0.5</td><td>1.0</td><td rowspan="5" colspan="5">$DN\leqslant$300mm0.4
$DN>$300mm0.5</td><td colspan="2">1.0</td><td rowspan="3" colspan="2">0.5</td><td rowspan="3">0.5</td><td rowspan="3">1.0</td><td rowspan="5" colspan="2">1.2</td><td rowspan="5">1.0</td><td rowspan="5">1.0</td><td rowspan="5">5.0</td><td rowspan="3">1.5</td></tr>
<tr><td rowspan="2">中压</td><td>0.005MPa$<p\leqslant$0.2MPa</td><td>1.5</td><td rowspan="2">1.2</td><td rowspan="2">1.0</td><td rowspan="2">1.5</td></tr>
<tr><td>0.2MPa$<p\leqslant$0.4MPa</td><td>2.0</td></tr>
<tr><td rowspan="2">高压</td><td>0.4MPa$<p\leqslant$0.8MPa</td><td>4.0</td><td colspan="2">1.0</td><td>1.5</td><td>1.5</td><td>2.0</td><td colspan="2">1.0</td><td colspan="2">1.0</td><td rowspan="2">2.5</td></tr>
<tr><td>0.8MPa$<p\leqslant$1.6MPa</td><td>6.0</td><td colspan="2">1.5</td><td>2.0</td><td>2.0</td><td>4.0</td><td colspan="2">1.5</td><td colspan="2">1.5</td></tr>
<tr><td rowspan="2">5</td><td rowspan="2" colspan="2">热力管</td><td>直埋</td><td>2.5</td><td rowspan="2" colspan="2">1.5</td><td rowspan="2">1.5</td><td rowspan="2">1.0</td><td colspan="2">1.0</td><td>1.5</td><td>2.0</td><td rowspan="2" colspan="2"></td><td rowspan="2" colspan="2">2.0</td><td rowspan="2" colspan="2">1.0</td><td rowspan="2" colspan="2">1.5</td><td rowspan="2">1.0</td><td rowspan="2">2.0</td><td rowspan="2">3.0</td><td rowspan="2">1.5</td><td rowspan="2">1.0</td></tr>
<tr><td>地沟</td><td>0.5</td><td colspan="2">1.5</td><td>2.0</td><td>4.0</td></tr>
</table>

续表 2.2.9

序号	管线名称		1 建筑物	2 给水管 $d\leqslant$200mm	2 给水管 $d>$200mm	3 污水雨水排水管	4 燃气管 低压	4 燃气管 中压 B	4 燃气管 中压 A	4 燃气管 高压 B	4 燃气管 高压 A	5 热力管 直埋	5 热力管 地沟	6 电力电缆 直埋	6 电力电缆 缆沟	7 电信电缆 直埋	7 电信电缆 管道	8 乔木	9 灌木	10 地上杆柱 通信照明及<10kV	10 地上杆柱 高压铁塔基础边 ≤35kV	10 地上杆柱 高压铁塔基础边 >35kV	11 道路侧石边缘	12 铁路钢轨（或坡脚）
6	电力电缆	直埋	0.5	0.5		0.5	0.5	0.5		1.0	1.5	2.0				0.5		1.0		0.6			1.5	3.0
		缆沟																						
7	电信电缆	直埋	1.0	1.0		1.0	0.5			1.0	1.5	1.0		0.5		0.5		1.0	1.0	0.5	0.6		1.5	2.0
		管道	1.5				1.0											1.5						
8	乔木（中心）		3.0	1.5		1.5	1.2					1.5		1.0		1.0	1.5			1.5			0.5	
9	灌木		1.5													1.0								
10	地上杆柱	通信照明及<10kV	*	0.5		0.5	1.0					1.0		0.6		0.5		1.5					0.5	
	地上杆柱 高压铁塔基础边	≤35kV		3.0		1.5	1.0					2.0				0.6								
		>35kV					5.0					3.0												
11	道路侧石边缘			1.5		1.5	1.5			2.5		1.5		1.5		1.5		0.5		0.5				
12	铁路钢轨（或坡脚）		6.0	5.0								1.0		3.0		2.0								

注：* 见表 3.0.9。

2.2.6 各种工程管线不应在垂直方向上重叠直埋敷设。

2.2.9 工程管线之间及其与建（构）筑物之间的最小水平净距应符合表 2.2.9 的规定。当受道路宽度、断面以及现状工程管线位置等因素限制难以满足要求时，可根据实际情况采取安全措施后减少其最小水平净距。

2.2.10 对于埋深大于建（构）筑物基础的工程管线，其与建（构）筑物之间的最小水平距离，应按下式计算，并折算成水平净距后与表 2.2.9 的数值比较，采用其较大值。

$$L=\frac{(H-h)}{\mathrm{tg}\,\partial}+\frac{a}{2} \tag{2.2.10}$$

式中 L——管线中心至建(构)筑物基础边水平距离(m)；

H——管线敷设深度（m）；

h——建（构）筑物基础底砌置深度（m）；

a——开挖管沟宽度（m）；

∂——土壤内摩擦角（°）。

2.2.11 当工程管线交叉敷设时，自地表面向下的排列顺序宜为：电力管线、热力管线、燃气管线、给水管线、雨水排水管线、污水排水管线。

2.2.12 工程管线在交叉点的高程应根据排水管线的高程确定。

工程管线交叉时的最小垂直净距，应符合表 2.2.12 的规定。

工程管线交叉时的最小垂直净距（m） **表 2.2.12**

序号	净距(m) 上面的管线名称 \ 下面的管线名称		1 给水管线	2 污、雨水排水管线	3 热力管线	4 燃气管线	5 电信管线 直埋	5 电信管线 管块	6 电力管线 直埋	6 电力管线 管沟
1	给水管线		0.15							
2	污、雨水排水管线		0.40	0.15						
3	热力管线		0.15	0.15	0.15					
4	燃气管线		0.15	0.15	0.15	0.15				
5	电信管线	直埋	0.50	0.50	0.15	0.50	0.25	0.25		
		管块	0.15	0.15	0.15	0.15	0.25	0.25		
6	电力管线	直埋	0.15	0.50	0.50	0.50	0.50	0.50	0.50	0.50
		管沟	0.15	0.50	0.50	0.15	0.50	0.50	0.50	0.50
7	沟渠（基础底）		0.50	0.50	0.50	0.50	0.50	0.50	0.50	0.50
8	涵洞（基础底）		0.15	0.15	0.15	0.15	0.20	0.25	0.50	0.50
9	电车（轨底）		1.00	1.00	1.00	1.00	1.00	1.00	1.00	1.00
10	铁路（轨底）		1.00	1.20	1.20	1.20	1.00	1.00	1.00	1.00

注：大于 35kV 直埋电力电缆与热力管线最小垂直净距应为 1.00m。

2.3 综合管沟敷设

2.3.4 工程管线干线综合管沟的敷设，应设置在机动车道下面，其覆土深度应根据道路施工、行车荷载和综合管沟的结构强度以及当地的冰冻深度等因素综合确定；敷设工程管线支线的综合管沟，应设置在人行道或非机动车道下，其埋设深度应根据综合管沟的结构强度以及当地的冰冻深度等因素综合确定。

3 架空敷设

3.0.3 架空线线杆宜设置在人行道上距路缘石不大于1m的位置；有分车带的道路，架空线线杆宜布置在分车带内。

3.0.8 架空管线与建（构）筑物等的最小水平净距应符合表3.0.8的规定。

3.0.9 架空管线交叉时的最小垂直净距应符合表3.0.9的规定。

架空管线之间及其与建（构）筑物的之间的最小水平净距（m） **表3.0.8**

名称		建筑物（凸出部分）	道路（路缘石）	铁路（轨道中心）	热力管线
电力	10kV边导线	2.0	0.5	杆高加3.0	2.0
电力	35kV边导线	3.0	0.5	杆高加3.0	4.0
电力	110kV边导线	4.0	0.5	杆高加3.0	4.0
电信杆线		2.0	0.5	4/3杆高	1.5
热力管线		1.0	1.5	3.0	—

架空管线之间及其与建（构）筑物之间交叉时的最小垂直净距（m） **表3.0.9**

名称		建筑物（顶端）	道路（地面）	铁路（轨顶）	电信线		热力管线
					电力线有防雷装置	电力线无防雷装置	
电力管线	10kV及以下	3.0	7.0	7.5	2.0	4.0	2.0
电力管线	35～110kV	4.0	7.0	7.5	3.0	5.0	3.0
电信线		1.5	4.5	7.0	0.6	0.6	1.0
热力管线		0.6	4.5	6.0	1.0	1.0	0.25

注：横跨道路或与无轨电车馈电线平行的架空电力线距地面应大于9m。

城市工程管线综合规划规范

GB 50289－98

条文说明

2 地下敷设

2.2 直埋敷设

2.2.1 确定地下工程管线覆土深度一般考虑下列因素：

一、保证工程管线在荷载作用下不损坏，正常运行。

二、在严寒、寒冷地区，保证管道内介质不冻结。

三、满足竖向规划要求。

我国地域广阔，各地区气候差异较大，严寒、寒冷地区土壤冰冻线较深，给水、排水、煤气等工程管线属深埋一类。热力、电信、电力等工程管线不受冰冻影响，属浅埋一类。严寒、寒冷地区以外的地区冬季土壤不冰冻或者冰冻深度只有几十厘米，覆土深度不受影响。

2.2.2 本条的规定是为了减少工程管线在施工或日常维修时与城市道路交通相互影响，节省工程投资和日常维修费用。我国大多数城市在工程管线综合规划时，都考虑首先将工程管线敷设在人行道或非机动车道下面。电信管线人孔井占地面积较大且线径粗，电信电缆穿管施工时需用机动车牵引，故布置在车行道下面。给水输水管线、燃气输气管线，主要是过境输送，通常布置在车行道下面。

2.2.3～2.2.5 规定工程管线在城市道路、居住区综合布置时的排列次序以及排列所遵循的原则是为工程管线综合规划提供方便，为科学规划管理提供依据，需要说明的是：

并不是所有的城市路段和小区中都有这些种类的工程管线，如缺少某种管线时，在执行规范中各工程管线要按规定的次序去掉缺少的管线后依次排列。

过去我国城市道路上的工程管线多为单排敷设，随着城市道路的加宽，道路两侧建筑量的增大，工程管线承担负荷的增多，单排敷设工程管线势必增加工程管线在道路横向上的破路次数，随之带来支管线增加、支管线与主干线交叉增加。近几年各城市在拓宽城市道路的同时，通常将配水、配气、供热支线、排水管线等沿道路两侧各规划建设一条，既经济又适用。

2.2.9～2.2.10 本规范是从城市建设中各工程管线综合规划统筹安排的角度，在分析和研究大量专业规范数据的基础上并兼顾工程管线、井、闸等构筑物尺寸来规定其合理的最小净距数据。

2.3 综合管沟敷设

2.3.4 工程管线干线综合管沟一般都敷设在机动车道下，其埋设深度要考虑道路施工时的施工荷载及综合管沟的结构强度和当地冰冻深度、地下水位等。

六、城市道路工程设计规范

CJJ 37－2012

1 总则

1.0.1 为适应我国城市道路建设和发展的需要，规范城市道路工程设计，统一城市道路工程设计主要技术指标，指导城市道路专用标准的编制，制定本规范。

1.0.2 本规范适用于城市范围内新建和改建的各级城市道路设计。

1.0.3 城市道路工程设计应根据城市总体规划、城市综合交通规划、专项规划，考虑社会效益、环境效益与经济效益的协调统一，合理采用技术标准。遵循和体现以人为本、资源节约、环境友好的设计原则。

2 术语和符号

2.1 术　　语

2.1.1 主路　main road

快速路或主干路中与辅路分隔，供机动车快速通过的道路。

2.1.2 辅路　side road

集散快速路或主干路交通，设置于主路两侧或一侧，单向或双向行驶交通，可间断或连续设置的道路。

2.1.3 设计速度　design speed

道路几何设计（包括平曲线半径、纵坡、视距等）所采用的行车速度。

2.1.4 设计年限　design　life

包括确定路面宽度而采用的远期交通量的年限与为确定路面结构而采用的保证路面结构不需进行大修即可按预定目的使用的设计使用年限两种。

2.1.5 通行能力　traffic capacity

在一定的道路和交通条件下，单位时间内道路上某一路段通过某一断面的最大交通流率。

2.1.6 服务水平 level of service

衡量交通流运行条件及驾驶人和乘客所感受的服务质量的一项指标，通常根据交通量、速度、行驶时间、行驶（步行）自由度、交通中断、舒适和方便等指标确定。

3 基本规定

3.1 道路分级

3.1.1 城市道路应按道路在道路网中的地位、交通功能以及对沿线的服务功能等，分为快速路、主干路、次干路和支路四个等级，并应符合下列规定：

1 快速路应中央分隔、全部控制出入、控制出入口间距及形式，应实现交通连续通行，单向设置不应少于两条车道，并应设有配套的交通安全与管理设施。

快速路两侧不应设置吸引大量车流、人流的公共建筑物的出入口。

2 主干路应连接城市各主要分区，应以交通功能为主。

主干路两侧不宜设置吸引大量车流、人流的公共建筑物的出入口。

3 次干路应与主干路结合组成干路网，应以集散交通的功能为主，兼有服务功能。

4 支路宜与次干路和居住区、工业区、交通设施等内部道路相连接，应解决局部地区交通，以服务功能为主。

3.1.2 在规划阶段确定道路等级后，当遇特殊情况需变更级别时，应进行技术经济论证，并报规划审批部门批准。

3.1.3 当道路为货运、防洪、消防、旅游等专用道路使用时，除应满足相应道路等级的技术要求外，还应满足专用道路及通行车辆的特殊要求。

3.1.4 道路应做好总体设计，并应处理好与公路以及不同等级道路之间的衔接过渡。

3.2 设计速度

3.2.1 各级道路的设计速度应符合表 3.2.1 的规定。

表 3.2.1 各级道路的设计速度

道路等级	快速路			主干路			次干路			支路		
设计速度（km/h）	100	80	60	60	50	40	50	40	30	40	30	20

3.2.2 快速路和主干路的辅路设计速度宜为主路的0.4倍～0.6倍。

3.2.3 在立体交叉范围内，主路设计速度应与路段一致，匝道及集散车道设计速度宜为主路的0.4倍～0.7倍。

3.2.4 平面交叉口内的设计速度宜为路段的0.5倍～0.7倍。

3.3 设计车辆

3.3.1 机动车设计车辆及其外廓尺寸应符合表3.3.1的规定。

表3.3.1 机动车设计车辆及其外廓尺寸

车辆类型	总长（m）	总宽（m）	总高（m）	前悬（m）	轴距（m）	后悬（m）
小客车	6	1.8	2.0	0.8	3.8	1.4
大型车	12	2.5	4.0	1.5	6.5	4.0
铰接车	18	2.5	4.0	1.7	5.8+6.7	3.8

注：1 总长：车辆前保险杠至后保险杠的距离。
2 总宽：车厢宽度（不包括后视镜）。
3 总高：车厢顶或装载顶至地面的高度。
4 前悬：车辆前保险杠至前轴轴中线的距离。
5 轴距：双轴车时，为从前轴轴中线到后轴轴中线的距离；铰接车时分别为前轴轴中线至中轴轴中线、中轴轴中线至后轴轴中线的距离。
6 后悬：车辆后保险杠至后轴轴中线的距离。

3.3.2 非机动车设计车辆及其外廓尺寸应符合表3.3.2的规定。

表3.3.2 非机动车设计车辆及其外廓尺寸

车辆类型	总长（m）	总宽（m）	总高（m）
自行车	1.93	0.60	2.25
三轮车	3.40	1.25	2.25

注：1 总长：自行车为前轮前缘至后轮后缘的距离；三轮车为前轮前缘至车厢后缘的距离；
2 总宽：自行车为车把宽度；三轮车为车厢宽度；
3 总高：自行车为骑车人骑在车上时，头顶至地面的高度；三轮车为载物顶至地面的高度。

3.4 道路建筑限界

3.4.1 道路建筑限界应为道路上净高线和道路两侧侧向净宽边线组成的空间界线（图3.4.1）。顶角抹角宽度（E）不应大于机动车道或非机动车道的侧向净宽（W_l）。

3.4.2 道路建筑限界内不得有任何物体侵入。

3.4.3 道路最小净高应符合表3.4.3的规定。

表3.4.3 道路最小净高

道路种类	行驶车辆类型	最小净高（m）
机动车道	各种机动车	4.5
	小客车	3.5
非机动车道	自行车、三轮车	2.5
人行道	行人	2.5

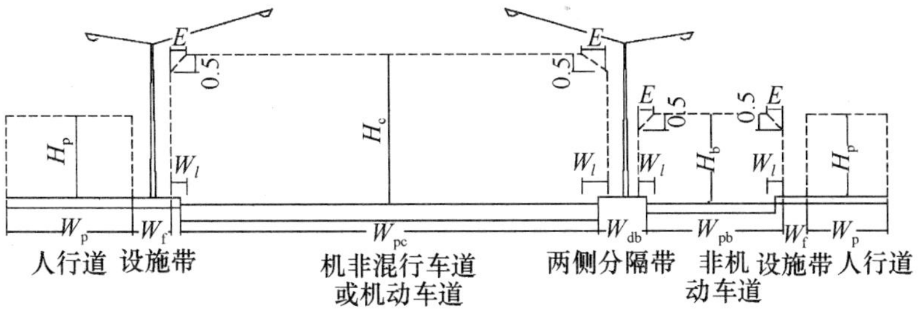

(a) 无中间分隔带

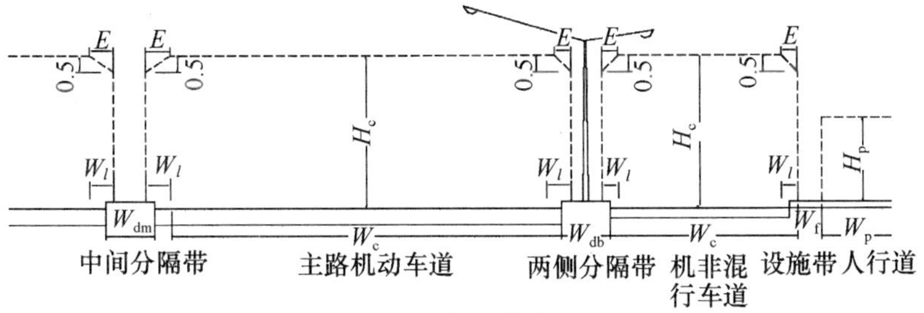

(b) 有中间分隔带

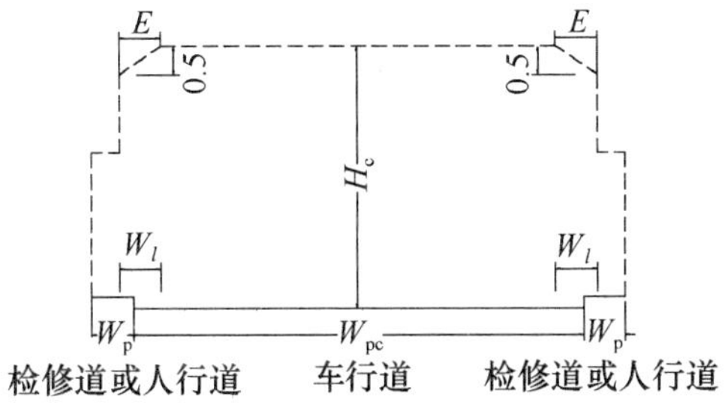

(c) 隧道内

图 3.4.1 道路建筑限界

3.4.4 对通行无轨电车、有轨电车、双层客车等其他特种车辆的道路，最小净高应满足车辆通行的要求。

3.4.5 道路设计中应做好与公路以及不同净高要求的道路间的衔接过渡，同时应设置必要的指示、诱导标志及防撞等设施。

3.5 设 计 年 限

3.5.1 道路交通量达到饱和状态时的道路设计年限为：快速路、主干路应为 20 年；次干路应为 15 年；支路宜为 10 年～15 年。

3.5.2 各种类型路面结构的设计使用年限应符合表 3.5.2 的规定。

表 3.5.2 路面结构的设计使用年限（年）

道路等级	路面结构类型		
	沥青路面	水泥混凝土路面	砌块路面
快速路	15	30	—
主干路	15	30	—
次干路	15	20	—
支 路	10	20	10 (20)

注：砌块路面采用混凝土预制块时，设计年限为 10 年；采用石材时，为 20 年。

3.5.3 桥梁结构的设计使用年限应符合表3.5.3的规定。

表3.5.3 桥梁结构的设计使用年限

类　　别	设计使用年限（年）
特大桥、大桥、重要中桥	100
中桥、重要小桥	50
小桥	30

注：对有特殊要求结构的设计使用年限，可在上述规定基础上经技术经济论证后予以调整。

3.6 荷载标准

3.6.1 道路路面结构设计应以双轮组单轴载100kN为标准轴载。对有特殊荷载使用要求的道路，应根据具体车辆确定路面结构计算荷载。

3.6.2 桥涵的设计荷载应符合现行行业标准《城市桥梁设计规范》CJJ 11的规定。

3.7 防灾标准

3.7.1 道路工程应按国家规定工程所在地区的抗震标准进行设防。

3.7.2 城市桥梁设计宜采用百年一遇的洪水频率，对特别重要的桥梁可提高到三百年一遇。

对城市防洪标准较低的地区，当按百年一遇或三百年一遇的洪水频率设计，导致桥面高程较高而引起困难时，可按相交河道或排洪沟渠的规划洪水频率设计，且应确保桥梁结构在百年一调或三百年一遇洪水频率下的安全。

3.7.3 道路应避开泥石流、滑坡、崩塌、地面沉降、塌陷、地震断裂活动带等自然灾害易发区；当不能避开时，必须提出工程和管理措施，保证道路的安全运行。

4 通行能力和服务水平

4.1 一般规定

4.1.1 道路通行能力和服务水平分析应符合下列规定：

1 快速路的路段、分合流区、交织区段及互通式立体交叉的匝道，应分别进行通行能力分析，使其全线服务水平均衡一致。

2 主干路的路段和与主干路、次干路相交的平面交叉口，应进行通行能力和服务水平分析。

3 次干路、支路的路段及其平面交叉口，宜进行通行能力和服务水平分析。

4.1.2 交通量换算应采用小客车为标准车型，各种车辆的换算系数应符合表 4.1.2 的规定。

表 4.1.2 车辆换算系数

车辆类型	小客车	大型客车	大型货车	铰接车
换算系数	1.0	2.0	2.5	3.0

4.2 快 速 路

4.2.1 快速路应根据交通流行驶特征分为基本路段、分合流区和交织区，应分别采用相应的通行能力和服务水平。

4.2.2 快速路基本路段一条车道的基本通行能力和设计通行能力应符合表 4.2.2 的规定。

表 4.2.2 快速路基本路段一条车道的通行能力

设计速度（km/h）	100	80	60
基本通行能力（pcu/h）	2200	2100	1800
设计通行能力（pcu/h）	2000	1750	1400

4.2.3 快速路基本路段服务水平分级应符合表 4.2.3 的规定，新建道路应按三级服务水平设计。

表 4.2.3 快速路基本路段服务水平分级

设计速度（km/h）	服务水平等级		密度［pcu/(km·ln)］	平均速度（km/h）	负荷度 V/C	最大服务交通量［pcu/(h·ln)］
100	一级（自由流）		≤10	≥88	0.40	880
	二级（稳定流上段）		≤20	≥76	0.69	1520
	三级（稳定流）		≤32	≥62	0.91	2000
	四级	（饱和流）	≤42	≥53	≈1.00	2200
		（强制流）	>42	<53	>1.00	—
80	一级（自由流）		≤10	≥72	0.34	720
	二级（稳定流上段）		≤20	≥64	0.61	1280
	三级（稳定流）		≤32	≥55	0.83	1750
	四级	（饱和流）	≥50	≥40	≈1.00	2100
		（强制流）	<50	<40	>1.00	—

表 4.2.3

设计速度（km/h）	服务水平等级		密度［pcu/（km·ln）］	平均速度（km/h）	负荷度 V/C	最大服务交通量［pcu/（h·ln）］
60	一级（自由流）		≤10	≥55	0.30	590
	二级（稳定流上段）		≤20	≥50	0.55	990
	三级（稳定流）		≤32	≥44	0.77	1400
	四级	（饱和流）	≤57	≥30	≈1.00	1800
		（强制流）	>57	<30	>1.00	—

4.2.4 快速路设计时采用的最大服务交通量应符合下列规定：

1 双向四车道快速路折合成当量小客车的年平均日交通量为40000pcu～80000pcu。

2 双向六车道快速路折合成当量小客车的年平均日交通量为60000pcu～120000pcu。

3 双向八车道快速路折合成当量小客车的年平均日交通量为100000pcu～160000pcu。

4.3 其他等级道路

4.3.1 其他等级道路根据交通流特性和交通管理方式，可分为路段、信号交叉口、无信号交叉口等，应分别采用相应的通行能力和服务水平。

4.3.2 其他等级道路路段一条车道的基本通行能力和设计通行能力应符合表 4.3.2 的规定。

表 4.3.2 其他等级道路路段一条车道的通行能力

设计速度(km/h)	60	50	40	30	20
基本通行能力(pcu/h)	1800	1700	1650	1600	1400
设计通行能力(pcu/h)	1400	1350	1300	1300	1100

4.3.3 信号交叉口服务水平分级应符合表 4.3.3 的规定，新建道路应按三级服务水平设计。

表 4.3.3 信号交叉口服务水平分级

指标 \ 服务水平	一级	二级	三级	四级
控制延误(s/veh)	<30	30～50	50～60	>60
负荷度 V/C	<0.6	0.6～0.8	0.8～0.9	>0.9
排队长度(m)	<30	30～80	80～100	>100

4.3.4 无信号交叉口可分为次要道路停车让行、全部道路停车让行和环形交叉口三种形式。次要道路停车让行交叉口通行能力应保证次要道路上车辆可利用的穿越空档能满足次要道路上交通需求。

4.4 自 行 车 道

4.4.1 不受平面交叉口影响的一条自行车道的路段设计通行能力，当有机非分隔设施时，应取 1600veh/h～1800veh/h；当无分隔时，应取 1400veh/h～1600veh/h。

4.4.2 受平面交叉口影响的一条自行车道的路段设计通行能力，当有机非分隔设施时，应取 1000veh/h～1200veh/h；当无分隔时，应取 800veh/h～1000veh/h。

4.4.3 信号交叉口进口道一条自行车道的设计通行能力可取为 800veh/h～1000veh/h。

4.4.4 路段自行车道服务水平分级应符合表 4.4.4 的规定，设计时宜采用三级服务水平。

表 4.4.4 路段自行车道服务水平分级

指标 \ 服务水平	一级（自由骑行）	二级（稳定骑行）	三级（骑行受限）	四级（间断骑行）
骑行速度(km/h)	＞20	20～15	15～10	10～5
占用道路面积(m^2)	＞7	7～5	5～3	＜3
负荷度	＜0.40	0.55～0.70	0.70～0.85	＞0.85

4.4.5 交叉口自行车道服务水平分级应符合表 4.4.5 的规定，设计时宜采用三级服务水平。

表 4.4.5 交叉口自行车道服务水平分级

指标 \ 服务水平	一级	二级	三级	四级
停车延误时间(s)	＜40	40～60	60～90	＞90
通过交叉口骑行速度(km/h)	＞13	13～9	9～6	6～4
负荷度	＜0.7	0.7～0.8	0.8～0.9	＞0.9
路口停车率(%)	＜30	30～40	40～50	＞50
占用道路面积(m^2)	8～6	6～4	4～2	＜2

4.5 人 行 设 施

4.5.1 人行设施的基本通行能力和设计通行能力应符合表 4.5.1 的规定。行人较多的重要区域设计通行能力宜采用低值，非重要区域宜采用高值。

表 4.5.1 人行设施基本通行能力和设计通行能力

人行设施类型	基本通行能力	设计通行能力
人行道，人/(h・m)	2400	1800～2100
人行横道，人/(hg・m)	2700	2000～2400
人行天桥，人/(h・m)	2400	1800～2000
人行地道，人/(h・m)	2400	1440～1640
车站码头的人行天桥、人行地道，人/(h・m)	1850	1400

注：hg 为绿灯时间。

4.5.2 人行道服务水平分级应符合表 4.5.2 的规定，设计时宜采用三级服务水平。

表 4.5.2 人行道服务水平分级

服务水平 指　标	一级	二级	三级	四级
人均占用面积(m^2)	>2.0	1.2～2.0	0.5～1.2	<0.5
人均纵向间距(m)	>2.5	1.8～2.5	1.4～1.8	<1.4
人均横向间距(m)	>1.0	0.8～1.0	0.7～0.8	<0.7
步行速度(m/s)	>1.1	1.0～1.1	0.8～1.0	<0.8
最大服务交通量[人/(h・m)]	1580	2500	2940	3600

5 横断面

5.1 一 般 规 定

5.1.1 横断面设计应按道路等级、服务功能、交通特性，结合各种控制条件，在规划红线宽度范围内合理布设。

5.1.2 横断面设计应满足远期交通功能需要。分期修建时应近远期结合，使近期工程成为远期工程的组成部分，并应预留管线位置，控制道路用地，给远期实施留有余地。城市建成区道路不宜分期修建。

5.1.3 改建道路应采取工程措施与道路交通管理相结合的方法布设横断面。

5.2 横断面布置

5.2.1 横断面可分为单幅路、两幅路、三幅路、四幅路及特殊形式的断面(图 5.2.1)。

5.2.2 当快速路两侧设置辅路时，应采用四幅路；当两侧不设置辅路时，应采用两幅路。

5.2.3 主干路宜采用四幅路或三幅路；次干路宜采用单幅路或两幅路，支路宜采用单幅路。

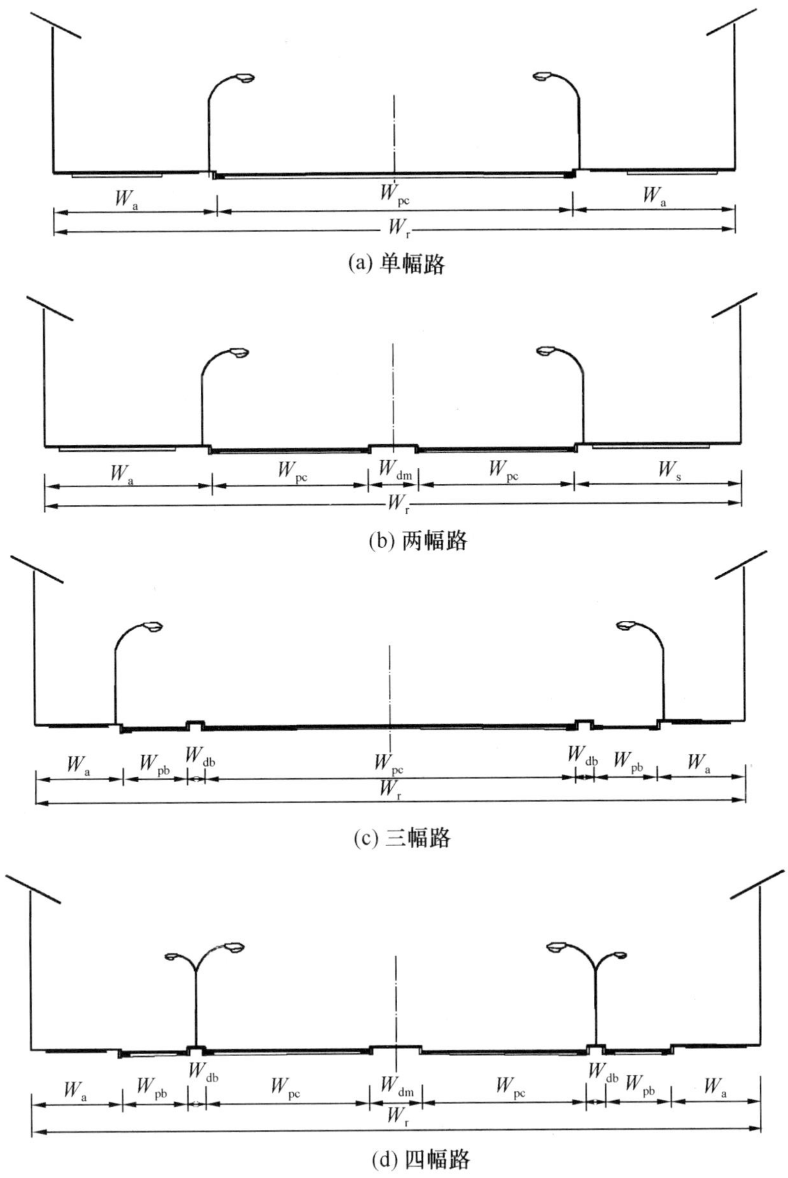

图 5.2.1 横断面形式

5.2.4 对设置公交专用车道的道路，横断面布置应结合公交专用车道位置和类型全断面综合考虑，并应优先布置公交专用车道。

5.2.5 同一条道路宜采用相同形式的横断面。当道路横断面变化时，应设置过渡段。

5.2.6 桥梁与隧道横断面形式、车行道及路缘带宽度应与路段相同。

5.2.7 特大桥、大中桥分隔带宽度可适当缩窄，但应满足设置桥梁防护设施的要求。

5.3 横断面组成及宽度

5.3.1 横断面宜由机动车道、非机动车道、人行道、分车带、设施带、绿化带等组成，特殊断面还可包括应急车道、路肩和排水沟等。

5.3.2 机动车道宽度应符合下列规定：

1　一条机动车道最小宽度应符合表 5.3.2 的规定。

表 5.3.2　一条机动车道最小宽度

车型及车道类型	设计速度(km/h)	
	＞60	≤60
大型车或混行车道(m)	3.75	3.50
小客车专用车道(m)	3.50	3.25

2　机动车道路面宽度应包括车行道宽度及两侧路缘带宽度，单幅路及三幅路采用中间分隔物或双黄线分隔对向交通时，机动车道路面宽度还应包括分隔物或双黄线的宽度。

5.3.3　非机动车道宽度应符合下列规定：

1　一条非机动车道宽度应符合表 5.3.3 的规定。

表 5.3.3　一条非机动车道宽度

车辆种类	自行车	三轮车
非机动车道宽度(m)	1.0	2.0

2　与机动车道合并设置的非机动车道，车道数单向不应小于 2 条，宽度不应小于 2.5m。

3　非机动车专用道路面宽度应包括车道宽度及两侧路缘带宽度，单向不宜小于 3.5m，双向不宜小于 4.5m。

5.3.4　路侧带可由人行道、绿化带、设施带等组成(图 5.3.4)，路侧带的设计应符合下列规定：

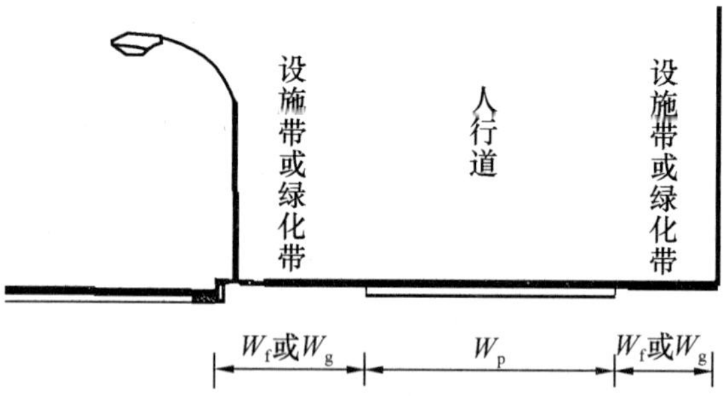

图 5.3.4　路侧带

1　人行道宽度必须满足行人安全顺畅通过的要求，并应设置无障碍设施。人行道最小宽度应符合表 5.3.4 的规定。

表 5.3.4　人行道最小宽度

项　目	人行道最小宽度(m)	
	一般值	最小值
各级道路	3.0	2.0
商业或公共场所集中路段	5.0	4.0
火车站、码头附近路段	5.0	4.0
长途汽车站	4.0	3.0

2　绿化带的宽度应符合现行行业标准《城市道路绿化规划与设计规范》CJJ 75 的相关要求。

3　设施带宽度应包括设置护栏、照明灯柱、标志牌、信号灯、城市公共服务设施等的要求，各种设施布局应综合考虑。设施带可与绿化带结合设置，但应避免各种设施与树木间的干扰。

5.3.5　分车带的设置应符合下列规定：

1　分车带按其在横断面中的不同位置及功能，可分为中间分车带(简称中间带)及两侧分车带(简称两侧带)，分车带由分隔带及两侧路缘带组成(图 5.3.5)。

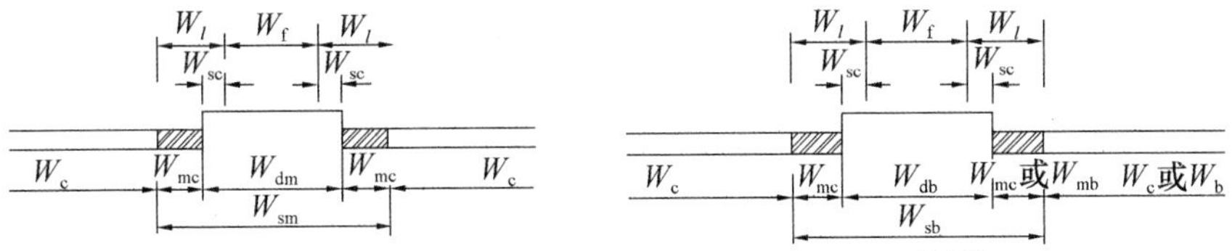

(a) 中间带　　(b) 两侧带

图 5.3.5　分车带

2　分车带最小宽度应符合表 5.3.5 的规定。

表 5.3.5　分车带最小宽度

类　别		中间带		两侧带	
设计速度(km/h)		≥60	＜60	≥60	＜60
路缘带宽度(m)	机动车道	0.50	0.25	0.50	0.25
	非机动车	—	—	0.25	0.25
安全带宽度 W_{sc}(m)	机动车道	0.25	0.25	0.25	0.25
	非机动车	—	—	0.25	0.25
侧向净宽 W_l(m)	机动车道	0.75	0.50	0.75	0.50
	非机动车	—	—	0.50	0.50
分隔带最小宽度(m)		1.50	1.50	1.50	1.50
分车带最小宽度(m)		2.50	2.00	2.50(2.25)	2.00

注：1　侧向净宽为路缘带宽度与安全带宽度之和；
2　两侧带分隔带宽度中，括号外为两侧均为机动车道时取值；括号内数值为一侧为机动车道，另一侧为非机动车道时的取值；
3　分隔带最小宽度值系按设施带宽度为 1m 考虑的，具体应用时，应根据设施带实际宽度确定。

3　分隔带应采用立缘石围砌，需要考虑防撞要求时，应采用相应等级的防撞护栏。

5.3.6　当快速路单向机动车道数小于 3 条时，应设不小于 3.0m 的应急车道。当连续设置有困难时，应设置应急停车港湾，间距不应大于 500m，宽度不应小于 3.0m。

5.3.7 路肩设置应符合下列规定：

1 采用边沟排水的道路应在路面外侧设置保护性路肩，中间设置排水沟的道路应设置左侧保护性路肩。

2 保护性路肩宽度自路缘带外侧算起，快速路不应小于 0.75m；其他等级道路不应小于 0.50m；当有少量行人时，不应小于 1.50m。当需设置护栏、杆柱、交通标志时，应满足其设置要求。

5.4 路拱与横坡

5.4.1 道路横坡应根据路面宽度、路面类型、纵坡及气候条件确定，宜采用 1.0%～2.0%。快速路及降雨量大的地区宜采用 1.5%～2.0%；严寒积雪地区、透水路面宜采用 1.0%～1.5%。保护性路肩横坡度可比路面横坡度加大 1.0%。

5.4.2 单幅路应根据道路宽度采用单向或双向路拱横坡；多幅路应采用由路中线向两侧的双向路拱横坡；人行道宜采用单向横坡。

5.5 缘　　石

5.5.1 缘石应设置在中间分隔带、两侧分隔带及路侧带两侧，缘石可分为立缘石和平缘石。

5.5.2 立缘石宜设置在中间分隔带、两侧分隔带及路侧带两侧。当设置在中间分隔带及两侧分隔带时，外露高度宜为 15cm～20cm；当设置在路侧带两侧时，外露高度宜为 10cm～15cm。

5.5.3 平缘石宜设置在人行道与绿化带之间，以及有无障碍要求的路口或人行横道范围内。

6 平面和纵断面

6.1 一 般 规 定

6.1.1 平面和纵断面设计应符合城市路网规划、道路红线、道路功能，并应综合考虑土地利用、文物保护、环境景观、征地拆迁等因素。

6.1.2 平面和纵断面应与地形地物、地质水文、地域气候、地下管线、排水等要求结合，并应符合各级道路的技术指标，应与周围环境相协调，线形应连续与均衡。

6.1.3 城市快速路、主干路应做好路线的线形组合设计，各技术指标应恰当、平面顺适、断面均衡、横断面合理；各结构物的选型与布置应合理、实用、经济。

6.2 平面设计

6.2.1 道路平面线形由直线、平曲线组成，平曲线由圆曲线、缓和曲线组成，应处理好直线与平曲线的衔接，合理地设置缓和曲线、超高、加宽等。

6.2.2 道路圆曲线最小半径应符合表6.2.2的规定。一般情况下应采用大于或等于不设超高最小半径值；当地形条件受限制时，可采用设超高最小半径的一般值；当地形条件特别困难时，可采用设超高最小半径的极限值。

表 6.2.2 圆曲线最小半径

设计速度（km/h）		100	80	60	50	40	30	20
不设超高最小半径（m）		1600	1000	600	400	300	150	70
设超高最小半径（m）	一般值	650	400	300	200	150	85	40
	极限值	400	250	150	100	70	40	20

注：“一般值”为正常情况下的采用值；“极限值”为条件受限时，可采用的值。

6.2.3 平曲线与圆曲线最小长度应符合表6.2.3的规定。

表 6.2.3 平曲线与圆曲线最小长度

设计速度（km/h）		100	80	60	50	40	30	20
平曲线最小长度（m）	一般值	260	210	150	130	110	80	60
	极限值	170	140	100	85	70	50	40
圆曲线最小长度（m）		85	70	50	40	35	25	20

6.2.4 直线与圆曲线或大半径圆曲线与小半径圆曲线之间应设缓和曲线。缓和曲线应采用回旋线，缓和曲线最小长度应符合表6.2.4-1的规定。当设计速度小于40km/h时，缓和曲线可采用直线代替。

表 6.2.4-1 缓和曲线最小长度

设计速度（km/h）	100	80	60	50	40	30	20
缓和曲线最小长度（m）	85	70	50	45	35	25	20

当圆曲线半径大于表6.2.4-2不设缓和曲线的最小圆曲线半径时，直线与圆曲线可直接连接。

表 6.2.4-2 不设缓和曲线的最小圆曲线半径

设计速度（km/h）	100	80	60	50	40
不设缓和曲线的最小圆曲线半径（m）	3000	2000	1000	700	500

6.2.5 当圆曲线半径小于本规范表6.2.2中不设超高最小半径时，在圆曲线范围内应设超高。最大超高横坡度应符合本规范表6.2.5的

规定。当由直线段的正常路拱断面过渡到圆曲线上的超高断面时，必须设置超高缓和段。

表 6.2.5 最大超高横坡度

设计速度（km/h）	100，80	60，50	40，30，20
最大超高横坡（%）	6	4	2

6.2.6 当圆曲线半径小于或等于 250m 时，应在圆曲线内侧加宽，并应设置加宽缓和段。

6.2.7 视距应符合下列规定：

1 停车视距应大于或等于表 6.2.7 规定值，积雪或冰冻地区的停车视距宜适当增长。

2 当车行道上对向行驶的车辆有会车可能时，应采用会车视距，其值应为表 6.2.7 中停车视距的两倍。

3 对货车比例较高的道路，应验算货车的停车视距。

4 对设置平、纵曲线可能影响行车视距路段，应进行视距验算。

表 6.2.7 停 车 视 距

设计速度（km/h）	100	80	60	50	40	30	20
停车视距（m）	160	110	70	60	40	30	20

6.2.8 分隔带及缘石开口应符合下列规定：

1 快速路中间分隔带在枢纽立交、隧道、特大桥及路堑段前后，应设置中间分隔带紧急开口。开口最小间距不宜小于 2km，开口长度宜采用 20m～30m，开口处应设置活动护栏。两侧分隔带开口应符合进出口最小间距要求。

2 主干路的两侧分隔带断口间距宜大于或等于 300m，路侧带缘石开口距交叉口间距应大于进出口道展宽段长度。

6.3 纵断面设计

6.3.1 机动车道最大纵坡应符合表 6.3.1 的规定，并应符合下列规定：

表 6.3.1 机动车道最大纵坡

设计速度（km/h）		100	80	60	50	40	30	20
最大纵坡（%）	一般值	3	4	5	5.5	6	7	8
	极限值	4	5	6		7	8	

1 新建道路应采用小于或等于最大纵坡一般值；改建道路、受地形条件或其他特殊情况限制时，可采用最大纵坡极限值。

2 除快速路外的其他等级道路，受地形条件或其他特殊情况限制时，经技术经济论证后，最大纵坡极限值可增加 1.0%。

3 积雪或冰冻地区的快速路最大纵坡不应大于 3.5%，其他等级道路最大纵坡不应大于 6.0%。

6.3.2 道路最小纵坡不应小于 0.3%；当遇特殊困难纵坡小于 0.3% 时，应设置锯齿形边沟或采取其他排水设施。

6.3.3 纵坡的最小坡长应符合表 6.3.3 规定。

表 6.3.3 最小坡长

设计速度（km/h）	100	80	60	50	40	30	20
最小坡长（m）	250	200	150	130	110	85	60

6.3.4 当道路纵坡大于本规范表 6.3.1 所列的一般值时，纵坡最大坡长应符合表 6.3.4 的规定。道路连续上坡或下坡，应在不大于表 6.3.4 规定的纵坡长度之间设置纵坡缓和段。缓和段的纵坡不应大于 3%，其长度应符合本规范表 6.3.3 最小坡长的规定。

表 6.3.4 最大坡长

设计速度（km/h）	100	80	60			50			40		
纵坡（%）	4	5	6	6.5	7	6	6.5	7	6.5	7	8
最大坡长（m）	700	600	400	350	300	350	300	250	300	250	200

6.3.5 非机动车道纵坡宜小于 2.5%；当大于或等于 2.5%时，纵坡最大坡长应符合表 6.3.5 的规定。

表 6.3.5 非机动车道最大坡长

纵坡（%）		3.5	3.0	2.5
最大坡长（m）	自行车	150	200	300
	三轮车	—	100	150

6.3.6 各级道路纵坡变化处应设置竖曲线，竖曲线宜采用圆曲线，竖曲线最小半径与竖曲线最小长度应符合表 6.3.6 规定。一般情况下应大于或等于一般值；特别困难时可采用极限值。

表 6.3.6 竖曲线最小半径与竖曲线最小长度

设计速度（km/h）		100	80	60	50	40	30	20
凸形竖曲线（m）	一般值	10000	4500	1800	1350	600	400	150
	极限值	6500	3000	1200	900	400	250	100
凹形竖曲线（m）	一般值	4500	2700	1500	1050	700	400	150
	极限值	3000	1800	1000	700	450	250	100
竖曲线长度（m）	一般值	210	170	120	100	90	60	50
	极限值	85	70	50	40	35	25	20

6.3.7 在设有超高的平曲线上，超高横坡度与道路纵坡度的合成坡度应小于或等于表 6.3.7 的规定。

表 6.3.7 合成坡度

设计速度（km/h）	100，80	60，50	40，30	20
合成坡度（%）	7.0	7.0	7.0	8.0

注：积雪或冰冻地区道路的合成坡度应小于或等于 6.0%。

6.4 线形组合设计

6.4.1 线形组合应满足行车安全、舒适以及与沿线环境、景观协调的要求，平面、纵断面线形应均衡，路面排水应通畅。

6.4.2 线形组合设计应符合下列规定：

1 应使线形在视觉上能自然地诱导驾驶员的视线，并应保持视觉的连续性。

2 应避免平面、纵断面、横断面极限值的相互组合设计。

3 平、纵面线形应相互对应，技术指标大小均衡连续，以及与之相邻路段各技术指标的均衡、连续。

4 条件受限时选用平面、纵断面的各接近或最大、最小值及其组合时，应考虑前后地形、技术指标运用等对实际运行速度的影响。

5 横坡与纵坡应组合得当，并应利于路面排水和行车安全。

7 道路与道路交叉

7.1 一 般 规 定

7.1.1 道路与道路交叉可分为平面交叉和立体交叉。交叉形式应根据道路网规划、相交道路等级及有关技术、经济和环境效益的分析合理确定。

7.1.2 道路交叉口设计应符合下列规定：

1 应保障交通安全，使交叉口车流有序、畅通、舒适，并应兼顾景观。

2 应兼顾所有交通使用者的需求，处理好与其他交通方式的衔接。

3 应合理确定建设规模，分期建设时，应近远期结合。

4 应综合考虑交通组织、几何设计、交通管理方式和交通工程设施等内容。

5 除考虑本交叉口流量、流向以外，还应分析相邻或相关交叉口的影响。

6 改建设计应同时考虑原有交叉口情况，合理确定改建规模。

7.2 平 面 交 叉

7.2.1 平面交叉口应按交通组织方式分类，并应符合下列规定：

1 平A类：信号控制交叉口

平 A_1 类：交通信号控制，进口道展宽交叉口；

平 A_2 类：交通信号控制，进口道不展宽交叉口。

2 平B类：无信号控制交叉口

平 B_1 类：支路只准右转通行的交叉口；

平 B_2 类：减速让行或停车让行标志管制交叉口；

平 B_3 类：全无管制交叉口。

3 平C类：环形交叉口。

7.2.2 平面交叉口的选型，应符合表7.2.2的规定。

表7.2.2 平面交叉口选型

平面交叉口类型	选型	
	推荐形式	可选形式
主干路-主干路	平 A_1 类	—
主干路-次干路	平 A_1 类	—
主干路-支路	平 B_1 类	平 A_1 类
次干路-次干路	平 A_1 类	—
次干路-支路	平 B_2 类	平 A_1 类或平 B_1 类
支路-支路	平 B_2 类或平 B_3 类	平C类或平 A_2 类

7.2.3 平面交叉口设计应符合下列规定：

1 新建平面交叉口不得出现超过4叉的多路交叉口、错位交叉口、畸形交叉口以及交角小于70°（特殊困难时为45°）的斜交交叉口。已有的错位交叉口、畸形交叉口应加强交通组织与管理，并应加以改造。

2 平面交叉口的交通组织和渠化方式应根据相交道路等级、功能定位、交通量、交通管理条件等因素确定。信号交叉口平面设计应与信号控制方案协调一致，渠化设计不应压缩行人和非机动车的通行空间。

3 交叉口附近设置公交停靠站时，应根据公交线路走向、道路类型、交叉口交通状况，结合站点类别、规模、用地条件合理确定。应保证乘客安全，方便换乘、过街，有利于公交车安全停靠、顺利驶出，且不影响交叉口的通行能力。

4 地块及建筑物机动车出入口不得设在交叉口范围内，且不宜设在主干路上，宜经支路或专为集散车辆用的地块内部道路与次干路相通。

5 桥梁、隧道两端不宜设置平面交叉口。

7.2.4 平面交叉口范围内道路平面线形宜采用直线；当需采用曲线时，其曲线半径不宜小于不设超高的最小圆曲线半径。

7.2.5 平面交叉口范围内道路竖向设计应保证行车舒顺和排水通畅，交叉口进口道纵坡不宜大于 2.5%，困难情况下不应大于 3%，山区城市道路等特殊情况，在保证安全的情况下可适当增加。

7.2.6 交叉口渠化进口道车道数应大于上游路段的车道数，每条车道的宽度不宜小于 3.0m；出口道车道数应与上游各进口道同一信号相位流入的最大进口车道数相匹配，车道宽度宜与路段一致。

7.2.7 交叉口视距三角形范围内不得存在任何妨碍驾驶员视线的障碍物。

7.3 立体交叉

7.3.1 立体交叉口应根据相交道路等级、直行及转向（主要是左转）车流行驶特征、非机动车对机动车干扰等分类，主要类型及交通流行驶特征宜符合表 7.3.1 的规定，分类应符合下列规定：

1 立 A 类：枢纽立交

立 A_1 类：主要形式为全定向、喇叭形、组合式全互通立交；

立 A_2 类：主要形式为喇叭形、苜蓿叶形、半定向、组合式全互通立交。

2 立 B 类：一般立交

主要形式为喇叭形、苜蓿叶形、环形、菱形、迂回式、组合式全互通或半互通立交。

3 立 C 类：分离式立交。

表 7.3.1 立体交叉口类型及交通流行驶特征

立体交叉口类型	主路直行车流行驶特征	转向车流行驶特征	非机动车及行人干扰情况
立 A 类（枢纽立交）	连续快速行驶	较少交织、无平面交叉	机非分行，无干扰
立 B 类（一般立交）	主要道路连续快速行驶，次要道路存在交织或平面交叉	部分转向交通存在交织或平面交叉	主要道路机非分行，无干扰；次要道路机非混行，有干扰
立 C 类（分离式立交）	连续行驶	不提供转向功能	—

7.3.2 立体交叉口选型应根据交叉口在道路网中的地位、作用、相交道路的等级，结合交通需求和控制条件确定，并应符合表 7.3.2 的规定。

表 7.3.2 立体交叉口选型

立体交叉口类型	选型	
	推荐形式	可选形式
快速路-快速路	立 A_1 类	—
快速路-主干路	立 B 类	立 A_2 类、立 C 类
快速路-次干路	立 C 类	立 B 类
快速路-支路	—	立 C 类
主干路-主干路	—	立 B 类

注：当城市道路与公路相交时，高速公路按快速路、一级公路按主干路、二级和三级公路按次干路、四级公路按支路，确定与公路相交的城市道路交叉口类型。

7.3.3 立交范围内快速路主路基本车道数应与路段基本车道数连续一致，匝道车道数应根据匝道交通量确定，进出口前后应保持主路车道数平衡，不能保证时应在主路车道右侧设置辅助车道。

7.3.4 立交范围内主路横断面车行道布置宜与主路路段相同。当设集散车道时，集散车道应布置在主路机动车道右侧，其间宜设分车带。主路变速车道路段的横断面应根据变速车道平面设计形式确定。

7.3.5 立交范围内主路平面线形标准不应低于路段标准，在进出立交的主路路段，其行车视距宜大于或等于 1.25 倍的停车视距。

7.3.6 立交匝道出入口处，应设置变速车道。变速车道分直接式与平行式两种，减速车道宜采用直接式，加速车道宜采用平行式。

7.3.7 立交范围内出入口间距应能保证主路交通不受分合流交通的干扰，并应为分合流交通加减速及转换车道提供安全可靠的条件。立交出入口间距不足时，应设置集散车道。

7.3.8 设有辅路系统的道路相交，当交叉口设置为枢纽立交时，立交区应设置与主路分行的辅路系统；当交叉口设置为具有明显集散作用的一般立交时，其辅路系统可与匝道布置结合考虑。

7.3.9 立交范围内非机动车系统应连续，可采用机非混行或机非分行的形式。

7.3.10 立交范围内人行系统应满足人行道最小宽度要求，并应布设无障碍设施。

7.3.11 立交范围内公交车站的设置应与路段综合考虑，并应设置为港湾式。

8 道路与轨道交通线路交叉

8.1 一 般 规 定

8.1.1 道路与轨道交通线路交叉可分为平面交叉和立体交叉。交叉形式应根据道路与轨道交通线路的性质、等级、交通量、地形条件、安全要求等因素综合确定，应优先采用立体交叉。

8.1.2 道路与轨道交通线路交叉工程需分期修建时，应考虑近远期结合。

8.1.3 道路与轨道交通线路交叉设计应合理利用地形，减少工程量，节约用地。

8.1.4 道路与轨道交通线路交叉宜采用正交，当需斜交时，交叉角应大于或等于 45°。

8.2 立体交叉

8.2.1 道路与铁路交叉时，应符合下列规定：

1 快速路和重要的主干路与铁路交叉时，必须设置立体交叉。

2 对行驶有轨电车或无轨电车的道路与铁路交叉，必须设置立体交叉。

3 主干路、次干路、支路与铁路交叉，当道口交通量大或铁路调车作业繁忙时，应设置立体交叉。

4 各级道路与旅客列车设计行车速度大于或等于 120km/h 的铁路交叉，应设置立体交叉。

5 当受地形等条件限制，采用平面交叉危及行车安全时，应设置立体交叉。

6 道路与铁路交叉，机动车交通量不大，但非机动车和行人流量较大时，可设置人行立体交叉或非机动车与行人合用的立体交叉。

8.2.2 各级道路与城市轨道交通线路交叉时，必须设置立体交叉。

8.2.3 道路与轨道交通立体交叉的建筑限界应符合下列规定：

1 道路下穿时，道路的建筑限界应符合本规范第 3.4 节的要求。

2 道路上跨时，轨道交通的建筑限界应符合现行铁路和城市轨道交通建筑限界标准的要求。

8.2.4 桥梁等构筑物的设置应满足道路、轨道交通视距的要求。

8.2.5 与轨道交通立体交叉的道路应设置交通安全防护设施，同时应符合国家现行相关规范的要求。

8.3 平面交叉

8.3.1 次干路、支路与运量不大的铁路支线、地方铁路、工业企业铁路交叉时，可设置平交道口。平交道口不应设置在铁路道岔处、站场范围内、铁路曲线段以及道路与铁路通视条件不符合行车安全要求的路段上。

8.3.2 通过道口的道路平面线形应为直线。从最外侧钢轨外缘算起的道路直线段最小长度应大于或等于 30m。

8.3.3 道路与铁路平交时，应优先设置自动信号控制或有人值守道口。

8.3.4 无人值守或未设置自动信号的平交道口视距三角形范围内（图 8.3.4），严禁有任何妨碍机动车驾驶员视线的障碍物，机动车驾驶员要求的最小瞭望视距（S_c）应符合表 8.3.4 规定。

表 8.3.4 平交道口最小瞭望视距

路段旅客列车设计行车速度（km/h）	机动车驾驶员侧向最小瞭望视距 S_c（m）
100	340
80	270
70	240
55	190
40	140

注：机动车驾驶员侧向视距系按停车视距 50m 计算的，如有特殊应另行计算确定。

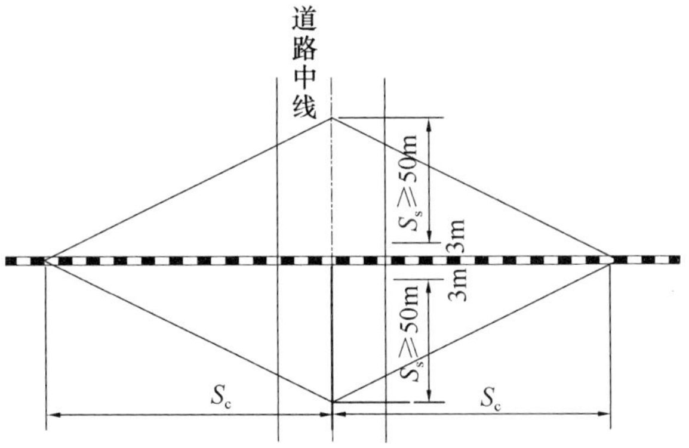

图 8.3.4 道口视距三角形

8.3.5 道口两侧应设平台，并应符合下列规定：

1 自最外侧钢轨外缘至最近竖曲线切点间的平台长度应大于或等于 16m。

2 紧接道口平台两端的道路纵坡不应大于表 8.3.5 的数值。

表 8.3.5 紧接道口平台两端的道路纵坡（%）

道路类型	机动车与非机动车混行车道	机动车道
一般值	2.5	3.0
极限值	3.5	5.0

8.3.8 道路与有轨电车道交叉道口应符合下列规定：

1 交叉道口处的通视条件应符合道路与道路平面交叉的规定。

2 交叉道口处的道路线形宜为直线。

3 道口有轨电车道的轨面标高宜与道路路面标高一致。

4 应作好平交道口的交通组织设计，处理好车流、人流的关系，合理布设人行道、车行道及有轨电车车站出入通道，并应按规定设置道口信号、行车标志、标线等交通管理设施。交叉道口信号应按有轨电车优先的原则设置。

9 行人和非机动车交通

9.1 一 般 规 定

9.1.1 行人及非机动车交通系统应安全、连续、舒适，不宜中断或缩减人行道及非机动车道的有效通行宽度。

9.1.2 行人及非机动车交通系统应与道路沿线的居住区、商业区、城市广场、交通枢纽等内部的相关设施紧密结合，构成完整的交通系统。

9.1.3 行人交通系统应设置无障碍设施。

9.2 行 人 交 通

9.2.1 行人交通设施应包括人行道、步行街以及人行横道、人行天桥和人行地道等过街设施，设施的设置应根据行人流量和流线确定。

9.2.2 人行过街设施的布设应与公交车站的位置结合。在学校、幼儿园、医院、养老院等附近，应设置人行过街设施。

9.2.4 人行横道的设置应符合下列规定：

1 交叉口处应设置人行横道，路段内人行横道应布设在人流集中、通视良好的地点，并应设醒目标志。人行横道间距宜为250m～300m。

2 当人行横道长度大于16m时，应在分隔带或道路中心线附近的人行横道处设置行人二次过街安全岛，安全岛宽度不应小于2.0m，困难情况下不应小于1.5m。

3 人行横道的宽度应根据过街行人数量及信号控制方案确定，主干路的人行横道宽度不宜小于5m，其他等级道路的人行横道宽度不宜小于3m。宜采用1m为单位增减。

4 对视距受限制的路段和急弯陡坡等危险路段以及车行道宽度渐变路段，不应设置人行横道。

9.2.5 人行天桥和人行地道的设置应符合下列规定：

1 快速路行人过街必须设置人行天桥或人行地道，其他道路应根据机动车交通量和行人过街需求设置人行天桥或人行地道。

2 在商业或车站、码头等区域人行天桥或人行地道的设置宜与两侧建筑物或地下开发相结合。有特殊需要时，可设置专用过街设施。

3 当自行车过街交通量不大时，人行天桥和人行地道可设置推行自行车过街的坡道。

4 人行天桥和人行地道的其他设置条件应符合现行行业标准《城市人行天桥与人行地道技术规范》CJJ 69 的规定。

9.2.6 步行街的设计应符合下列规定：

1 步行街的规模应适应各重要吸引点的合理步行距离，步行距离不宜超过 1000m。

2 步行街的宽度可采用 10m～15m，其间可配置小型广场。步行道路和广场的面积，可按每平方米容纳 0.8 人～1.0 人计算。

3 步行街与两侧道路的距离不宜大于 200m，步行街进出口距公共交通停靠站的距离不宜大于 100m。

4 步行街附近应有相应规模的机动车和非机动车停车场，机动车停车场距步行街进出口的距离不宜大于 100m，非机动车停车场距步行街进出口的距离不宜大于 50m。

5 步行街应满足消防车、救护车、送货车和清扫车等的通行要求。

9.3 非机动车交通

9.3.1 主干路非机动车道应与机动车道分隔设置；当次干路设计速度大于或等于 40km/h 时，非机动车道宜与机动车道分隔设置。

9.3.3 非机动车专用路的设计速度宜采用 15km/h～20km/h，并应设置相应的交通安全、排水、照明、绿化等设施。

10 公共交通设施

10.1 一 般 规 定

10.1.1 道路设计中应包括与道路相关的公共交通专用车道和车站的设计。

10.1.2 公交专用车道的设计应与城市道路功能相匹配，合理使用道路资源。

10.1.3 公交车站应与周边行人、非机动车系统统一设计，并根据需求设置非机动车停车区域。

10.2 公共交通专用车道

10.2.1 公共交通专用车道可分为快速公交专用车道和常规公交专用车道。

10.2.2 快速公交专用车道的设计应符合下列规定：

1 快速公交专用车道可布置在道路中央或道路两侧，中央专用车道按上下行有无物体隔离又可分为分离式和整体式，应优先选用中央整体式专用车道。

2 快速公交专用车道当单独布置时，设计速度可采用40km/h～60km/h；当与其他车道同断面布置时应与道路的设计速度协调统一。

3 快速公交专用车道单车道宽度不应小于3.5m。

4 快速公交专用车道与其他车道应采用物体或标线分隔，分离式单车道物体隔离连续长度不应大于300m。

5 快速公交系统应优先通过平交路口。

6 快速公交专用车道的设计应符合现行行业标准《快速公共汽车交通系统设计规范》CJJ 136的有关规定。

10.2.3 常规公交专用车道的设计应符合下列规定：

1 主、次干路每条车道交通量大于500pcu/h及公交车辆大于90辆/h时，宜设置常规公交专用车道。

2 常规公交专用车道宜设置在最外侧车道上。

3 常规公交专用车道单车道宽度不应小于3.5m。

4 常规公交专用车道在平交路口宜连续设置。

10.3 公共交通车站

10.3.1 快速公交车站的设计应符合下列规定：

1 车站应结合快速公交规划设置，同时应与常规公交及城市轨道交通等其他交通系统合理衔接。

2 车站可分为单侧停靠车站和双侧停靠车站，双侧停靠的站台宽度不应小于5m，单侧停靠的站台宽度不应小于3m。

3 多条线路在停靠车站区间应单独布置停车道，停车道的宽度不应小于3m。

4 站台长度应满足车辆停靠、人流集散及相关设施布设的要求。

5 车辆停靠长度应根据车辆停靠数量和车型确定，最小长度应满足两辆车同时停靠的要求，车辆长度应根据选择的车型确定。

6 乘客过街可采用平面或立体过街方式。

10.3.2 常规公交车站的设计应符合下列规定：

1 车站应结合常规公交规划、沿线交通需求及城市轨道交通等其他交通站点设置。城区停靠站间距宜为400m～800m，郊区停靠站间距应根据具体情况确定。

2 车站可为直接式和港湾式，城市主、次干路和交通量较大的支路上的车站，宜采用港湾式。

3 道路交叉口附近的车站宜安排在交叉口出口道一侧，距交叉口出口缘石转弯半径终点宜大于50m。

4 站台长度最短应按同时停靠两辆车布置，最长不应超过同时停靠4辆车的长度，否则应分开设置。

5 站台高度宜采用0.15m～0.20m，站台宽度不宜小于2m；当条件受限时，站台宽度不得小于1.5m。

10.3.4 公共交通车站应设置无障碍设施。

11 公共停车场和城市广场

11.1 一 般 规 定

11.1.1 公共停车场和城市广场的位置、规模应符合城市规划布局和道路交通组织需要，合理布置。

11.1.2 公共停车场和城市广场的内部交通组织及竖向设计应与周边的交通组织和竖向条件相适应。

11.1.3 公共停车场和城市广场应设置无障碍设施。

11.2 公共停车场

11.2.1 在大型公共建筑、交通枢纽、人流车流量大的广场等处均应布置适当容量的公共停车场。

11.2.2 公共停车场的规模应按服务对象、交通特征等因素确定。

11.2.3 停车场平面设计应有效地利用场地，合理安排停车区及通道，应满足消防要求，并留出辅助设施的位置。

11.2.4 按停放车辆类型，公共停车场可分为机动车停车场与非机动车停车场。

11.2.5 机动车停车场的设计应符合下列规定：

1 机动车停车场设计应根据使用要求分区、分车型设计。如有特殊车型，应按实际车辆外廓尺寸进行设计。

2 机动车停车场内车位布置可按纵向或横向排列分组安排，每组停车不应超过50veh。当各组之间无通道时，应留出大于或等于6m的防火通道。

3 机动车停车场的出入口不宜设在主干路上，可设在次干路或支路上，并应远离交叉口；不得设在人行横道、公共交通停靠站及桥隧引道处。出入口的缘石转弯曲线切点距铁路道口的最外侧钢轨外缘不应小于30m。距人行天桥和人行地道的梯道口不应小于50m。

4 停车场出入口位置及数量应根据停车容量及交通组织确定，且不应少于2个，其净距宜大于30m；条件困难或停车容量小于50veh时，可设一个出入口，但其进出口应满足双向行驶的要求。

5 停车场进出口净宽，单向通行的不应小于5m，双向通行的不应小于7m。

6 停车场出入口应有良好的通视条件，视距三角形范围内的障碍物应清除。

7 停车场的竖向设计应与排水相结合，坡度宜为0.3%～3.0%。

8 机动车停车场出入口及停车场内应设置指明通道和停车位的交通标志、标线。

11.2.6 非机动车停车场的设计应符合下列规定：

1 非机动车停车场出入口不宜少于2个。出入口宽度宜为2.5m～3.5m。场内停车区应分组安排，每组场地长度宜为15m～20m。

2 非机动车停车场坡度宜为0.3%～4.0%。停车区宜有车棚、存车支架等设施。

11.3 城市广场

11.3.1 城市广场按其性质、用途可分为公共活动广场、集散广场、交通广场、纪念性广场与商业广场等。

11.3.2 广场设计应按城市总体规划确定的性质、功能和用地范围，结合交通特征、地形、自然环境等进行，应处理好与毗连道路及主要建筑物出入口的衔接，以及和四周建筑物协调，并应体现广场的艺术风貌。

11.3.3 广场设计应按高峰时间人流量、车流量确定场地面积，按人车分流的原则，合理布置人流、车流的进出通道、公共交通停靠站及停车等设施。

11.3.4 广场竖向设计应符合下列规定：

1 竖向设计应根据平面布置、地形、周围主要建筑物及道路标高、排水等要求进行，并兼顾广场整体布置的美观。

2 广场设计坡度宜为0.3%～3.0%。地形困难时，可建成阶梯式。

3 与广场相连接的道路纵坡宜为0.5%～2.0%。困难时纵坡不应大于7.0%，积雪及寒冷地区不应大于5.0%。

4 出入口处应设置纵坡小于或等于2.0%的缓坡段。

11.3.5 广场与道路衔接的出入口设计应满足行车视距的要求。

11.3.6 广场应布置分隔、导流等设施，并应配置完善的交通标识系统。

11.3.7 广场排水应结合地形、广场面积、排水设施，采用单向或多向排水，且应满足城市防洪、排涝的要求。

12 路基和路面

12.1 一 般 规 定

12.1.1 路基、路面设计应根据道路功能、类型和等级，结合沿线地形地质、水文气象及路用材料等条件，因地制宜、合理选材、节约资源。应使用节能降耗型路面设计和积极应用路面材料再生利用技术，并应选择技术先进、经济合理、安全可靠、方便施工的路基路面结构。

12.1.2 路基、路面应具有足够的强度和稳定性以及良好的抗变形能力和耐久性。同时，路面面层还应满足平整和抗滑的要求。

12.1.3 快速路、主干路的路基、路面不宜分期修建。对初期交通量较小的道路，以及软土地区、湿陷性黄土地区等可能产生较大沉降的路段，可按“一次设计，分期修建”的原则实施。

12.1.4 路基、路面排水设计应根据道路排水总体设计的要求，结合沿线水文、气象、地形、地质等自然条件，设置必要的地表排水和地下排水设施，并应形成合理、完整的排水系统。

12.2 路　　基

12.2.1 道路路基应符合下列规定：

1 路基必须密实、均匀，应具有足够的强度、稳定性、抗变形能力和耐久性；并应结合当地气候、水文和地质条件，采取防护措施。

2 路基工程应节约用地、保护环境，减少对自然、生态环境的影响。

3 路基断面形式应与沿线自然环境和城市环境相协调，不得深挖、高填；同时应因地制宜，合理利用当地材料和工业废料修筑路基。

4 路基工程应包括排水系统、防排水设施和防护设施的设计。

5 对特殊路基，应查明情况，分析危害，结合当地成功经验，采取相应措施，增强工程可靠性。

12.2.2 路基设计回弹模量和湿度状况应符合下列规定：

1 快速路和主干路路基顶面设计回弹模量值不应小于 30MPa；次干路和支路不应小于 20MPa；当不满足上述要求时，应采取措施提高回弹模量。

2 路基设计中，应充分考虑道路运行中的各种不利因素，采取措施减小路基回弹模量的变异性，保证其持久性。

3 道路路基应处于干燥或中湿状态；对潮湿或过湿路基，必须采取措施改善其湿度状况或适当提高路基回弹模量。

12.2.3 路基设计高度应符合下列规定：

1 路基设计高度应使路肩边缘的路基相对高度不低于路基土的毛细水上升高度，并应满足冰冻的要求。

2 沿河及浸水路段的路基边缘标高，不应低于路基设计洪水频率的水位加壅水高、波浪侵袭高度和 0.5m 的安全高度。

12.2.4 土质路基压实度应符合表 12.2.4 规定。对以下情形，可通过试验路检验或综合论证，在保证路基强度和稳定性要求的前提下，适当降低路基压实度标准。

1 特殊干旱或特殊潮湿地区。

2 专用非机动车道、人行道。

表 12.2.4 土质路基压实度

填挖类型	路床顶面以下深度（cm）	路基最小压实度（%）			
		快速路	主干路	次干路	支路
填方	0～80	96	95	94	92
	80～150	94	93	92	91
	>150	93	92	91	90
零填方或挖方	0～30	96	95	94	92
	30～80	94	93	—	—

注：表中数值均为重型击实标准。

12.2.5 路基防护应根据道路功能，结合当地气候、水文、地质等情况，采取相应防护措施，并应符合下列规定：

1 路基防护应采取工程防护与植物防护相结合的防护措施，并应与景观相协调。

2 深挖、高填、沿河等路段的路基边坡，必须根据其工程特性进行路基防护设计。对存在稳定性隐患的路基，应进行稳定性分析；当稳定性不满足要求时，必须采取加固措施。

3 路基支挡结构设计应满足各种设计荷载组合下支挡结构的稳定、坚固和耐久；结构类型选择及设置位置的确定应安全可靠、经济合理、便于施工养护；结构材料应符合耐久、耐腐蚀的要求。

12.2.6 对软土、黄土、膨胀土、红黏土、盐渍土等特殊土地区的路基设计，应查明特殊土的分布范围与地层特征、特殊土的物理、力学和水理特性，以及道路沿线的水文与地质条件；进行路基变形分析和稳定性验算；应合理确定特殊地基处理或处治的设计方案，满足路基变形和稳定性要求。

12.3 路　　面

12.3.1 路面可分为面层、基层和垫层。路面结构层所选材料应满足强度、稳定性和耐久性的要求，并应符合下列规定：

1 面层应满足结构强度、高温稳定性、低温抗裂性、抗疲劳、抗水损害及耐磨、平整、抗滑、低噪声等表面特性的要求。

2 基层应满足强度、扩散荷载的能力以及水稳定性和抗冻性的要求。

3 垫层应满足强度和水稳定性的要求。

12.3.2 路面面层类型的选用应符合表 12.3.2 的规定，并应符合下列规定：

表 12.3.2　路面面层类型及适用范围

面层类型	适用范围
沥青混凝土	快速路、主干路、次干路、支路、城市广场、停车场
水泥混凝土	快速路、主干路、次干路、支路、城市广场、停车场
贯入式沥青碎石、上拌下贯式沥青碎石、沥青表面处治和稀浆封层	支路、停车场
砌块路面	支路、城市广场、停车场

1 道路经过景观要求较高的区域或突出显示道路线形的路段，面层宜采用彩色。

2 综合考虑雨水收集利用的道路，路面结构设计应满足透水性的要求。

3 道路经过噪声敏感区域时，宜采用降噪路面。

4 对环保要求较高的路段或隧道内的沥青混凝土路面，宜采用温拌沥青混凝土。

12.3.3 沥青混凝土路面设计应符合下列规定：

1 沥青混凝土路面的设计应包括面层类型选择与结构层组合设计，各结构层材料组成设计，材料与结构层设计参数确定，结构层厚度计算，路面内部排水设计等。

2 沥青混凝土路面设计应选用多种损坏模式作为临界状态，并应选用多项设计指标进行控制。

3 城市广场、停车场、公交车站、路口或通行特种车辆的路段，沥青路面结构应根据车辆运行要求进行特殊设计。

12.3.4 水泥混凝土路面设计应符合下列规定：

1 水泥混凝土路面的设计应包括面层类型选择与结构层组合设

计，接缝构造、配筋和排水设计，各结构层材料组成设计，路面厚度计算，路面表面特性设计等。

2 水泥混凝土路面结构应采用行车荷载和温度梯度综合作用产生的疲劳断裂作为设计指标。

3 水泥混凝土面层应满足强度和耐久性的要求，表面应抗滑、耐磨、平整。面层宜选用设接缝的普通水泥混凝土。面层水泥混凝土的抗弯拉强度不得低于4.5MPa，快速路、主干路和重交通的其他道路的抗弯拉强度不得低于5.0MPa。混凝土预制块的抗压强度非冰冻地区不宜低于50MPa，冰冻地区不宜低于60MPa。

4 当水泥混凝土路面总厚度小于最小防冻厚度，或路基湿度状况不佳时，需设置垫层。

5 水泥混凝土路面应设置纵、横向接缝。纵向接缝与路线中线平行，并应设置拉杆。横向接缝可分为横向缩缝、胀缝和横向施工缝，快速路、主干路的横向缩缝应加设传力杆；在邻近桥梁或其他固定构筑物处、板厚改变处、小半径平曲线等处，应设置胀缝。

6 水泥混凝土面层自由边缘，承受繁重交通的胀缝、施工缝，小于90°的面层角隅，下穿市政管线路段，以及雨水口和地下设施的检查井周围，面层应配筋补强。

7 其他水泥混凝土面层类型可根据适用条件按表12.3.4选用。

表12.3.4 其他水泥混凝土面层类型的适用条件

面层类型	适用条件
连续配筋混凝土面层、预应力水泥混凝土路面	特重交通的快速路、主干路
沥青上面层与连续配筋混凝土或横缝设传力杆的普通水泥混凝土下面层组成的复合式路面	特重交通的快速路
钢纤维混凝土面层	标高受限制路段、收费站、桥面铺装
混凝土预制块面层	广场、步行街、停车场、支路

12.3.5 非机动车道路面设计应符合下列规定：

1 非机动车道的路面应根据筑路材料、施工最小厚度、路基土类型、水文地质条件及当地工程经验，确定结构层组合和厚度，满足整体强度和稳定性的要求。

2 非机动车道同时有机动车行驶时，路面结构应满足机动车行驶的要求。

3 处于潮湿地带及冰冻地区的道路，非机动车道路面应设垫层。

12.3.6 人行道和广场的铺面应满足稳定、抗滑、平整、生态环保和城市景观的要求，其设计应实用、经济、美观、耐久。

12.3.7 停车场铺面应满足稳定、耐久、平整、抗滑和排水的要求，其设计应符合下列要求：

1 设计内容和方法与相应的机动车道水泥混凝土路面、沥青混凝土路面相同。

2 根据停车场各区域性质和功能的不同，铺面结构的设计荷载应视实际情况确定。

3 采用沥青混凝土面层，宜提高沥青面层的抗车辙性能。

4 采用水泥混凝土面层，应设置胀缝，其间距及要求均与车行道相同。

12.4 旧路面补强和改建

12.4.1 当路面的结构承载能力、平整度、抗滑能力等使用性能退化、其承载能力不能满足交通需求时，应进行结构补强或改建。

12.4.2 旧路面结构补强和改建设计，应调查旧路面的结构性能、使用历史，以及路面环境条件，并应依据路面的交通需求，以及材料、施工技术、实践经验和环境保护要求等，通过技术经济分析论证确定。

12.4.3 旧路面的补强和改建设计应符合下列要求：

1 当路面平整度不佳，抗滑能力不足，但路面结构强度足够，结构损坏轻微时，沥青路面宜采用稀浆封层、薄层加铺等措施，水泥混凝土路面宜采用刻槽、板底灌浆和磨平错台等措施恢复路面表面使用性能。

2 当路面结构破损较为严重或承载能力不能满足未来交通需求时，应采用加铺结构层补强。

3 当路面结构破损严重，或纵、横坡需作较大调整时，宜采用新建路面，或将旧路面作为新路面结构层的基层或下基层。

12.4.4 旧沥青混凝土路面的加铺层宜采用沥青混合料。加铺层厚度应按补足路面结构层总承载能力要求确定，新旧路面之间必须满足粘结要求。

12.4.5 当旧水泥混凝土路面的断板率较低、接缝传荷能力良好，且路面纵、横坡基本符合要求、板的平面尺寸和接缝布置合理时，可选用直接式水泥混凝土加铺层；否则，应采用分离式水泥混凝土加铺层。

当旧水泥混凝土路面强度足够，且断板和错台病害少时，可选择直接加铺沥青面层的方案，并应根据交通荷载、环境条件和旧路面的性状等，选择经济有效的防治反射裂缝的措施。

13 桥梁和隧道

13.1 一 般 规 定

13.1.1 桥梁设计应符合城市规划的要求，根据道路功能、等级、通行能力及防洪抗灾要求，结合水文、地质、通航、环境等条件进行综合设计。当需分期实施时，应保留远期发展余地。

13.1.2 隧道设计应符合城市规划、城市地下空间利用规划、环境保护和城市景观的要求，并应综合考虑区域内人文环境、地形、地貌、地质与地质灾害、水文、气象、地震、交通量及其组成，以及运营和施工条件。

13.1.3 桥上或隧道内的管线敷设应符合下列规定：

1 不得在桥上敷设污水管、压力大于 0.4MPa 的燃气管和其他可燃、有毒或腐蚀性的液体、气体管。当条件许可时，可在桥上敷设电讯电缆、热力管、给水管、电压不高于 10kV 配电电缆、压力不大于 0.4MPa 的燃气管，但必须按国家有关现行标准的要求采取有效的安全防护措施。

2 严禁在隧道内敷设电压高于 10kV 配电电缆、燃气管及其他可燃、有毒或腐蚀性液体、气体管。

13.2 桥 梁

13.2.1 城市桥梁设计应符合下列规定：

1 特大桥、大桥桥位应选择河道顺直稳定、河床地质良好、河槽能通过大部分设计流量的河段，不宜选择在断层、岩溶、滑坡、泥石流等不良地质地带。中小桥桥位宜按道路的走向进行布置。

2 桥梁设计应遵循安全、适用、经济、美观和有利环保的原则，并应因地制宜、就地取材、便于施工和养护。

3 桥梁建筑应符合城市规划的要求，并应与周围环境协调。

4 桥梁应根据工程规模和不同的桥型结构设置照明、交通信号标志、航运信号标志、航空障碍标志，防雷接地装置以及桥面防水、排水、检修、安全等附属设施。

13.2.2 桥梁可按其多孔跨径总长或单孔跨径的长度，分为特大桥、大桥、中桥和小桥等四类，桥梁分类应符合表 13.2.2 的规定。

表 13.2.2 桥 梁 分 类

桥梁分类	多孔跨径总长 L（m）	单孔跨径 L_k（m）
特大桥	$L>1000$	$L_k>150$

续表 13.2.2

桥梁分类	多孔跨径总长 L（m）	单孔跨径 L_k（m）
大桥	$1000 \geqslant L \geqslant 100$	$150 \geqslant L_k \geqslant 40$
中桥	$100 > L > 30$	$40 > L_k \geqslant 20$
小桥	$30 \geqslant L \geqslant 8$	$20 > L_k \geqslant 5$

注：1 单孔跨径系指标准跨径，梁式桥、板式桥为两桥墩中线之间桥中心线的长度或桥墩中线与桥台台背前缘线之间桥中心线的长度，拱式桥为净跨径。

2 梁式桥、板式桥的多孔跨径总长为多孔标准跨径的总长，拱式桥为两岸桥台内起拱线间的距离，其他形式桥梁为桥面系车道长度。

13.2.3 桥梁的桥面净空限界应符合本规范第 3.4 节的规定。

13.2.4 桥下净空应符合下列规定：

1 通航河流的桥下净空应符合国家现行通航标准的要求。

2 不通航河流的桥下净空应根据设计洪水位、壅水和浪高或最高流冰面确定；当在河流中有形成流冰阻塞的危险或有流放木筏、漂浮物通过时，应按当地的具体情况确定。

3 立交、跨线桥桥下净空应符合被交叉的城市道路、公路、城市轨道交通和铁路等建筑限界的规定。

13.2.5 桥梁及其引道的平、纵、横技术指标应与路线总体布设相协调，各项技术指标应符合路线布设的要求，并应符合下列规定：

1 桥上纵坡机动车道不宜大于 4.0%，非机动车道不宜大于 2.5%；桥头引道机动车道纵坡不宜大于 5.0%。

2 高架桥桥面应设不小于 0.3%的纵坡；当条件受到限制，桥面为平坡时，应沿主梁纵向设置排水管，排水管纵坡不应小于 0.3%。

3 当桥面纵坡大于 3.0%时，桥上可不设排水口，但应在桥头引道上两侧设置雨水口。

13.3 隧　　道

13.3.1 隧道设计应符合下列规定：

1 隧道设计应处理好与地面建筑、地下管线、地下构筑物之间的关系。

2 隧道设计应减少施工阶段和运营期间对环境的不利影响，并应符合同期规划的近、远期城市建设对隧道及行车安全的影响。

3 隧道的埋深、平面和出入口位置应根据道路总体规划、交通疏解与周边道路服务能力、环境、地形及可能发生的变化条件确定。

4 对特长隧道应作防灾专项设计。

13.3.2 隧道可按其封闭段长度 L 分类，并应符合表 13.3.2 的规定。

表 13.3.2 隧道分类

隧道分类	特长隧道	长隧道	中隧道	短隧道
隧道长度 L（m）	$L>3000$	$3000\geqslant L>1000$	$1000\geqslant L>500$	$L\leqslant 500$

注：封闭段长度系指隧道两端洞口之间暗埋段的长度。

13.3.3 隧道建筑限界除应符合本规范第 3.4 节道路建筑限界的规定，尚应符合下列规定：

1 对单向小于 3 车道的长及特长隧道，应设置应急车道，其宽度和距离应符合本规范第 5.3.6 条的规定，在施工方法受到限制的条件下，可采取其他措施。

2 单向单车道隧道必须设应急车道。

3 处于软土地层的隧道应满足长期运营后隧道变形、维修养护对建筑限界影响的要求。

4 隧道内设置的设备系统和管线等设施不得侵入道路建筑限界。

13.3.4 对长度大于 1000m、行驶机动车的隧道，严禁在同一孔内设置非机动车道或人行道；对长度小于等于 1000m 的隧道当需要设置非机动车道或人行道时，必须设安全隔离设施。

13.3.5 隧道及其洞口两端的道路平、纵、横技术指标除应符合本规范相关条款外，尚应符合下列规定：

1 隧道洞口内外侧在不小于 3s 设计速度的行程长度范围内均应保持一致的平纵线形。当条件困难时，应在洞口内外设置线形诱导和光过渡等保证行车安全的措施。

2 洞口外与之相连接的路段应设置距洞口不小于 3s 设计速度的行程长度，且不应小于 50m，宜保持横断面过渡的顺适。

3 当隧道长度大于 100m 时，隧道内的道路最大纵坡不宜大于 3.0%；当受条件限制时，经技术经济论证后最大纵坡可适当加大，但不应大于 5.0%。

4 洞口外道路应满足相应等级道路中视距的要求；当引道设中间分隔带时应采用停车视距。

5 隧道横断面不宜采用对向行车同一孔中的布置；不宜采用同一行驶方向分孔的布置。

13.3.6 隧道应根据地质条件、周边环境等，合理确定结构形式和适应于地层特性和环境要求的施工方法。

13.3.7 隧道防排水设计应保证隧道结构、设备和行车的正常运行和安全，并应防止水土流失和环境保护。

13.3.8 隧道交通工程及沿线设施的技术标准应根据道路功能、类别、交通量、隧道长度等确定，并应符合交通工程及沿线设施总体设计的要求。

13.3.9 对长度大于500m的隧道，应拟定发生交通或火灾事故的应急处理预案。

13.3.10 对长度大于1000m的隧道，应设隧道管理用房，管理用房选址应符合规划要求，并应有利于对隧道进行维护管理。

13.3.11 隧道必须进行防火设计，其防火要求应符合现行国家标准《建筑设计防火规范》GB 50016的规定。

13.3.12 隧道出入口、通风设施等设计应满足国家有关环保的要求，应与周边环境景观相协调。

14 交通安全和管理设施

14.1 一 般 规 定

14.1.1 交通安全和管理设施的设计应确保交通“有序、安全、畅通、低公害”。各项设施应统筹规划、总体设计，并结合城市路网的建设情况等逐步补充、完善。

14.1.2 道路交通安全和管理设施设计应与道路同步规划，同步设计。并应与当地城市规划和交通管理部门相协调和配合。

14.1.3 新建交通安全和管理设施应与现有设施协调和匹配，必要时应对现有设施进行调整和完善。

14.1.4 交通安全和管理设施等级分为A、B、C、D四级，各级道路交通安全和管理设施等级与适用范围应符合表14.1.4的规定。

表14.1.4 交通安全和管理设施等级与适用范围

交通安全和管理设施等级	适用范围
A	快速路，中、长、特长隧道及特大型桥梁
B	主干路
C	次干路
D	支路

14.2 交通安全设施

14.2.1 当交通安全和管理设施等级为A级时，应配置系统完善的标志、标线、隔离和防护设施，并应符合下列规定：

1 中间带必须连续设置中央分隔护栏和必需的防眩设施。

2 桥梁与高路堤路段必须设置路侧护栏。

3 互通式立交及其周边路网应连续设置预告、指路、禁令等标志。

4 分合流路段宜连续设置反光突起路标。

5 进出口分流三角端应有醒目的提示和防撞设施。

14.2.2 当交通安全和管理设施等级为B级时，应配置完善的标志、标线、隔离和防护设施，并应符合下列规定：

1 当主干路无中间带时，应连续设置中间分隔设施；当无两侧带时，两侧应连续设置机动车与非机动车分隔设施。

2 当次干路无中间带时，宜连续设置中间分隔设施；当无两侧带时，两侧宜连续设置机动车与非机动车分隔设施。

3 桥梁与高路堤路段必须设置路侧护栏。

4 互通式立交及其周边地区路网应设置指路、禁令等标志。

5 隔离设施的端头应有明显的提示。

6 平面交叉口应进行交通渠化、人车隔离和设置交通信号灯；支路接入应有限制措施。

14.2.3 当交通安全和管理设施等级为C级时，应配置较完善的标志、标线、隔离和防护设施，并应符合下列规定：

1 主干路宜连续设置中间分隔设施。

2 主、次干路无分隔设施的路段必须施画路面中心线。

3 桥梁与高路堤应设置路侧护栏。

4 平面交叉口应进行交通渠化，并应设置交通信号灯；宜设置行人和机动车、非机动车分隔设施。

14.2.4 当交通安全和管理设施等级为D级时，应配置较完善的标志、标线；宜设置分隔和防护设施；平面交叉口宜进行交通渠化，并宜设置行人和机动车、非机动车分隔设施。

14.2.5 其他情况下配置的交通安全设施，应符合下列规定：

1 在冰、雪、风、沙、坠石、有雾路段等危及运行安全处，应设置警告、禁令标志、视线诱导标柱、反光突起路标等交通安全设施。

2 对窄路、急弯、陡坡、视线不良、临崖、临水等危险路段，应设置视线诱导、警告、禁令标志和安全防护设施。

3 当学校、幼儿园、医院、养老院门前附近的道路，没有过街设施时，应施画人行横道线，设置提示标志，必要时应设置交通信号灯。

4 铁路与道路平面交叉的道口，应设置警示灯、警告和禁令标志以及安全防护设施。对无人值守的铁路道口，应在距道口一定距离设置警告和禁令标志。

5 道路上跨铁路时，应按铁路的要求设置相应防护设施。

6 快速路、主干路两侧的交通噪声超过国家现行标准《声环境质量标准》GB 3096的规定时，应有消减噪声措施。

14.2.6 道路两侧和隔离带上的绿化、广告牌、管线等不得遮挡路灯、交通信号灯、交通标志。

14.3 交通管理设施

14.3.1 当交通安全和管理设施等级为A级时，应配置完善的信息采集、交通异常自动判断、交通监视、诱导、主线及匝道控制、信息处理及发布等设施。

14.3.2 当交通安全和管理设施等级为B级时，宜配置基本的信息采集、交通监视、简易信息处理及发布等监控设施。平面交叉口信号灯形成路网的区域，可采用线控和区域控制。

14.3.3 当交通安全和管理设施等级为C级时，在交通繁杂路段、交叉口应设置交通监视装置和信号控制设施。

14.3.4 当交通安全和管理设施等级为D级时，可视交通状况设置信号灯等设施。

15 管线、排水和照明

15.1 一 般 规 定

15.1.1 道路工程设计应满足各类管线工程的要求，管线工程与道路工程应同步规划、同步设计。

15.1.2 排水工程设计应与区域排水系统相协调，并应满足城市防洪要求。

15.1.3 道路应有安全、高效、美观的照明设施。

15.2 管　　线

15.2.1 新建道路应按规划位置敷设所需管线，且宜埋地敷设。

15.2.2 管线工程设计应遵循以下原则：

1 管线类别、管线走向、规模容量、预留接口和敷设方式应满足城市总体规划和管线工程专业规划的要求，并为远期发展适当留有余地。

2 应统筹安排各类管线，合理分配管道走廊，合理处理管线交叉，满足相关专业技术规范的要求。

3 地上杆线宜设置在道路设施带内。架空管线不得侵入道路建筑限界，距离地面高度应符合相关专业技术规范的规定。地下管线除支管接口外，其余部分不应超出道路红线范围。

4 地下管线宜优先考虑布置在非车行道下，不得沿快速路主路车行道下纵向敷设。当其他等级道路车行道下敷设管线时，井盖不应影响行车安全性和舒适性，且宜布置在车辆轮迹范围之外。人行道上井盖等地面设施不应影响行人通行。

15.2.3 各类管线应按规划要求预埋过街管道，过街管道规模宜适当并留有发展余地。重要交叉口宜设置过街共用管沟。在建成后的快速路、主干路下实施过街管道时，宜采用非开挖施工技术。

15.2.4 当管线不便于分别直埋敷设、且条件许可时，可建设综合管沟。综合管沟应符合各类管线的专业技术要求和消防、环保、景观、交通等方面的要求，且便于管理维护。

15.2.5 各种地下管线的埋设深度、结构强度和沟槽回填土的压实度应满足道路施工荷载与路面行车荷载的要求。

15.2.6 对道路范围内输送流体的管渠系统，应采取防止渗漏措施。对输送腐蚀性流体的管渠系统还应采取耐腐蚀措施。

15.2.7 当管线跨越桥梁或穿过隧道敷设时，必须符合国家现行有关标准的规定。

15.3 排 水

15.3.1 城市建成区内道路排水应采用管道形式，城市外围道路可采用边沟排水，设计时应根据区域排水规划、道路设计和沿线地形环境条件综合选择。

15.3.2 道路的地面水必须采取可靠的排除措施，应保证路面水迅速排除。

15.3.3 当道路的地下水可能对道路造成不良影响时，应采取适当的排除或阻隔措施。道路结构层内可根据需要采取适当的排水或隔水措施。

15.3.4 城市道路地面雨水径流量应按照设计暴雨强度进行计算。道路排水采用的暴雨强度的重现期应根据气候特征、地形条件、道路类别和重要程度等因素确定，并应符合下列规定：

1 对城市快速路、重要的主干路、立交桥区和短期积水即能引起严重后果的道路，宜采用3年～5年；其他道路宜采用0.5年～3年，特别重要路段和次要路段可酌情增减。

2 当道路排水工程服务于周边地块时，重现期的取值还应符合地块的规划要求。

15.3.5 道路雨水口的形式、设置间距和泄水能力应满足道路排水要求。雨水口的布置方式应确保有效收集雨水，雨水不应流入路口范围，不应横向流过车行道，不应由路面流入桥面或隧道。一般路段应按适当间距设置雨水口，路面低洼点应设置雨水口，易积水地段的雨水口宜适当加大泄水能力。

15.3.6 边坡底部应设置边沟等排水设施，路堑边坡顶部必要时应设置截水沟。

15.3.7 隧道内当需将结构渗漏水、地面冲洗废水和消防废水等排至洞外时，应设置排水设施；当洞外水可能进入隧道内时，洞口上方应设置截水、排水设施。

15.4 照　　明

15.4.1 道路照明应采用安全可靠、技术先进、经济合理、节能环保、维修方便的设施。

15.4.2 道路照明应满足平均亮度（照度）、亮度（照度）均匀度和眩光限制指标的要求。此外，道路照明设施还应有良好的诱导性。

15.4.3 曲线路段、平面交叉、立体交叉、铁路道口、广场、停车场、桥梁、坡道等特殊地点应比平直路段连续照明的亮度（照度）高、眩光限制严、诱导性好。

15.4.4 道路照明布灯方式应根据道路横断面形式、宽度、照明要求等进行布置；对有特殊要求的机场、航道、铁路、天文台等附近区域，道路照明还应满足相关专业的要求。

15.4.5 道路照明应根据所在地区的地理位置和季节变化合理确定开关灯时间，并应根据天空亮度变化进行必要修正。宜采用光控和时控相结合的智能控制方式，有条件时宜采用集中控制系统。

15.4.6 照明光源应选择高光效、长寿命、节能及环保的产品。

15.4.7 道路照明设施应满足白天的路容景观要求；灯杆灯具的色彩和造型应与道路景观相协调。

15.4.8 除居住区和少数有特殊要求的道路以外，深夜宜有降低路面亮度（照度）的节能措施。

16　绿化和景观

16.1 一 般 规 定

16.1.1 绿化和景观设计应符合交通安全、环境保护、城市美化等要求，量力而行，并应与沿线城市风貌协调一致。

16.1.2 绿化和景观设施不得进入道路建筑限界，不得进入交叉口视距三角形，不得干扰标志标线、遮挡信号灯以及道路照明，不得有碍于交通安全和畅通。

16.1.3 绿化和景观设计应处理好与道路照明、交通设施、地上杆线、地下管线的关系。

16.1.4 道路设计时，宜保留有价值的原有树木，对古树名木应予以保护。

16.2 绿　　化

16.2.1 绿化设计应包括路侧带、中间分隔带、两侧分隔带、立体交叉、平面交叉、广场、停车场以及道路用地范围内边角空地等处的绿化。绿化应根据城市性质、道路功能、自然条件、城市环境等，合理地进行设计。

16.2.2 道路绿化设计应符合下列规定：

1 道路绿化设计应选择种植位置、种植形式、种植规模，采用适当的树种、草皮、花卉。绿化布置应将乔木、灌木与花卉相结合，层次鲜明。

2 道路绿化应选择能适应当地自然条件和城市复杂环境的地方性树种，应避免不适合植物生长的异地移植。

3 对宽度小于1.5m分隔带，不宜种植乔木。对快速路的中间分隔带上，不宜种植乔木。

4 主、次干路中间分车绿带和交通岛绿地不应布置成开放式绿地。

5 被人行横道或道路出入口断开的分车绿带，其端部应满足停车视距要求。

16.2.3 广场绿化应根据广场性质、规模及功能进行设计。结合交通导流设施，可采用封闭式种植。对休憩绿地，可采用开敞式种植，并可相应布置建筑小品、坐椅、水池和林荫小路等。

16.2.4 停车场绿化应有利于汽车集散、人车分隔、保证安全、不影响夜间照明，并应改善环境，为车辆遮阳。

16.3 景　　观

16.3.1 景观设计应包括道路景观、桥梁景观、隧道景观、立交景观、道路配套设施以及道路红线范围内和道路风貌、环境密切相关的设施景观。

16.3.2 道路景观的设计应符合下列规定：

1 快速路及标志性道路应反映城市形象。景观设施尺度宜大气、简洁明快，绿化配置强调统一，道路范围视线开阔。应以车行者视觉感受为主。

2 立交选型应兼顾城市景观要求，立交范围的景观设计应突出识别性，体现城市特点。

3 主干路、次干路及快速路的辅路应反映区域特色。景观设施宜简化、尺度适中、道路范围视线良好，车行和步行者视觉感受兼顾。

4 次干路应反映街道特色和商业文化氛围。景观设施宜多样化，绿化配置多层次且不强调统一。尺度应以行人视觉感受为主，兼顾车行者视觉感受。

5 支路应反映社区生活场景、街道的生活氛围。景观设施小品宜生活化，绿化配置宜生动活泼，多样化，应以自然种植方式为主。

6 滨水道路应以亲水性和休闲服务为主，有条件时，在道路和水岸之间宜布置绿地，保护河岸原始的景观。

7 风景区道路应避免大量挖填，应保护天然植被，景观设计应以借景为主，宜将道路和自然风景融为整体。

8 步行街应以宜人尺度设置各种景观要素。景观设施应以休闲、舒适为主，绿化配置应多样化，铺砌宜选用地方材料。

9 道路范围内的各种设施应符合整体景观的要求，宜进行一体化设计，集约化布置。

10 公交站台应提供宜人的候车环境，宜强调识别性并与周边环境相协调。

16.3.3 桥梁景观的设计应符合下列规定：

1 跨江河的大桥应结合自然环境和城市空间进行设计，宜展示桥梁的结构之美，注重其与整体环境和谐。

2 跨线桥梁应结合道路景观和街道建筑景观进行设计，应体现轻巧、空透。注重其细部设计。涂装色彩应与环境相协调。

3 人行天桥应体现结构轻盈，造型美观。

4 桥头广场、公共雕塑、桥名牌、栏杆、灯具和铺装等桥梁附属设施，宜统一设计。

16.3.4 隧道景观的设计应符合下列规定：

1 洞门设计应突出标志性，便于记忆，并应与周边景观和谐统一。

2 洞身内部应考虑车行者视觉感受，装饰应自然简洁。

城市道路工程设计规范

CJJ 37－2012

条 文 说 明

1 总则

1.0.1 本条为制定本规范的目的。在原建设部2003年颁布的《工程建设标准体系（城乡规划、城镇建设、房屋建筑部分）》中，本规范原名为《城镇道路工程技术标准》属于通用标准。在送审过程中，根据《工程建设标准体系》相关内容的调整，《城镇道路工程技术标准》更名为《城市道路工程设计规范》。从通用标准的作用来说，是针对某一类标准化对象制定的覆盖面较大的共性标准，主要为制定专用标准的依据。因此，本规范在章节编排和内容深度组成上较《城市道路设计规范》CJJ 37－90有较大的变化，章节的编排上主要由城市道路工程涵盖的内容组成，内容深度上主要是对城市道路设计中的一些共性标准和主要技术指标进行规定，重在规定控制道路工程规模和技术标准有关的指标，其他相关的技术指标均在相应的专用标准中。考虑到各专用标准的编制进度不一致，本规范的内容既要提纲挈领地反映道路工程覆盖面较大的共性标准，又要适度考虑已编和正在编写中的几本专用规范的具体内容，因此，各章的内容深度稍有差异。

1.0.2 本条为本规范的适用范围。《城市道路设计规范》CJJ 37－90中适用范围描述为"适用于大、中、小城市以及大城市的卫星城等规划区内的道路、广场、停车场设计"。本次编制中考虑到"大、中、小城市以及大城市的卫星城等规划区"均为"城市范围"，因此在文字描述上进行了调整，适用范围没有变化。

1.0.3 本条对道路工程设计的共性要求进行了规定，强调了社会、环境与经济效益的协调统一。同时，提出了以人为本、资源节约、环境友好的设计理念，在综合考虑行人、非机动车、机动车的通行要求下，应优先为非机动车和行人以及公共交通提供舒适良好的环境。

2 术语和符号

2.1 术 语

2.1.1、2.1.2 主路、辅路两术语最早出现在城市快速路建设过程中，在《城市快速路设计规程》CJJ 129－2009 中对于辅路已有定义，但对于主路没有定义。当快速路设置辅路时，习惯上将专供机动车快速通过的道路，称为主路。因此，主路一词是相对于辅路来说的。结合目前的道路工程建设情况，将主路、辅路的设置范围扩展到主干路。

2.1.3 设计速度与计算行车速度、设计车速表述的都是同一定义，在《城市道路设计规范》CJJ 37－90 中采用了计算行车速度，但是从定义上来说，设计速度更符合其本意，因此本规范将"计算行车速度"修订为"设计速度"。

2.1.4 《城市道路设计规范》CJJ 37－90 在交通量预测和路面结构设计中，均采用"设计年限"表述。本次修订中，依据《工程结构可靠性设计统一标准》GB 50153 中的定义，在路面结构设计中的设计年限，采用"设计使用年限"表述。

2.1.5、2.1.6 对《道路工程术语标准》GBJ 124－88 中的定义进行修订，与现有的国内外研究成果更为吻合。

3 基本规定

3.1 道 路 分 级

3.1.1 《城市道路设计规范》CJJ 37－90 根据城市道路在道路网中的地位、交通功能以及对沿线建筑物的服务功能等，分为四类：快速路、主干路、次干路、支路。各类道路除城市快速路外，根据城市规模、设计交通量、地形等分为Ⅰ、Ⅱ、Ⅲ级。

本次规范编制通过对国内外城市道路以及公路的分类或分级对比，以及国内目前使用情况的调研，编制了专题报告《道路分类分级和设计速度》，依据专题报告的成果，认为原来的分级只是在道路分类的基础上规定了不同规模的城市可采用的设计速度。不同的设计速度对应不同的通行能力和服务水平，而设计速度是道路线形设计指标的基础，更多的受地形条件的控制，按城市规模确定道路分级，再选用相应的设计速度是没有实际意义的。因此，在编制中，将原来的分类与分级综合考虑，将原来的"分类"采用"分级"表述，取消原来的分级。这样规定与目前我国公路及国外采用分级表述的方式统一。各级道路的定义、功能仍沿用原规定。

3.1.2 道路等级是道路设计的先决条件，是确定道路功能、选择设计速度的基本条件。每条道路在路网中承担的作用应由整个路网决定。因此，道路等级一般在规划阶段确定。在设计阶段，需要对规划道路等级提高或降低时，均需经规划或相关主管部门审批后方可变更。本条规定是为了切实落实规划，保证规划的严肃性和路网的完整性而制定的。

3.1.3 城市道路的功能一般是综合性的，规范也是在此基础上编制的，带有普遍的适用性。当道路作为货运、防洪、消防、旅游等单一功能使用时，由于在道路的设计车辆、交通组成、功能要求等方面存在一些特殊性需求，因此规定有规划等级时除按相应的技术要求执行外，还需满足其特殊性的使用要求。

3.2 设计速度

3.2.1 设计速度是道路设计时确定几何线形的基本要素。它是在气候条件良好，车辆行驶只受道路本身条件影响时，具有中等驾驶技术水平的人员能够安全、舒适驾驶车辆的速度。因此，它与运行速度有密切关系。根据国内外观测研究，当设计速度高时，运行速度低于设计速度；而设计速度低时，运行速度高于设计速度。这也说明设计速度与运行安全有关。

设计速度一经选定，道路设计的所有相关要素如平曲线半径、视距、超高、纵坡、竖曲线半径等指标均与其配合以获得均衡设计。目前，道路设计中采用基于设计速度的路线设计方法。但是，经过多年来的实践，设计人员发现，这种设计方法本身存在一定的缺陷。因为设计速度对一特定路段而言是一固定值，这一值作为基础参数，用于规定路段的最低设计指标，但在实际驾驶行为中，没有一个驾驶员能自始至终的遵守这一固定车速。实际观测结果表明，设计速度的设计方法不能保证线形标准的一致性。针对设计速度方法存在的主要问题，发达国家已广泛运用了以运行速度概念为基础的路线设计方法。运行速度的引入，可以有效地解决路线设计指标与实际行驶速度所要求的线形指标脱节的问题，但由于目前我国尚未对此进行深入的研究，因此，本规范仍采用设计速度的设计方法。但提出了运行速度的概念，以便设计人员在设计中对指标的运用和选取更有针对性和灵活性。

同时，根据专题报告《道路分类分级和设计速度》的结论意见，对《城市道路设计规范》CJJ 37－90 中的相关规定，进行了以下修订：

1 为了与国内外术语取得一致性，将《城市道路设计规范》CJJ 37－90 采用的“计算行车速度”改为“设计速度”，与其定义更相匹配。

2 快速路设计速度在原规定的 80km/h、60km/h 基础上，增加了 100km/h，与《城市快速路设计规程》CJJ 129－2009 一致。

3 主干路设计速度原规定 60km/h、50km/h、40km/h、30km/h，本次编制取消了 30km/h。

4 次干路设计速度原规定 50km/h、40km/h、30km/h、20km/h，本次编制取消了 20km/h。

5 支路设计速度范围不做调整。

同等级道路设计速度的选定应根据交通功能、交通量、控制条件以及工程建设性质等因素综合确定。

3.2.2 我国城市快速路和部分以交通功能为主的主干路通常在主路一侧或两侧设置辅路系统，并通过进出口与主路交通进行转换。辅路在路段上一般与主路并行，通常情况下线形设计能满足主路的设计速度要求，但是考虑到其运行的特征，以及为建成后交通管理的限速提供依据，因此有必要规定辅路与主路设计速度的关系。

《城市快速路设计规程》CJJ 129－2009 规定“辅路设计速度宜为 30km/h～40km/h”。根据国内大量的快速路与主干路辅路设计以及交通管理部门实际管理情况调查，辅路设计可以采用支路、次干路或主干路等级，实际管理中最高限速已达到70km/h，为快速路最高设计速度 100km/h 的 0.7 倍。本次规范修编考虑到辅路的运行状况与主路较为密切，采用具体数值规定不太合理，改为以比值的方式规定，对设计速度取值范围也进行了扩大。因此，规定辅路设计速度为主路的 0.4 倍～0.6 倍，涵盖了支路、次干路、主干路的所有设计速度。

3.2.3 该条规定基本与《城市道路设计规范》CJJ 37－90 一致。

立交范围内为了保证全线运行的安全性、连续性和畅通性，强调了其主路设计速度应与路段设计速度保持一致。

匝道及集散车道的取值考虑其交通运行特点，应低于主路的设计速度，而且应与主路设计速度取值有关联性。《城市道路设计规范》CJJ 37－90 中立交匝道设计速度根据不同相交道路主路速度对应给出范围，取值在 20km/h～60km/h，基本为主路设计速度的 0.4 倍～0.75 倍。《公路工程技术标准》JTG B01－2003 根据立交类型和匝道形式确定匝道设计速度，基本为主线设计速度的 0.5 倍～0.7 倍。本次规范修编考虑采用具体数值规定不太合理，改为以比值的方式规定，结合城市道路特点，适当控制立交规模和用地，规定匝道设计速度为驶出主路速度的 0.4 倍～0.7 倍，大致范围为 20km/h～70km/h，使用中应结合立交等级和匝道形式确定。

集散车道为减少出入口对主路交通的影响，通过设置加减速车道与主路相连，其设计速度规定与匝道一致，在设计中宜取中高值。

3.2.4 本条规定与《城市道路设计规范》CJJ 37－90 中一致。

城市道路中的平面交叉口多受信号控制及人行、非机动车的干扰，为保证行车安全，考虑降速行驶。

直行机动车在绿灯信号期间除受左转车（机动车、非机动车）干扰外，较为通畅，可取高值。

左转机动车受转弯半径及对向直行机动车与非机动车的干扰，车速降低较多，可取低值。右转机动车受交叉口缘石半径的控制，另外不论是否设右转专用车道，都受非机动车及行人过街等干扰，要降速，甚至停车，可取低值。

3.3 设 计 车 辆

控制道路几何设计的关键因素是行驶车辆的物理性能和各种车辆的组成比例。研究各种类型的车辆，建立类型分级，并选择具有代表性的车辆用于设计。这些用于控制道路几何设计，符合国家车辆标准的，具有代表性质量、外廓尺寸和运行性能的车辆，称之为设计车辆。城市道路的服务对象主要为机动车、非机动车和行人，因此本节规定了机动车、非机动车的设计车辆及其外廓尺寸。

在我国南方较多城市中，摩托车出行也占有一定的比例，虽然其交通行驶特性与一般机动车差别较大，但由于所占比例不大，交通管理上均按机动车进行管理，而且也不是鼓励发展的交通工具。因此，未作为专门的类型考虑。

近十几年来，出现了一种外形和普通自行车类似的电动自行车，其具有价格便宜、操作简单、节约能源、占用空间小、低噪声等特点，对于追求机动化出行而又买不起汽车的人们来说，成为首选目标，因此，增长趋势较快，目前电动自行车保有量已经达到 1.2 亿辆。从能耗角度看，电动自行车只有摩托车的八分之一、小轿车的十二分之一。从占有空间看，一辆电动自行车占有的空间只有一般私家车的二十分之一，成为非常有效的节能交通工具。但是目前电动自行车在使用和管理上存在两大问题。一是，虽然我国 1997 年 6 月 20 日发布了《电动自行车安全通用技术条件》GB 17761－1999，其中规定“电动自行车最高车速为 20km/h”，在《道路交通安全法实施条例》（2004 年 5 月 1 日实施）中尚未有相应的管理条例，参照电瓶车的要求，最高限速为 15km/h，目前与非机动车共用路权。但目前在国内市场上，部分电动自行车车速已达到 40km/h～50km/h，对非机动车的行驶造成了极大的威胁。二是电动自行车的电池所带来的污染问题尚没有有效的处理方法。基于目前我国对于电动自行车的发展方向尚未有明确的政策和管理手段，因此，在本次规范编制中也未作为专门的类型考虑。

3.3.1 《城市道路设计规范》CJJ 37－90 中按照国家标准《汽车外廓尺寸限界》GB 1589－79 拟定了小型汽车、普通汽车与铰接车三种设计车辆。该标准已在 1989 年和 2004 年进行了两次修订，目前现行标准为《道路车辆外廓尺寸、轴荷及质量限值》GB 1589－2004。本次规范编制对设计车辆的确定进行了调研分析，编制了专题报告《设计车辆的确定》，根据专题报告的结论意见，并结合目前的实际情况，对《城市道路设计规范》CJJ 37－90 中的相关规定，进行了以下修订：

1 依据中华人民共和国公共安全行业标准《机动车类型　术语和定义》GA 802－2008 中对车辆类型术语的规定，《城市道路设计规范》CJJ 37－90 中设计车辆类型术语中“小型汽车”应为“小型普通客车”或“轻型普通货车”，规范中为了与车辆换算系数的标准车型名称以及现行《公路工程技术标准》JTG B01－2003 中的规定取得一致，简称为“小客车”；“普通汽车”应为“大型普通客车”或“重型普通货车”，简称为“大型车”；“铰接车”应为“铰接客车”，简称为“铰接车”。

2 《道路车辆外廓尺寸、轴荷及质量限值》GB 1589－2004 只规定了“乘用车及客车”外廓尺寸最大限值，并且与《城市道路设计规范》CJJ 37－90 采用的普通汽车与铰接车外廓尺寸规定一致，因此，本次编制中，“大型车”及“铰接车”的外廓尺寸仍与原规定一致。由于其中对于小客车没有相应的规定值，根据《城市客车等级技术要求与配置》CJ/T 162－2002 中的规定，用于城市客运的小客车的车长为大于 3.5m，小于 7m，但未有相应的其他外廓尺寸规定。依据专题报告《设计车辆的确定》研究成果，小客车车辆外廓尺寸较原规定范围扩大，本次修订中采用《公路工程技术标准》JTG B01－2003 中规定的小客车外廓尺寸，车长由 5m 调整为 6m，车高由 1.6m 调整为 2.0m，车宽 1.8m 不变。

设计车辆不包括超长、超宽、超高和超重的车辆，实际使用中应根据道路功能和服务对象选定。

3.3.2 《城市道路设计规范》CJJ 37－90 中非机动车设计车辆拟定了自行车、三轮车、板车和兽力车四种。目前我国城市道路中非机动车出行主要以自行车为主，本次编制中保留了自行车和三轮车两种，取消了板车和兽力车。

3.4 道路建筑限界

道路建筑限界是为保证车辆和行人正常通行，规定在道路一定宽度和高度范围内不允许有任何设施及障碍物侵入的空间范围。本次编制中将《城市道路设计规范》CJJ 37－90中的条文分为三条规定。

3.4.1 规定了不同路幅形式的建筑限界，与《城市道路设计规范》CJJ 37－90一致。

3.4.2 该条为强制性条文，强调为了确保道路上的车辆和行人的安全，同时也为保证桥隧结构、道路附属设施等的安全，道路建筑限界内不允许有任何物体侵入。

3.4.3 该条为强制性条文，主要为保证行车及桥梁结构的安全。依据专题报告《净空高度标准的确定》结论意见，对《城市道路设计规范》CJJ 37－90规定的最小净高进行了以下修订。

1 《城市道路设计规范》CJJ 37－90中规定了无轨电车、有轨电车的最小净高标准，其标准高于规定的设计车辆，主要是考虑其架空线及轨道的设置要求。从目前的调查情况来看，由于技术的提高，其最小净高可减少。本次编制中考虑到最小净高是针对设计车辆制定的，因此，取消了《城市道路设计规范》CJJ 37－90中无轨电车、有轨电车的最小净高标准。设计中若考虑无轨电车、有轨电车的通行，应根据选定的车辆类型确定其最小净高。

2 《城市道路设计规范》CJJ 37－90中通行机动车的道路只规定了4.5m的最小净高，在实际的运用中，已满足不了所有的需求。首先，随着城市规模的扩大，在交通管理上，实行了区域化管理，限定了大型车的行驶范围，若按最小净高设计，不仅浪费投资，而且不少工程受条件所限，竖向线形指标较低。其次，对现有道路的改扩建工程中，需保留既有桥梁结构的，受既有结构高度的限制，不能满足最小净高的要求。从规范拟定的设计车辆来看，车辆总高从1.6m～4m，相差2.4m，跨度较大。而总高在3m以下的车辆大约占50%，北京、上海等城市已达到90%以上。因此，在这些城市中，已出现了限高2.5m、3m、3.2m、3.5m等工程实例。因此，在编制中，最小净高增加了只满足小客车通行的3.5m标准。同时为了保证桥梁结构的安全，避免设计中随便采用低于标准的规定，将其列为强制性条文。

设计车辆最小净高标准根据设计车辆总高加上0.5m竖向安全行驶距离确定，不包括以后加铺、积雪等因素的影响。但小客车的最小净高标准除了考虑设计车辆的车高要求外，同时还考虑了驾驶员的视觉感受，以及结合城市消防和应急车辆特殊通行的要求，因此最小净高规定高于一般原则。

3.4.4 特种车辆是指外廓尺寸、重量等方面超过设计车辆限界的及特殊用途的车辆。从目前的调查分析，常见的几种特种车辆总高均大于设计车辆总高的最大值，如双层公交车辆的车高限制值为4.2m，消防车个别车高略超 4m，但不超过 4.2m。因此，如经常通行某种特殊超高车辆或专用道路时，在设计中净空高度应按实际通行车辆考虑。

3.4.5 我国城市道路规范与公路规范设计车辆总高均为 4m，而在最小净空高度的规定上不一致，城市道路规范采用 4.5m；公路规范中高速公路、一级和二级公路采用 5m，其他等级道路采用 4.5m。因此，出现了许多起从公路驶入城市道路撞坏桥梁设施的交通事故，许多人认为是由于城市道路低于公路净高标准所致。根据《道路交通安全法实施条例》（2004 年 5 月 1 日实施）中规定"重型、中型载货汽车，半挂车载物，高度从地面起不得超过 4 米，载运集装箱的车辆不得超过 4.2 米"，并通过实际调查分析，事故车辆均为超高装载。考虑到城市道路的建设特点，若增加 0.5m 的净高标准，不仅增加投资，而且会影响到技术指标的选取和工程的可实施性。因此，编制中，未对原规范最小净高进行修订，但是提出了城市道路与公路衔接段设计中应考虑的一些要求。

3.5 设 计 年 限

3.5.1、3.5.2 这两条规定基本与《城市道路设计规范》CJJ 37－90 一致。

设计年限包括确定路面宽度而采用的计算交通量增长年限与为确定路面结构而采用的计算累计标准当量轴次的基准年限两种。

1 在确定道路横断面车行道宽度时，远期交通量的年限作为道路设计年限的指标。道路交通量达到饱和时的设计年限按道路等级分为三种：快速路、主干路为 20 年；次干路为 15 年；支路为 10 年～15 年。道路等级高则设计年限长。在设计年限内，车行道的宽度应满足道路交通增长的要求，保证车辆能安全、舒适、通畅地行驶。

2 路面结构的设计使用年限是设计规定的一个时期，即路面结构在正常设计、正常施工、正常使用、正常维护下按预期目的使用，完成预定功能的使用年限。不同路面类型选用不同的设计使用年限，以保证在设计使用年限内路面平整并具有足够强度。设计使用年限应与路面等级、面层类型及交通量相适应。

3.6 荷 载 标 准

3.6.1 该条规定基本与《城市道路设计规范》CJJ 37－90 一致。

路面上行驶的车辆种类很多，轴载大小不同，对路面造成的损害相差很大。因而，对路面结构设计来说，不单是总的累计作用次数，更重要的是轴载的大小和各级轴载在整个车辆组成中所占的比例。为方便计算，必须选用一种轴载作为标准轴载，一般来说应选用道路轴载中所占比例较大，对路面的影响也较大的轴载作为标准轴载。目前我国城市道路和公路标准中均采用双轮组单轴载 100kN 为标准轴载，相当于国际的中等水平。

标准轴载计算参数为：双轮组单轴载 100kN，以 BZZ-100 表示，轮胎压强为 0.7MPa，单轴轮迹当量圆半径 r 为 10.65cm，双轮中心间距为 $3r$。

近几年发展起来的快速公共交通专用道，以及一些连接工业区、码头、港口或仓储区的城市道路上，其上运行的车辆以重载、超载车为主，其接地压强可达 0.8MPa～1.1MPa，相应的接地面积也有一定的增加。设计时可根据实测汽车的轴重、轮胎压力、当量圆半径资料，经论证适当提高荷载参数。

3.7 防 灾 标 准

3.7.2 考虑到城市桥梁安全对确保城市交通的重要性，本规范特别规定不论特大、大、中、小桥设计洪水频率一般均采用百年一遇，条文中的特别重要桥梁主要是指位于城市快速路、主干路上的特大桥。

城镇中有时会遇到建桥地区的总体防洪标准低于一百年一遇的洪水频率，若仍按此高洪水频率设计，桥面高程可能高出原地面很多，会引起布置上的困难，诸如拆迁过多，接坡太长或太陡，工程造价增加许多，甚至还会遇上两岸道路受淹，交通停顿，而桥梁高耸，此时可按当地规划防洪标准来确定梁底设计标高及桥面高程。而从桥梁结构的安全考虑，结构设计中如墩、台基础埋置深度，孔径的大小（满足泄洪要求），洪水时结构稳定等，仍须按本规范规定的洪水频率进行计算。

4 通行能力和服务水平

4.1 一 般 规 定

4.1.1 由于道路条件、交通条件、控制条件和交通环境等都会影响道路通行能力和服务水平。因此，需要对条件不同的道路设施及其各组成部分分别进行通行能力和服务水平的分析。本条根据道路设施的重要程度，规定了需要进行通行能力和服务水平分析的道路设施类型。进行通行能力和服务水平分析的目的是确定在特定的运行状况条件下，疏导交通需求所需的道路几何构造，如车道数、车道宽度、交叉类型等，从而更好地指导设计。

1 道路条件包括车道数、车道、路缘带和中央分隔带等的宽度以及侧向净宽、设计速度、平纵线形和视距等。

交通条件包括交通流中的交通组成、交通量以及在不同车道中的交通量分布和上、下行方向的交通量分布。

控制条件是指交通控制设施的形式及特定设计和交通规则。

交通环境主要是指横向干扰程度以及交通秩序等。

2 根据道路设施和交通实体的不同，通行能力可分为机动车道通行能力、非机动车道通行能力和人行设施通行能力。从规划设计和运营的角度，通行能力可分为基本通行能力、实际通行能力和设计通行能力三种。

基本通行能力是指在一定的时段，在理想的道路、交通、控制和环境条件下，道路的一条车道或一均匀段或一交叉路口，期望能通过人或车辆的合理的最大小时流率。

实际通行能力是指在一定的时段，在具体的道路、交通、控制和环境条件下，道路的一条车道或一均匀段上或一交叉路口，期望能通过人或车辆的合理的最大小时流率。

设计通行能力是指在一定时段，在具体的道路、交通、控制及环境条件下，一条车道或一均匀段上或一交叉路口，对应设计服务水平下的最大服务交通流率。

3 服务水平是衡量交通流运行条件及驾驶员和乘客所感受的服务质量的一项指标，通常根据交通量、速度、行走时间、行驶（走）自由度、交通间断、舒适和方便等指标确定。根据服务设施的不同可对道路设施的服务水平分级。服务水平分级是为了说明道路设施在不同交通负荷条件下的运行质量，不同的道路设施，其服务水平衡量指标是不同的。

4.1.2 本次编制中将《城市道路设计规范》CJJ 37－90 中车辆换算系数的规定进行以下修订。

1 将路段及路口的换算系数统一按一个标准考虑。

2 将大型车（原规范中为普通车辆，车辆换算系数为 1.5）分为客、货两类型，车辆换算系数分别采用 2.0 和 2.5。

5 铰接车的车辆换算系数由 2.0（路段）或 2.5（路口）修订为 3.0。

4.2 快 速 路

4.2.1 本条规定了在快速路设计时，不仅要对路段通行能力和服务水平进行分析、评价，还必须对分合流区及交织区进行分析、评价，避免产生“瓶颈”地段，确保整条道路的通行能力和服务水平保持一致。

关于快速路分合流区以及交织区的通行能力分析、评价，由于目前国内尚未有成熟的研究成果，本规范只提出了设计要求，未给出具体的分析方法和内容，可参阅美国《道路通行能力手册》中的相关内容。

4.2.2 本规范快速路通行能力采用国家“十五”重点科技攻关计划《智能交通系统关键技术开发和示范工程》项目（2002BA404A02）—《快速路系统通行能力研究》的成果，与《城市快速路设计规程》CJJ 129－2009 中的规定一致。

4.2.3 城市快速路服务水平分为四级：一级服务水平时，交通处于自由流状态；二级服务水平时，交通处于稳定流中间范围；三级服务水平时，交通处于稳定流下限；四级服务水平时，交通处于不稳定流状态。

城市道路规划、设计既要保证道路服务质量，还要兼顾道路建设的成本与效益。设计时采用的服务水平不必过高，但也不能以四级服务水平作为设计标准，否则将会有更多时段的交通流处于不稳定的强制运行状态，并因此导致更多时段内发生经常性拥堵。因此，规定新建道路采用三级服务水平，与《城市快速路设计规程》CJJ 129－2009 中的规定一致。

4.2.4 目前国内各大中城市均在建设或拟建城市快速路，本规范规定不同规模的快速路适应交通量供参考，以避免不合理的建设。设计适应交通量范围根据设计速度及不同服务水平下的设计交通量确定。

双向四车道、六车道的快速路适应交通量低限采用 60km/h 设计速度时二级服务水平情况下的最大服务交通量，预留一定的交通量增长空间；双向八车道的快速路考虑断面规模较大，标准太低性价比较差，适应交通量低限采用 80km/h 设计速度时二级服务水平情况下的最大服务交通量；高限均为 100km/h 设计速度时三级服务水平情况下的最大服务交通量，与设计服务水平一致。

年平均日交通量按下式计算：

$$AADT = \frac{C_D N}{K} \qquad (1)$$

式中：$AADT$——预测年的平均日交通量（pcu/d）；

C_D——一条车道的设计通行能力（pcu/h）；

N——双向车道数；

K——设计小时交通量系数：设计高峰小时交通量与年平均日交通量的比值。当不能取得年平均日交通量时，可用代表性的平均日交通量代替；新建道路可参照性质相近的同类型道路的数值选用。参考范围取值 0.07～0.12。

按公式（1）计算后，快速路能适应的年平均日交通量如表 1。

表1 快速路能适应的年平均日交通量

设计速度（km/h）	一条车道设计通行能力（pcu/h）	年平均日交通量（pcu/d）		
		四车道	六车道	八车道
100	2000（三级服务水平）	80000	120000	160000
80	1280（二级服务水平）	—	—	102000
60	990（二级服务水平）	39600	59400	—

4.3 其他等级道路

4.3.1 关于其他等级道路通行能力和服务水平的分析、评价，由于目前国内尚未有成熟的研究成果，本规范只提出了设计要求，未给出具体的分析方法和内容，可参阅美国《道路通行能力手册》中的相关内容。

4.3.2 路段一条车道的基本通行能力规定与《城市道路设计规范》CJJ 37－90一致。设计通行能力受自行车、车道宽度、交叉口、车道数等的影响，《城市道路设计规范》CJJ 37－90中道路分类系数为0.75～0.9，本次编制中道路分类系数统一采用0.8。

4.3.3 信号交叉口服务水平是根据车辆在信号交叉口受阻情况确定的，一般情况下采用控制延误作为服务水平分级标准。控制延误包括由于信号灯引起的停车延误以及车辆停止和启动经历的减、加速延误。根据实际调查内容的不同，也可选择采用交通负荷系数和排队长度进行分级，使用时可根据情况灵活选择合理适用的指标。

4.4 自 行 车 道

4.4.1～4.4.3 这三条规定基本与《城市道路设计规范》CJJ 37－90一致。

规定了不同道路状况的路段及信号交叉口处，自行车道的设计通行能力。设计时根据道路条件灵活选用。

4.4.4、4.4.5 路段上，自行车道服务水平采用骑行速度、占用道路面积、交通负荷与车流状况等指标衡量；交叉口自行车道服务水平增加了停车延误时间、路口停车率等指标，使用时可根据情况灵活选用指标。

4.5 人 行 设 施

4.5.1 人行设施的基本通行能力一般以1h、1m宽道路上通过的行人数（人/h·m）表示。人行道、人行横道、人行天桥、人行地道等单位宽度内的基本通行能力可根据行走速度、纵向间距和占用宽度计算。计算公式如下：

$$C_p = \frac{3600v_p}{S_p b_p} \tag{2}$$

式中：C_p ——人行设施的基本通行能力，人/（h·m）；

v_p ——行人步行速度，可按表 2 取值；

S_p ——行人行走时纵向间距，取 1.0m；

b_p ——一队行人占用的横向宽度，m，可按表 2 取值。

表 2　不同人行设施通行能力计算参数推荐值

人行设施	步行速度 v_p（m/s）	一队行人的宽度 b_p（m）
人行道	1.00	0.75
人行横道	1.00~1.20	0.75
人行天桥、地道	1.00	0.75
车站、码头等处的人行天桥、通道	0.50～0.80	0.90

注：1　人行横道的基本通行能力计算结果为绿灯小时行人通行能力。

2　不同人行设施的可能通行能力可通过基本通行能力乘以综合折减系数后得到，推荐的综合折减系数范围为 0.5～0.7。

4.5.2　人行道采用人均占用面积作为服务水平分级标准。根据实际调查内容的不同，可参考行人纵向间距、横向间距和步行速度等指标进行分级。

5　横断面

5.1　一 般 规 定

5.1.1　横断面设计应在了解规划意图、红线宽度、道路性质后，首先调查收集交通量（车流量与人流量）、流向、车辆组成种类、行车速度等，推算道路设计通行能力。同时根据交通性质、交通发展要求与地形条件，并考虑地上、地下管线的敷设、沿街绿化布置等要求，以及结合市内的通风、日照、城市用地条件等。综合研究分析确定横断面形式与各组成部分尺寸，在规划部门确定的道路红线宽度范围内进行，并考虑节约用地。

5.1.2　城市道路与城市用地、市政管网设施关系较为密切，改扩建工程难度都较大。因此，在横断面设计时，应尽可能按规划断面一次实施。受投资、拆迁限制，需分期实施时，应做多方案比较，按远期需求预留发展条件。近期应根据现有交通量，考虑正常增长及建成后交通发展确定路面宽度及结构，并根据市政管网规划预留管线位置或预埋过街管线，以免远期实现规划断面时伐树、挪杆或掘路。

5.1.3　在道路改建工程中，若仅靠工程措施提高道路通行能力，难度较大、投资较高、效果也不一定显著。应充分利用已形成的城市道路网，采取工程措施与交通管理措施相结合的办法来提高道路通行能力和保证交通安全。除增辟车行道、展宽道路等工程措施外，还可采取交通管理措施，如设置分隔设施、单向行驶交通组织等。在商业性街道，还可采取限制除公共交通外的机动车及非机动车通行的措施，以保障行人安全。

5.2 横断面布置

5.2.1～5.2.3 影响道路横断面形式与组成部分的因素很多，如城市规模、道路红线宽度、交通量、车辆类型与组成、设计速度、地理位置、排水方式、结构物的位置、相交道路交叉形式等等。从横向布置分类，目前使用的横断面从单幅路到八幅路均有，较为常见的是单幅路、两幅路、三幅路和四幅路。从竖向布置分类，有地面式、高架式或路堑式。本节主要针对横向分类描述。

1 单幅路：机动车与非机动车混合行驶，适用于机动车与非机动车交通量不大的城市道路。由于单幅路断面车道布置的灵活性，在中心城区红线受限时，车道划分可以根据机动车与非机动车高峰错时调剂使用。但应注意在公共汽车停靠站处应采取交通管理措施，以便减少非机动车对公共汽车的干扰。

单幅路适用于机动车交通量不大、非机动车较少、红线较窄的次干路；交通量较少、车速低的支路；以及用地不足、拆迁困难的老城区道路；集文化、旅游、商业功能为一体的且红线宽度在40m以上，具有游行、迎宾、集合等特殊功能的主干路，推荐采用单幅路断面。

2 两幅路：机动车与非机动车混合行驶，适用于单向两条机动车道以上，非机动车较少的道路，对绿化、照明、管线敷设均较有利。如中心商业区、经济开发区、风景区、高科技园区或别墅区道路、郊区道路、城市出入口道路。对于横向高差大、地形特殊的道路，可利用地形优势采用上、下行分离式断面。两幅路之间需设分隔带，可采用绿化带分隔。

两幅路适用于机动车交通量不大、非机动车较少的主干路；红线宽度较宽的次干路。

3 三幅路：机动车（设置辅路时，为主路机动车）与非机动车分行，保障了交通安全，提高了机动车的行驶速度。机非分行适用于机动车及非机动车交通量大，红线宽度大于或等于40m的道路。主辅分行适用于两侧机动车进出需求量大，红线宽度大于或等于50m的主干路。主、辅路或机、非之间需设分隔带，可采用绿化带分隔。

三幅路适用于机动车和非机动车交通量较大的主干路；需设置辅路的主干路；红线宽度较宽的次干路。

4 四幅路：机动车（设置辅路时，为主路机动车）与非机动车分行，保障了交通安全，提高了机动车的行驶速度。适用于机动车车速高，单向机动车车道2条以上，非机动车多的快速路与主干路。双向机动车道中间设有中央分隔带，机动车道与非机动车道或辅路间设有两侧带分隔，能保障行车安全。当有较高景观要求时人行道、两侧带、中央分隔带的宽度可适当增加。

四幅路适用于需设置辅路的快速路和主干路；机动车及非机动车交通量较大的主干路。

5.2.4 公交专用车道分为常规公交专用车道和快速公交专用车道两种，常规公交专用车道又分为分时段和全天公交专用车道两种。由于其运行特点不同，对道路和车站设置的要求也相应不同，对横断面的布置影响也较大。因此，在道路上需设置公交专用车道时，应先根据公交专用车道的类型，结合车站布置、道路功能综合选定横断面形式。

5.2.6、**5.2.7** 道路设计中，为了打造美好的绿化景观效果，在用地允许的条件下，常设置较宽的分隔带。特大桥、大中桥跨度大、投资多，如果整个横断面宽度与道路一致，势必过多的增加投资。为保证行车安全，车行道宽度、路缘带宽度应与道路一致。分隔带宽度在满足桥梁防护设施设置要求的前提下可适当压窄。

5.3 横断面组成及宽度

5.3.2 机动车车道的宽度主要取决于设计车辆车身的宽度、横向安全距离（车身边缘与相邻部分边缘之间横向净距）以及车辆行驶时的摆动宽度。横向安全距离取决于车辆在行驶中摆动与偏移的宽度，以及车身与相邻车道或人行道路缘石边缘必要的安全间隔。其值与车速、路面质量、驾驶技术以及交通秩序等因素有关。

根据中国道路交通安全协会经验交流会反映出的信息显示，近年来国内许多城市已就缩窄车道宽度问题做了试点，3.25m～3.5m的车道宽度已较普遍的用在改建和条件受限的新建工程中。如上海的高架道路等等，部分地区采取了较为明显的措施，将车道宽度减至2.7m～2.8m。并且也有不少的研究成果，如北京市市政工程设计研究总院2008年完成的《北京市城市道路机动车单车道宽度的研究》，针对北京市的具体情况，对车道宽度变化对运行车辆速度、安全及通过量方面的影响进行研究，提出了车道宽度的合理取值。

从目前的研究成果分析，可以得出以下结论。

1 由于城市交通状况及车辆组成的变化，尤其是车辆性能的提高，横向安全距离以及车速行驶时的摆动宽度，可以适当减小。

2 目前我国的公路和城市道路规范规定的机动车车道宽度标准高于许多国家或地区的车道宽度水平，一些主要国家或地区车道宽度规定值详见表3。

表3 主要国家或地区车道宽度表（m）

道路等级＼国家或地区		中国	美国	日本	香港	英国	德国
高速公路		3.75	3.6～3.9	3.5	3.65	3.65～3.7	3.5～3.75
城市快速路		3.75	3.6～3.9	3.5	3.65	3.65～3.7	3.5
城市主干路	大型汽车或大、小型汽车混行（$V \geqslant 40$km/h）	3.75	3.3～3.6	3.5	3.65	3.65	3.5
	大型汽车或大、小型汽车混行（$V < 40$km/h）	3.5	3.3～3.6	3.25～3.5	3.32～3.65	3.5	3.25～3.5
	小客车车道	3.5	3.3～3.6	3.25	3.32	3.35	3.25
城市次干路与支路		3.5	3.3	2.75～3	3.32	3.35	2.75～3.25

3 《城市道路设计规范》CJJ 37－90，表4中规定的机动车车道宽度标准高于《公路工程技术标准》JTG B01－2003中表5的规定。

表4 《城市道路设计规范》CJJ 37－90规定的机动车车道宽度

车型及行驶状态	计算行车速度（km/h）	车道宽度（m）
大型汽车或大、小型汽车混行	≥40	3.75
	<40	3.50
小型汽车专用线	—	3.50
公共汽车停靠站	—	3.00

表5 《公路工程技术标准》JTG B01－2003规定的机动车车道宽度

设计速度（km/h）	120	100	80	60	40	30	20
车道宽度（m）	3.75	3.75	3.75	3.50	3.50	3.25	3.00

综合考虑目前的实际情况，结合相关研究成果和工程实例，车道宽度以设计速度60km/h分界，编制中对《城市道路设计规范》CJJ 37－90的规定修订如下。

设计速度小于或等于60km/h时，大型车或混行车道为3.5m，小客车专用道为3.25m。虽然这与《城市快速路设计规程》CJJ 129－2009中规定的大型车或混行车道为3.75m，小客车专用道为3.5m不一致。但考虑这么多年来对于车道宽度有了较为深入的研究成果和较为成功的工程实例，因此在本次编制中进行了修订。

设计速度大于 60km/h 时，大型车或混行车道为 3.75m，小客车专用道为 3.5m。

机动车道路面宽度除包括车行道宽度及两侧路缘带宽度外，还应根据具体的断面布置，包括应急车道、变速车道以及分隔物等设施所需的宽度。

5.3.3 该条规定基本与《城市道路设计规范》CJJ 37－90 一致。

本次编制中非机动车设计车辆取消了兽力车和板车，因此只规定了自行车和三轮车的车道宽度。

一条自行车道的宽度，按自行车车身宽度 0.6m 和根据《中华人民共和国道路交通安全法实施条例》规定的载物宽度，左右各不得超出车把 0.15m 计算，一条自行车车道宽度为 0.95m（0.6＋0.15×2），考虑行驶时的左右摆幅宽度，规定自行车车道宽度采用 1.0m。一般一个方向不少于 2 条自行车道。

一条三轮车道的宽度，按三轮车车身宽度 1.25m 和根据《中华人民共和国道路交通安全法实施条例》规定的载物宽度，左右各不得超出车身 0.2m 计算，一条三轮车车道宽度为 1.65m（1.25＋0.2×2），考虑行驶时的左右摆幅宽度，规定三轮车车道宽度采用 2.0m。

靠边行驶的非机动车，受道路的缘石、护栏、侧墙、雨水进水口、路面平整度和绿化植物的影响，要求设置 0.25m 的安全距离。路侧设置停车时还应充分考虑对其影响。

5.3.4 该条规定与《城市道路设计规范》CJJ 37－90 一致。

车行道最外侧路缘石至道路红线范围为路侧带。路侧带宽度包括人行道、绿化带和设施带。

1 人行道宽度指专供行人通行的部分，应满足行人通行的安全和顺畅。人行道宽度按下式计算。

$$W_p = N_w / N_{w1} \tag{3}$$

式中：W_p——人行道宽度（m）；

N_w——人行道高峰小时行人流量，(P/h)；

N_{w1}——1m 宽人行道的设计通行能力，(P/h·m)。

根据调查资料，我国城市道路中人行道宽度一般为 2m～10m，商业街、火车站、长途汽车站附近路段人流密度大，携带的东西多，因此应比一般路段人行道宽。

人行道宽度除了满足通行需求外，还应结合道路景观功能，力求与横断面中各部分的宽度协调，各类道路的单侧人行道宽度宜与道路总宽度之间有适当的比例，其合适的比值可参考表 6 选用。对行人流量大的道路应采用大值。

表6 单侧人行道宽度与道路总宽度之比值参考表

道路类别	横断面形式			道路类别	横断面形式		
	单幅式	两幅式	三幅式		单幅式	两幅式	三幅式
快速路		1/6～1/8		次干路	1/4～1/6		1/4～1/7
主干路	1/5～1/7		1/5～1/8	支路	1/3～1/5		

2 绿化带是指在道路路侧为行车及行人遮阳并美化环境，保证植物正常生长的场地。当种植单排行道树时，绿化带最小宽度为1.5m。

3 设施带是指在道路两侧为护栏、灯柱、标志牌等公共服务设施等提供的场地。不同设施独立设置时占用宽度见表7。

表7 不同设施独立设置时占用宽度

项 目	宽度（m）
行人护栏	0.25～0.5
灯柱	1.0～1.5
邮箱、垃圾箱	0.6～1.0
长凳、座椅	1.0～2.0
行道树	1.2～1.5

根据调查我国各城市设置杆柱的设施带宽度多数为1.0m，有些城市为0.5m～1.5m，考虑有些杆线需设基础，宽度较大，设计时应根据实际情况确定，并可与绿化带结合设置。

根据上面所述，绿化带及设施带是人行道的重要组成部分，而现有城市道路中，人行道的宽度规划设计仅为3m～5m宽，未考虑设施和绿化要求，如考虑后人行的有效宽度所剩不多。要求设计中应保证行人、绿化、设施三方面的功能，并给予一定的宽度，这样才能充分体现“以人为本”的原则。

5.3.5 分隔带为沿道路纵向设置的分隔车行道用的带状设施，其作用是分隔交通、安设交通标志、公用设施与绿化等，此外还可在路段为设置港湾停车站，在交叉口为增设车道提供场地以及保留远期路面展宽的可能。分隔带及两侧路缘带组成分车带。路缘带是位于车行道两侧与车道相衔接的用标线或不同的路面颜色划分的带状部分，其作用是保障行车安全。

本次编制中，在满足行车安全的前提下，对《城市道路设计规范》CJJ 37－90中路缘带、安全带按设计速度80km/h、60km/h和50km/h、40km/h三档规定，修订为按设计速度60km/h为界分为两档，与车道宽度的分界一致，也更便于使用。取值除了设计速度50km/h的路缘带宽度由原规定的0.5m修订为0.25m外，其余规定均未变化。

5.3.6 该条规定与《城市快速路设计规程》CJJ 129－2009的规定稍有不同，结合目前快速路使用中的具体情况将“连续或不连续停车带”的定义，延伸为“应急车道”的概念，其作用不仅仅是停车，交通拥堵时也可作为交管、消防、救护等特殊车辆通行的车道，因此将原规定的2.5m宽度调整为3.0m。

目前我国已建成的快速路中，从单向两车道与三车道的使用效果看。两车道快速路未设应急车道的，受车辆故障影响较大易造成交通堵塞。而三车道快速路此现象不太严重，这说明其三车道道路在交通量不太大时，其最外侧车道可临时起应急停车带的作用，因此提出交通流量较大时，为保证快速路通行能力、行车安全通畅，单向车道数小于3条时，应设3.0m宽的应急车道。设置时应结合市中心区建筑红线及投资限制，也可按每500m左右设应急停车港湾，以便故障车临时停放而不影响正常车辆行驶。

5.3.7 路肩具有保护及支撑路面结构的功能，城市道路一般与两侧建筑或广场相接，不需要路肩。如果城市道路两侧为自然地面或排水边沟时，应设保护性路肩，以保护路基的稳定和设置护栏、栏杆、交通标志等设施，路肩的宽度应满足设置设施的要求。

5.4 路拱与横坡

5.4.1 路拱坡度的确定应以有利于路面排水和保障行车安全平稳为原则。坡度大小主要视路面种类、表面平整度、粗糙度、道路纵坡大小等而定。道路纵坡大时横坡取小值，纵坡小时取大值；严寒地区路拱设计坡度宜采用小值。路肩的坡度加大1%以利于排水。

5.4.2 采用单向坡时一般采用直线形路拱，双向坡时应采用抛物线加直线的路拱。

5.5 缘　　石

5.5.1～5.5.3 缘石为设在路面边缘的界石。分为平缘石和立缘石。

平缘石是指顶面与路面平齐的路缘石，有标定路面范围、整齐路容、保护路面边缘的作用。适用于出入口、人行道两端及人行横道两端，便于推车、轮椅及残疾人通行。有路肩时，路面边缘也采用平缘石。

立缘石是指顶面高出路面的路缘石，有标定车行道范围和纵向引导排除路面水的作用。其外露高度是考虑满足行人上下及车门开启的要求确定的，一般高出路面10cm～20cm。

6 平面和纵断面

6.1 一 般 规 定

本次编制按照通用标准的深度和内容要求，依据《城市道路设计规范》CJJ 37－90“平面与纵断面设计”章节，只规定了与控制道路技术标准和建设规模有关的主要技术指标，同时依据《城市快速路设计规程》CJJ 129－2009补充了设计速度100km/h的平纵线形指标，其他的相关技术指标详见行业标准《城市道路路线设计规范》。由于道路平面和纵断面指标主要由车辆性能决定，本次编制中设计车辆没有变化，因此，本章中的规定基本与《城市道路设计规范》CJJ 37－90及《城市快速路设计规程》CJJ 129－2009中的相关内容一致。

6.1.1 城市道路的平面定线受到城市道路网布局、地区控制性详细规划、道路规划红线宽度和沿街已有建筑物等因素的约束，平面线形只能局限在一定范围内调整，定线的自由度要比公路小得多。因此，城市道路网规划对道路定线的指导应充分考虑。

城市道路线形还受用地开发、征地拆迁、社会环境、景观、美学、文物保护、社区、公众参与等因素的影响，对于文物、名树要考虑保留，特别是改建道路，应考虑各方面的综合要求。

6.1.2 道路线形对交通安全、行驶顺适具有重要作用。不适当的线形将会造成事故，并增加养护及运行费用。因此设计时，应根据地形、地质、地物及各控制条件，按照道路等级和设计速度，采用适当的线形技术指标。处理好直线与平曲线的衔接，合理设置缓和曲线、超高、加宽、平纵线形组合，避免相邻线形指标变化过大，正确处理好线形的连续与均衡性。

城市道路的纵断面设计受道路网规划控制标高、道路净空、沿街建筑高程、地下管线布置、沿线地面排水等因素的控制，应综合考虑各控制条件，兼顾汽车营运经济效益等因素影响，山地城市道路还需考虑土石方平衡、合理确定路面设计标高。

道路分期实施时，应满足近期使用要求，兼顾远期发展，减少废弃工程。

6.1.3 城市快速路和主干路与其他等级道路相比，不仅设计速度高，而且设置有各类型立交。不仅要求道路的平纵线形指标高，而且要求各指标间的连续、均衡。因此，要求其路线位置与各控制点、路线平纵线形与地形及各种构造物、路线交叉设置位置、间距等的衔接，协调与横断面之间的关系，从安全性、舒适性角度，强调线形组合及总体设计的要求。

6.2 平面设计

6.2.1 道路平面线形由直线和平曲线组成。直线的几何形态灵活性差，有僵硬不协调的缺点，并很难适应地形的变化。直线段太长，驾驶员会感到厌倦，注意力不易集中，成为交通肇事的起因。平曲线间的直线长度亦不宜过短，过短直线段使驾驶员操纵方向盘有困难，对行车不安全。

平曲线由圆曲线和缓和曲线组成，为使汽车能安全、顺适地由直线段进入曲线，要合理选用圆曲线半径，并根据半径大小设置超高和加宽。同时车辆从直线段驶入平曲线或平曲线驶入直线段，为了缓和行车方向和离心力的突变，确保行车的舒适和安全，在直线和圆曲线间或半径相差悬殊的圆曲线之间需设置符合车辆转向行驶轨迹和离心力渐变的缓和曲线。

因此，在平面线形设计中，不仅要合理选用各种线形指标，更重要的是还要处理好各种线形间的衔接，以保证车辆安全、舒适地行驶。设计人员应根据地形、地物、环境、安全、景观，合理运用直线、圆曲线、缓和曲线。对线形要求高的道路，应采用透视图法或三维手段检查设计路段线形，特别是避免断背曲线。

6.2.2 圆曲线最小半径

本规范规定了圆曲线最小半径有三类：不设超高最小半径、设超高最小半径一般值及极限值。在设计中应首先考虑安全因素，其次要考虑节约用地及投资，结合工程情况合理选用指标。采用小于不设超高最小半径时，曲线段应设置超高，超高过渡段内应满足路面排水要求。

圆曲线最小半径是以汽车在曲线部分能安全而又顺适地行驶所需要的条件而确定的，即车辆行驶在道路曲线部分所产生的离心力等横向力不超过轮胎与路面的摩阻力所允许的界限。圆曲线半径的通用计算公式为：

$$R=\frac{V^2}{127(\mu+i)} \tag{4}$$

式中：R——曲线半径（m）；

V——设计速度（km/h）；

μ——横向力系数，取轮胎与路面之间的横向摩阻系数；

i——路面横坡度或超高横坡度，以小数表示，反超高时用负值。

横向力系数的大小影响着汽车的稳定程度、乘客的舒适感、燃料和轮胎的消耗以及其他方面，所以 μ 值的选用应保证汽车在圆曲线上行驶时的横向抗滑稳定性，以及乘客的舒适和经济的要求。表 8 为不

同 μ 值对乘客的舒适程度反映。

表 8 汽车在弯道上行驶时对乘客的舒适感

μ 值	乘客舒适感程度
<0.10	转弯时不感到有曲线存在，很平稳
0.15	转弯时略感到有曲线存在，但尚平稳
0.20	转弯时已感到有曲线存在，并略感到不稳定
0.35	转弯时明显感到有曲线存在，并明显感到不稳定
≥0.40	转弯时感到非常不稳定，站立不住而有倾倒危险感

μ 值的选用还应考虑汽车营运的经济性。根据试验分析，汽车在弯道上行驶时与在直线上行驶相比，当 μ＝0.10 时，燃料消耗增加 10%，轮胎磨耗增加 1.2 倍；当 μ＝0.15 时，燃料消耗增加 20%，轮胎磨耗增加 2.9 倍。因此，在计算最小圆曲线半径时，μ 值小于 0.15 为宜。

1 不设超高最小半径

我国《公路工程技术标准》JTG B01－2003 采用的 μ 值较小，不设超高的圆曲线最小半径 μ 值按 0.035～0.040 取用，计算出的不设超高的最小半径值较大。以设计速度 60km/h 为例，横坡度 i≤2.0%时，不设超高圆曲线最小半径为 1500m，这样小于 1500m 的半径均需设超高。在城市道路建成区由于两侧建筑已形成，如设超高，与两侧建筑物标高不好配合且影响街景美观，因此城市道路可适当降低标准。结合我国城市道路大型客货车较多、车道机非混行、交叉口多的特点，μ 值可适当加大些，城市道路不设超高的经验数据 μ＝0.067，虽然比公路 0.040 大些，但对乘客舒适感程度差别不大，为减少超高，该取值对城市道路是合适的。圆曲线半径计算值与规范采用值见表 9。

2 设超高最小半径一般值

设超高最小半径一般值计算中，μ 值采用 0.067，超高值为 0.02～0.06。圆曲线半径计算值与规范采用值见表 9。

3 设超高最小半径极限值

设超高最小半径极限值计算中，μ 值采用 0.14～0.16，超高值为 0.02～0.06。圆曲线半径计算值与规范采用值见表 9。

表 9 圆曲线半径计算表

设计速度（km/h）		100	80	60	50	40	30	20
不设超高最小半径（m）	横向力系数 μ	0.067	0.067	0.067	0.067	0.067	0.067	0.067
	路面横坡度 i	−0.02	−0.02	−0.02	−0.02	−0.02	−0.02	−0.02
	$R=\dfrac{V^2}{127(\mu+i)}$	1675	1072	603	419	268	151	67
	R 采用值	1600	1000	600	400	300	150	70

续表 9

设计速度（km/h）			100	80	60	50	40	30	20
设超高最小半径（m）	一般值	横向力系数 μ	0.067	0.067	0.067	0.067	0.067	0.067	0.067
		路面横坡度 i	0.06	0.06	0.04	0.04	0.02	0.02	0.02
		$R=\frac{V^2}{127(\mu+i)}$	620	397	265	184	145	81	36
		R 采用值	650	400	300	200	150	85	40
	极限值	横向力系数 μ	0.14	0.14	0.15	0.16	0.16	0.16	0.16
		路面横坡度 i	0.06	0.06	0.04	0.04	0.02	0.02	0.02
		$R=\frac{V^2}{127(\mu+i)}$	394	252	149	98	70	39	17
		R 采用值	400	250	150	100	70	40	20

6.2.3 平曲线与圆曲线最小长度

规定平曲线与圆曲线最小长度的目的是避免驾驶员在平曲线上行驶时，操纵方向盘变动频繁，高速行驶危险，加上离心加速度变化率过大，使乘客感到不舒适。因此，必须确定不同设计速度条件下的平曲线及圆曲线最小长度。

1 平曲线最小长度

《日本公路技术标准的解说与运用》中规定平曲线最小长度为车辆6s的行驶距离，能达到缓和曲线最小长度的2倍。这实际上是一种极限状态，此时曲线为凸形曲线，驾驶者会感到操作突变且视觉不舒顺。因此最小平曲线长度理论上应大于2倍缓和曲线最小长度，即保证平曲线设置缓和曲线最小长度后，还能保留一段长度的圆曲线。在《公路路线设计规范》JTG D20－2006中，规定了平曲线最小长度的“最小值”，为2倍缓和曲线最小长度，“一般值”为“最小值”的3倍。本次编制中根据城市道路设计的具体情况，将原规范中的规定作为“极限值”，将缓和曲线的3倍作为“一般值”。

2 圆曲线最小长度

圆曲线最小长度为车辆3s的行驶距离。

3 平曲线及圆曲线最小长度计算公式为：

$$L_{\min}=\frac{1}{3.6}V_{a}t \tag{5}$$

式中：$L_{\min}$——行驶距离（m）；

V_a——设计速度（km/h）；

t——行驶时间（s）。

平曲线及圆曲线最小长度计算值与规范采用值见表10。

表 10　平曲线及圆曲线最小长度计算表

设计速度（km/h）		100	80	60	50	40	30	20
平曲线最小长度	计算值（m）	166.7	133	100	83	67	50	33
	采用值（m）	170	140	100	85	70	50	40
圆曲线最小长度	计算值（m）	83.3	67	50	41.7	33.3	25	16.7
	采用值（m）	85	70	50	40	35	25	20

6.2.4　缓和曲线

车辆从直线段驶入平曲线或平曲线驶入直线段，由大半径的圆曲线驶入小半径的圆曲线或由小半径的圆曲线驶入大半径的圆曲线，为了缓和行车方向和离心力的突变，确保行车的舒适和安全，在直线和圆曲线间或半径相差悬殊的圆曲线之间需设置符合车辆转向行驶轨迹和离心力渐变的缓和曲线。行车道的超高或加宽应在缓和曲线内完成，在超高缓和段内逐渐过渡到全超高或在加宽缓和段内逐渐过渡到全加宽。

缓和曲线采用回旋线，是由于汽车行驶轨迹非常近似回旋线，它既能满足转向角和离心力逐渐变化的要求，同时又能在回旋线内完成超高和加宽的逐渐过渡，所以本规范中采用回旋线。回旋线的基本公式如下：

$$RL_s = A^2 \tag{6}$$

式中：R——与回旋线相连接的圆曲线半径（m）；

L_s——回旋线长度（m）；

A——回旋线参数（m）。

1　缓和曲线最小长度

1）按离心加速度变化率计算

即离心加速度从直线上的零增加到进入圆曲线时的最大值，离心加速度变化率限制在一定的范围内。

离心加速度变化率为 $\alpha_p = 0.0214\dfrac{V^3}{RL_s}$（m/s^3）

从乘客舒适角度，离心加速度变化率 α_p 经测试知在（0.5～0.75）m/s^{3}为好，我国道路设计中采用 $\alpha_p = 0.6\text{m/s}^3$，则

$$L_s = 0.035\frac{V^3}{R}(\text{m}) \tag{7}$$

式中：V——设计速度（km/h）；

R——设超高最小半径（m）。

2）按驾驶员操作反应时间计算

汽车在缓和曲线上行驶时，行车时间不应过短，应使驾驶员有足够的时间适应线形的变化，也使乘客感到舒适。缓和曲线上行驶时间采用 3s，按下式计算：

$$L_s = \frac{1}{3.6}Vt = 0.833V(\text{m}) \tag{8}$$

回旋线参数及长度应根据线形设计以及对安全、视距、超高、加宽、景观等的要求，选用较大的数值。缓和曲线最小长度系曲率变化需要的最小长度，按公式（7）及公式（8）两者计算的大者，按5m的整倍数作为缓和曲线最小长度采用值，见表11。

表11　缓和曲线最小长度

设计速度（km/h）		100	80	60	50	40	30	20
缓和曲线最小长度（m）	$L_s = 0.035\frac{V^3}{R}$	87.5	71.7	50.4	43.8	32.0	23.6	14.0
	$L_s = \frac{3V}{3.6} = 0.833V$	83.3	66.6	50.0	41.7	33.3	25.0	16.7
	采用值	85	70	50	45	35	25	20

2　不设缓和曲线的最小圆曲线半径

在直线和圆曲线之间插入缓和曲线后，将产生一个位移量 ΔR，当此位移量 ΔR 与已包括在车道中的富裕宽度相比为很小时，则可将缓和曲线省略，直线与圆曲线可径相连接。设置缓和曲线的 ΔR 以0.2m的位移量为界限。当 $\Delta R < 0.2\text{m}$ 可不设缓和曲线，当 $\Delta R \geqslant 0.2\text{m}$ 时设缓和曲线。从回旋线数学表达式可知：

$$\Delta R = \frac{1}{24} \times \frac{L_s^2}{R}，而 L_s = \frac{V}{3.6} \times t$$

当采用 $\Delta R = 0.2\text{m}$ 及 $t = 3\text{s}$ 行驶时，即可得出不设缓和曲线的临界半径为：

$$R = 0.144V^2\ (\text{m}) \tag{9}$$

为不影响驾驶员在视觉和行驶上的顺适，不设缓和曲线的最小半径值为式（9）计算值的2倍，不设缓和曲线的最小圆曲线半径计算值及采用值见表12。

表12　不设缓和曲线的最小圆曲线半径

设计速度（km/h）		100	80	60	50	40	30	20
不设缓和曲线的最小圆曲线半径（m）	$2R$	2880	1843	1037	720	461	260	115
	采用值	3000	2000	1000	700	500	300	150

设计速度小于40km/h时，缓和曲线可用直线代替，用以完成超高或加宽过渡。直线缓和段一端应与圆曲线相切，另一端与直线相接，相接处予以圆顺。

6.2.5　超高和超高缓和段

1　超高值

当采用的圆曲线半径小于不设超高的最小半径时，汽车在圆曲线上行驶时受到的横向力会使汽车产生滑移或倾覆。为了抵消车辆在曲线路段上行驶时所产生的离心力，将圆曲线部分的路面做成向内侧倾斜的超高横坡度，形成一个向圆曲线内侧的横向分力，使汽车能安全、稳定、满足设计速度和经济、舒适地通过圆曲线。超高横坡度由车速确定，但过大的超高往往会引起车辆的横向滑移，尤其在潮湿多雨以及冰冻地区，当弯道车速慢或停止在圆曲线上时，车辆有可能产生向内侧滑移的现象，所以应对超高横坡度加以限制。快速路上行驶的汽车为了克服行车中较大的离心力，超高横坡度可较一般规定值略高。我国《公路路线设计规范》JTG D20－2006 规定，一般地区高速公路、一级公路最大超高横坡度为 8％或 10％，其他等级公路为 8％，积雪或冰冻地区为 6％较安全。

城市道路由于受交叉口、非机动车以及街坊两侧建筑的影响，不宜采用过大的超高横坡度。综合各方面的情况，拟定城市道路最大超高横坡度如下：设计速度 100km/h、80km/h 为 6.0％；设计速度 60km/h、50km/h 为 4.0％，设计速度小于等于 40km/h 为 2.0％。

2 超高缓和段

由直线上的正常路拱断面过渡到圆曲线上的超高断面时，必须在其间设置超高缓和段。超高缓和段长度按下式计算：

$$L_e = b \cdot \Delta i / \varepsilon \qquad (10)$$

式中：L_e——超高缓和段长度（m）；

b——超高旋转轴至路面边缘的宽度（m）；

Δi——超高横坡度与路拱坡度的代数差（％）；

ε——超高渐变率，超高旋转轴与路面边缘之间相对升降的比率，见表 13。

表 13 超高渐变率

设计速度（km/h）	100	80	60	50	40	30	20
超高渐变率	1/175	1/150	1/125	1/115	1/100	1/75	1/50

超高缓和段应在回旋线全长范围内进行。当回旋线较长时，超高缓和段可设在回旋线的某一区段范围内，其超高过渡段的纵向渐变率不得小于 1/330，全超高断面宜设在缓圆点或圆缓点处。超高缓和段起、终点处路面边缘出现的竖向转折，应予以圆顺。

对设超高的城市道路，一般双向四车道沿中线轴旋转的超高缓和段长度基本能包含适用的一般情况。但是，对以车行道边缘线为旋转轴的或车道数较多或较宽的道路，则可能超高所需的缓和段长度大于曲率变化的缓和段长度，因此在超高缓和段长度与缓和曲线长度两者中取大值作为缓和曲线的计算长度。

对线形要求高的高等级道路，如城市快速路、高架路，回旋线长度应根据线形设计以及对安全、视距、景观等的要求，选用较大的数值。

超高的过渡方式应根据地形状况、车道数、超高横坡度值、横断面形式、便于排水、路容美观等因素决定。单幅路路面宽度及三幅路机动车道路面宜绕中线旋转；双幅路路面及四幅路机动车道路面宜绕中间分隔带边缘旋转，使两侧车行道各自成为独立的超高横断面。

6.2.6 加宽和加宽缓和段

1 加宽值

汽车在曲线上行驶时，各车轮行驶的轨迹不相同。靠曲线内侧后轮的行驶半径最小，靠曲线外侧前轮的行驶曲线半径则最大。所以，汽车在曲线上行驶时所占的车道宽度，比直线段的大。为适应汽车在平曲线上行驶时后轮轨迹偏向曲线内侧的需要，通常小于250m半径的曲线加宽均设在弯道内侧。城市道路弯道上，常因为节省用地或拆迁房屋困难而设置小半径弯道，考虑到对称于设计中心线设置加宽较为有利，而采用弯道内外两侧同时加宽，其每侧的加宽值为全加宽值的1/2。采用外侧加宽势必造成线形不顺，因此宜将外缘半径与渐变段边缘线相切，有利于行车。若弯道加宽值较大，应通过计算确定加宽方式和加宽值。

在规范条文中，未规定具体的加宽值。为便于设计人员使用，在该处给出加宽值的计算方法，供设计人员根据具体情况选用。

根据汽车在圆曲线上的相对位置关系所需的加宽值 b_{w1} 和不同车速汽车摆动偏移所需的加宽值 b_{w2}，城市道路每车道加宽值计算公式如下：

小型及大型车的加宽值 b_w 为：

$$b_w = b_{w1} + b_{w2} = \frac{a_{gc}^2}{2R} + \frac{0.05V}{\sqrt{R}} \tag{11}$$

铰接车的加宽值 b'_w 为：

$$b'_w = b'_{w1} + b'_{w2} = \frac{a_{gc}^2 + a_{cr}^2}{2R} + \frac{0.05V}{\sqrt{R}} \tag{12}$$

式中：a_{gc}——小型及大型车轴距加前悬的距离，或铰接车前轴距加前悬的距离（m）；

a_{cr}——铰接车后轴距的距离（m）；

V——设计速度（km/h）；

R——设超高最小半径（m）。

2 加宽缓和段

在圆曲线范围内加宽，为不变的全加宽值，两端设置加宽缓和段，其加宽值由直线段加宽为零逐渐按比例增加到圆曲线起点处的全

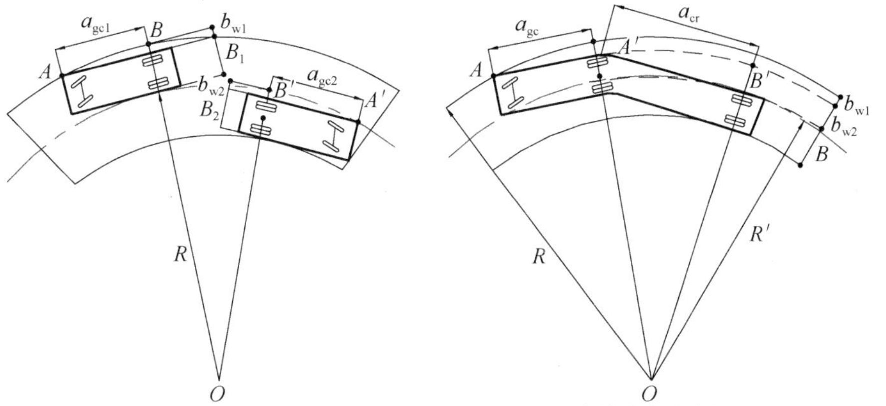

(a) 单车双向行驶　　(b) 铰接客车单向行驶

图 1　圆曲线上路面加宽示意图

加宽值。

加宽缓和段的长度可按下列两种情况确定：

1）设置缓和曲线或超高缓和段时，加宽缓和段长度应采用与回旋线或超高缓和段长度相同的数值。

2）不设回旋线或超高缓和段时，加宽缓和段长度应按加宽侧路面边缘宽度渐变率为 1∶15～1∶30，且长度不得小于 10m 的要求设置。

6.2.7　视距

为了保证行车安全，应使驾驶员能看到前方一定距离的道路路面，以便及时发现路面上有障碍物或对向来车，使汽车在一定的车速下能及时制动或避让，从而避免事故。驾驶人从发现障碍物开始到决定采取某种措施的这段时间段内汽车沿路面所行驶的最短行车距离，称为视距。

视距是道路设计的主要技术指标之一，在道路的平面上和纵断面上都应保证必要的视距。如平面上挖方路段的弯道和内侧有障碍物的弯道，以及在纵断面上的凸形竖曲线顶部、立交桥下凹形竖曲线底部处，均存在视距不足的问题，设计时应加以验算。验算时物高规定为 0.1m，眼高对凸形竖曲线规定为 1.2m，对凹形竖曲线规定为 1.9m。货车存在空载时制动性能差、轴间荷载难以保证均匀分布、一条轴侧滑会引起汽车车轴失稳、半挂车铰接刹车不灵等现象，尤其是下坡路段。货车停车视距的眼高规定为 2.0m，物高规定为 0.1m。

视距有停车视距、会车视距、错车视距和超车视距等。在城市道路设计中，主要考虑停车视距。若车行道上对向行驶的车辆有会车可能时，应采用会车视距，会车视距为停车视距的 2 倍。

停车视距由反应距离、制动距离及安全距离组成，按式（13）、式（14）计算：

$$S_s = S_r + S_b + S_a \qquad (13)$$

式中：S_r ——反应距离（m）；

S_b ——制动距离（m）；

S_a ——安全距离，取5m。

$$S_s = \frac{Vt}{3.6} + \frac{\beta_s V^2}{254\mu_s} + S_a \tag{14}$$

式中：V ——设计速度（km/h）；

t ——反应时间，取1.2s；

β_s ——安全系数，取1.2；

μ_s ——路面摩擦系数，取0.4。

停车视距的计算值及采用值见表14。

表14　停车视距

设计速度（km/h）	S_r（m）	S_b（m）	S_a（m）	S_s 计算值（m）	S_s 采用值（m）
100	33.34	118.00	5	156.34	160
80	26.67	75.52	5	107.26	110
60	20.00	42.48	5	67.52	70
50	16.67	29.50	5	51.17	60
40	13.33	18.88	5	37.21	40
30	10.00	10.62	5	25.62	30
20	6.67	4.72	5	16.39	20

在平曲线范围内为使停车视距规定值得到保证，应将平曲线内侧横净距范围内的障碍物予以清除，根据视距线绘出包络线图进行检验。

6.2.8　中央分隔带开口是为了使车辆在必要时可通过开口到反方向车道行驶，以供维修、养护、应急抢险时使用。中央分隔带开口间距应视需要而定，本规范只规定了最小间距。开口处应设置活动护栏，避免车辆调头。

两侧分隔带开口是为了使车辆进出道路使用，开口间距应视需要而定，但应保证不影响正常交通的行驶，本规范只规定了最小间距及距离路口的距离。

6.3　纵 断 面 设 计

6.3.1　机动车道最大纵坡

该条规定与《城市道路设计规范》CJJ 37－90一致。

为保证车辆能以适当的车速在道路上安全行驶，即上坡时顺利，下坡时不致发生危险的纵坡最大限制值为最大纵坡。道路最大纵坡的大小直接影响行车速度和安全、道路的行车使用质量、运输成本以及道路建设投资等问题，它与车辆的行驶性能有密切关系。

目前，许多国家都以单位载重量所拥有的马力数（HP/t），即比功率作为衡量汽车爬坡能力的指标，认为 HP/t 数值相同的汽车，其爬坡能力大致相同。

小汽车爬坡能力大，纵坡大小对小汽车影响较小，而载重汽车及铰接车的爬坡能力低，纵坡大小对其影响较大。如以小汽车爬坡能力为准确定最大纵坡，则载重汽车及铰接车均需降速行驶，使汽车性能不能充分发挥，是不经济的；而且还会降低道路通行能力，下坡时更危险。在汽车选型时，既要考虑现状又要考虑发展。

设计最大纵坡应考虑各种机动车辆的动力性能、道路等级、设计速度、地形条件等选用规范中最大纵坡一般值。当受条件限制纵坡大于一般值时应限制坡长，但最大纵坡不得超过最大纵坡极限值。

6.3.2 机动车道最小纵坡

城市道路通常低于两侧街坊，两侧街坊的雨水排向车行道两侧的雨水口，再由地下的连管通到雨水管道排入水体。因此，道路最小纵坡应是能保证排水和防止管道淤塞所需的最小纵坡，其值为 0.3%。若道路纵坡小于最小纵坡值，则管道的埋深必将随着管道的长度而加深。为避免其埋设过深所致的土方量增大和施工困难，所以，规定城市道路的最小纵坡不应小于 0.3%。

6.3.3 机动车道最小坡长

最小坡长的限制是从汽车行驶平顺度、乘客的舒适性、纵断视距和相邻两竖曲线的布设等方面考虑的。如果纵坡太短，转坡太多，纵向线形呈锯齿状，不仅路容不美观，影响临街建筑的布置，而且车辆行驶时驾驶员变换排档会过于频繁而影响行车安全，同时导致乘客感觉不舒适。所以，纵坡坡长应保持一定的最小长度。

《城市道路设计规范》CJJ 37－90 中规定坡长采用不小于 10s 的汽车行驶距离，另外，在一段坡长设置的两个竖曲线不得搭接，故规范采用最小竖曲线半径值与最大纵坡验算最小坡长。根据计算结果，设计速度≤60km/h 时，最小坡长由 10s 的汽车行驶距离决定；设计速度>60km/h 时，最小坡长由竖曲线半径值与最大纵坡计算值决定。由竖曲线半径值与最大纵坡计算方法，使用了两个极限值。在目前的设计理念中，应尽可能避免各种极限指标的组合使用，而且从实际情况看，原指标也偏大，对于平原区的城市道路设计有一定困难。该指标相对《公路工程技术标准》JTG B01－2003 中规定的最小坡长也偏大。因此，在编制中，统一规定最小坡长为 10s 的汽车行驶距离。该取值与现行《公路工程技术标准》JTG B01－2003 及《城市快速路设计规程》CJJ 129－2009 一致。

加罩道路、老桥利用接坡段、尽端道路及坡差小的路段，最小坡长的规定可适当放宽。

6.3.4 机动车道最大坡长

最大坡长为纵坡大于最大纵坡一般值时，对纵坡坡长的限制长度。本规范采用的纵坡坡长是根据汽车加、减速行程图求得，并参考《公路路线设计规范》JTG D20－2006与《日本公路技术标准的解说与运用》综合确定。根据不同设计速度、不同坡度做出坡长限制值。当设计速度≤30km/h时，由于车速低，爬坡能力大，坡长可不受限制。

该条规定与《城市道路设计规范》CJJ 37－90一致。

6.3.5 非机动车道纵坡和坡长

城市中非机动车主要是指自行车，其爬坡能力低，车道应考虑恰当的纵坡度与坡长，机动车和非机动车混行的车行道应按自行车的爬坡能力控制道路纵坡。

该条规定与《城市道路设计规范》CJJ 37－90一致。

6.3.6 竖曲线半径和竖曲线长度

1 竖曲线最小半径

当汽车行驶在变坡点时，为了缓和因运动变化而产生的冲击和保证视距，必须插入竖曲线。竖曲线形式可为圆曲线或抛物线。经计算比较，圆曲线与抛物线计算值基本相同，为使用方便，本规范采用圆曲线。竖曲线最小半径计算如下：

凸形竖曲线极限最小半径 R_v（m）用下式计算：

$$R_v = \frac{S_s^2}{2\left(\sqrt{h_e}+\sqrt{h_o}\right)^2} \tag{15}$$

式中：S_s——停车视距（m）；

h_e——眼高，采用1.2m；

h_o——物高，采用0.1m。

凸形竖曲线半径的计算值及采用值见表15。

表15 凸形竖曲线半径

设计速度（km/h）	停车视距（m）	极限最小半径（m）	
		计算值	采用值
100	160	6421	6500
80	110	3035	3000
60	70	1229	1200
50	60	903	900
40	40	401	400
30	30	226	250
20	20	100	100

凹形竖曲线极限最小半径 R_c（m）用下式计算：

$$R_c = \frac{V^2}{13a_0} \tag{16}$$

式中：V ——设计速度（km/h）；

a_0 ——离心加速度，采用 0.28m/s²。

凹形竖曲线半径的计算值及采用值见表 16。

表 16　凹形竖曲线半径

设计速度（km/h）	V^2	$13a_0$	极限最小半径（m）	
			计算值	采用值
100	10000	3.64	2747	3000
80	6400	3.64	1785	1800
60	3600	3.64	989	1000
50	2500	3.64	686	700
40	1600	3.64	439	450
30	900	3.64	247	250
20	400	3.64	109	100

竖曲线一般最小半径为极限最小半径的 1.5 倍，国内外均使用此数值。"极限值"是汽车在纵坡变更处行驶时，为了缓和冲击和缓和视距所需的最小半径的计算值，设计时受地形等特殊情况限制方可采用。

2　竖曲线最小长度

为了使驾驶员在竖曲线上顺适地行驶，竖曲线不宜过短，应在竖曲线范围内有一定的行驶时间，日本规定行驶时间 3s 的行驶距离。本规范竖曲线最小长度极限值采用 3s 的行驶距离，按下式计算：

$$l_v = \frac{V}{3.6} \times 3 = 0.83V \qquad (17)$$

式中：l_v ——竖曲线最小长度（m）；

V ——设计速度（km/h）。

设计中，为了行车安全和舒适，应采用竖曲线最小长度的"一般值"。"一般值"规定为"极限值"的 2.5 倍。

6.3.7　合成坡度

纵坡与超高或横坡度组成的坡度称为合成坡度。将合成坡度限制在某一范围内的目的是尽可能地避免陡坡与急弯的组合对行车产生的不利影响。道路设计常以合成坡度控制，合成坡度按下式计算：

$$j_r = \sqrt{i_s^2 + j^2} \qquad (18)$$

式中：j_r ——合成坡度（%）；

i_s ——超高横坡度（%）；

j——纵坡度（%）。

6.4　线形组合设计

6.4.1　道路线形设计的习惯做法是先进行平面设计，后进行纵断面设计，这样只能以纵断面来迁就平面。因此，在平面设计时要考虑纵断面设计；同样在纵断面设计时也要与平面线形协调配合。平纵线形组合是指在满足汽车运动学和力学要求的前提下，研究如何满足视觉和心理方面的连续性、舒适感，研究与周围环境的协调和良好的排水条件。所以，线形设计不仅要符合技术指标要求，还应结合地形、景观、视觉、安全、经济性等进行协调和组合，使道路线形设计更加合理。

6.4.2 线形组合设计强调的是在平面设计的同时，考虑纵断面设计的协调性，甚至横断面设计的配合问题。

平纵线形组合原则上应“相互对应”，且平曲线稍长于竖曲线，即所谓的“平包竖”。国内外研究资料表明，当平曲线半径小于2000m、竖曲线半径小于15000m时，平、竖曲线的相互对应对线形组合显得十分重要；随着平、竖曲线半径的增大，其影响逐渐减小；当平曲线半径大于6000m、竖曲线半径大于25000m时，对线形的影响显得不很敏感。因此，线形设计的“相互对应、且平包竖”的基本要求需视平、竖曲线的半径而掌握其符合的程度。

城市道路由于限制条件多，对于低等级道路不必强求平纵线形的相互对应。

7 道路与道路交叉

7.1 一 般 规 定

7.1.1～7.1.3 道路与道路交叉设计是城市道路设计中比较重要的一部分内容，其交叉形式的选择、交叉口平纵面设计、交叉口的交通管理方式等等，对整条道路甚至周边路网的通行能力和服务水平都有较大的影响。行业标准《城市道路交叉口设计规程》CJJ 152－2010于2011年3月实施，对于道路与道路交叉设计的相关要求，在其中已有详细的规定，本章只对交叉口形式的分类、一些共性的要求以及主要的技术指标进行规定。

7.2 平 面 交 叉

7.2.1 平面交叉口的交通组织通过平面布局来组织分配各交通流的通行路径，通过交通管理来组织分配各交通流的通行次序。平面交叉口设计应包括平面布局方案及交通管理方式，本次编制中，结合交叉口平面布局方案及交通管理方式将平面交叉口分为三大类五小类。

7.2.2 本条按相交道路的等级规定了宜采用的平面交叉口类型。但在城市道路设计中，一般情况下在道路规划阶段已确定平面交叉口类型及用地范围。因此在具体设计中应依据规划条件，结合功能要求与控制条件，选定合适的交叉口类型。

7.2.3 平面交叉口的形式有十字形、T形、Y形、X形、环形交叉、多路交叉、错位交叉、畸形交叉等。通常采用最多的是十字形，形式简单，交通组织方便，适用范围广。由于交叉口形状，在规划阶段已大体确定，设计阶段应在不影响总体布局的前提下予以优化调整。道路交叉角度较小时，交叉口需要的面积较大，并使视线受到限制，行驶不安全且不方便。

《城市道路交通规划设计规范》GB 50220－95及《城市道路设计规范》CJJ 37－90规定交叉口的最小交叉角为45°。根据实际情况，交叉角太小，不利于交通组织管理、不利于土地利用，本次编制参考美国文献将最小交叉角改为70°。

目前在城市道路平交路口的渠化设计中，常采用压缩行人和非机动车的通行空间来增加机动车道，对行人和非机动车的通行带来较大的不便。本次明确规定在路口渠化设计中，应保证行人和非机动车通行空间的连续性和完整性。

7.2.4、**7.2.5** 交叉口范围应包括整个交叉口功能区，即：所有相交道路的重叠部分和其上游和下游车道的延伸，包括拓宽和渐变段以及非机动车道、人行道和过街设施，见图2。

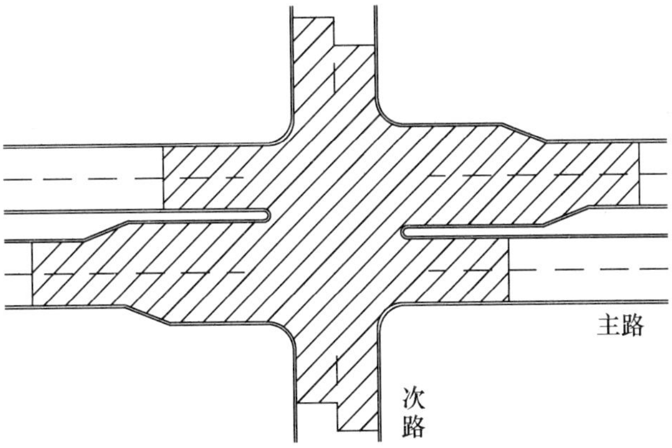

图2 交叉口范围示意图

交叉口功能区的定义对交叉口本身的交通运行的机动性和安全性有着重要意义。机动车进入交叉口要进行一系列复杂的操作：反应、减速、排队等待、转向或穿越、加速等等，功能区则是实施这一系列复杂操作的面积范围，或者说是交叉口对其相交道路的影响区域范围。在交叉口功能区之外，车辆以正常速度行驶，其特征符合路段交通特征。因此，对于交叉口的功能区的设计指标要求高于路段的设计标准。

7.2.6 交叉口范围内，受相交道路不同流向车流的影响，进口道车流的速度降低，交叉口进口道成为交通瓶颈。为使进口道通行能力与路段的通行能力相匹配，进口车道数应大于路段基本车道数。同时为防止车辆在进口道内因车道过宽而发生抢道现象，可将进口道车道宽度适当减窄。

7.2.7 汽车驶近平面交叉口时，驾驶员应能看清整个交叉道路上车辆的行驶情况，以便能顺利地驶过交叉口或及时停车，避免发生碰撞。这段距离必须大于或等于停车视距（S_s）。视距三角区应以最不利情况绘制，在三角形范围内，不准有任何妨碍视线的各种障碍物。十字形和X形交叉口视距三角形范围如图3。

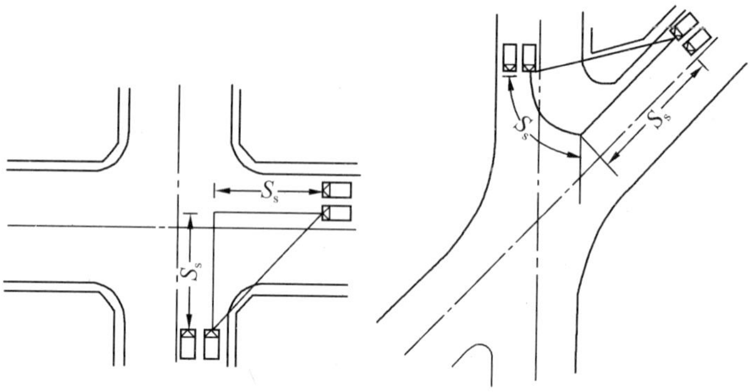

图3 交叉口视距三角形

7.3 立体交叉

7.3.1 现行的规范中道路立体交叉分为互通式和分离式两大类。《城市道路设计规范》CJJ 37－90中将互通式立体交叉按照交通流线的交叉情况和道路互通的完善程度分为完全互通式、不完全互通式和环行三种。《公路工程技术标准》JTG B01－2003按照交通流线的交叉情况、线形的标准将互通式立交分为枢纽互通式和一般互通式，其分类参照欧美国家的方法，较为符合交通流的运行特征。

本规范通过收集大量国内已建立交资料，参照公路及国外相关规范的成果，结合城市道路的交通运行特点，认为《城市道路设计规范》CJJ 37－90中仅按立交的互通情况分为完全互通和部分互通，不能满足立交的设计要求。由于不同的立交形式，立交的互通标准会形成较大的差异，对通行能力和服务水平都有较大的影响。因此本次编制中将立体交叉按照交通流线的交叉情况，采用直行交通、转向交通和机非干扰程度指标分为枢纽立交和一般立交，更接近于实际情况。

7.3.2 城市道路立交分类及选型直接影响立交功能、规模和工程造价，是立交规划、设计的重要依据之一。以往立交修建使用中出现少数因规模、标准欠妥而致占地、投资过大，或难以适应规划年限内交通需求增长而出现过早饱和、发生交通堵塞等问题。为此，7.3.1条规定了各类型立交宜选用的立交形式；本条依据交叉口相交道路的等级，规定了宜采用的立交类型。

7.3.3　车道数取决于道路设计通行能力和服务水平，条文不仅规定了立交桥区主路基本车道数应与路段基本车道数一致，而且在主路分合流处，还必须保持车道数的平衡。一般情况下，分合流前后的主线车道数应大于等于分合流后前的主线车道数与匝道车道数之和减1，当不满足时，应设置辅助车道。

7.3.4　设置集散车道是为了将立交区的交织运行转移至集散车道，集散车道车速较主线低，因此需与主线分隔设置。

7.3.5　立交范围受匝道设置及进出口影响，为提高行驶安全性，线形设计应采用比路段高的技术指标。《公路路线设计规范》JTG D20－2006中对互通式立交范围线形指标的规定比路段线形指标提高很多。城市道路目前对立交范围的线形指标缺少相关的研究，若采用《公路路线设计规范》JTG D20－2006的指标，由于城市道路立交及进出口间距较密，交通运行状态与公路不一致，建设条件制约因素较多，很难按其规定值实施。因此，规定互通式立交范围主线线形指标不应低于路段设计的一般值，有条件时尽量取高值。分离式立交主线可不受立交范围线形指标要求的控制。

7.3.6　由于主线的设计速度高于匝道，因而交通流驶出主线需要减速，驶入主线需要加速，为了满足车辆变速行驶的要求，减少对主线正常行驶交通流的干扰，应设置变速车道。

变速车道通常设计成直接式和平行式两种。直接式是以平缓的角度为原则进行设计，变速车道与匝道连接，车辆行驶轨迹平滑。平行式是以增设一条平行主线的变速车道，采用有适当流出角度的三角段与主线连接进行设计。与直接式相比，其起终点明确，三角段部分虽然与车辆的行驶轨迹相符合，但在通过整个变速车道时必须走“S”形路线。不论哪一种形式，只要适当地对主线线型进行分析，并进行合理设计，均能满足变速的要求。

直接式变速车道能提供驾驶员合适的直接驶离主线的行车轨迹，研究表明大部分车辆都能以比较高的速度驶离直行车道，从而减少了由于在直行车道上开始减速而引起追尾事故的发生，故较为广泛地用于减速车道。对于加速车道，驾驶员同样希望由直接式流入，而不愿走“S”形，但是当主线交通量大时，车辆在找流入主线机会的同时需要使用加速车道的全长，而平行式车道除了提供车辆加速功能外，还能给汇流车辆提供更多的时间和机会去寻找空档插入，故加速车道一般采用平行式。因此规定“减速车道宜采用直接式，加速车道宜采用平行式”。

7.3.7　根据交通流流入、流出主路的交通特征，车辆通过出入口时，要经过加速、减速、交织等过程，整个过程中将产生紊流，合理的出入口间距是交通畅通的可靠保障。《快速路设计规程》CJJ 129－2009及《城市道路交叉口设计规程》CJJ 152－2010中对于出入口的合理间距均有明确规定。城市道路控制条件较多，设计中经常会遇到不能满足出入口间距的要求，在这种情况下，需设置集散车道，调整出入口的位置，以满足间距需要。

7.3.8 设有辅路系统的快速路与主干路或主干路与主干路相交设置的一般立交，其辅路系统可与匝道布置结合考虑。如两层的苜蓿叶立交、菱形立交等，一般结合路段出入口设置，采用与匝道结合的方式布置辅路系统。对于枢纽型立交要求其系统的连续，桥区内的辅路系统必须单独设置。

7.3.9～7.3.11 立交范围内由于占地较大，行人和非机动车的通行要求不高，在建设条件受限的情况下，经常采用降低行人和非机动车的设计标准解决，造成系统不连续或宽度不足。而且立交区对于公交车站的设置往往考虑不周。因此，在编制中对这三部分设计要求进行了明确规定。

8 道路与轨道交通线路交叉

8.1 一般规定

8.1.1 根据铁路道口事故统计资料和《中华人民共和国铁路法》的有关规定，考虑铁路运量逐年增加，行车速度逐年提高的特点，为减少平交道口人身事故发生，确保行车安全，铁路与道路交叉时，应当优先考虑立交。

8.1.4 轨道线路与道路平面交叉应尽量设计为正交或接近正交，但由于地形条件或拆迁工程等限制需要斜交时，交叉锐角应大于45°，以缩短道口的长度和宽度，并避免小型机动车和非机动车的车轮陷入轮缘槽内的不安全因素。

8.2 立体交叉

8.2.1 道路与铁路立体交叉

1 城市快速路和重要的主干路都是交通功能强，服务水平高，交通量大的骨干道路，进出口实行全控制或部分控制。这些道路和铁路交叉如果采用平面交叉，当道口处于开放状态时，汽车通过道口需限速行驶，严重影响道路的交通功能；当道口处于封闭状态时，会造成严重的交通堵塞。故规定必须采用立交。

2 有轨电车与铁路同为轨道交通，而轨道、结构各异，相交时必须是立交。无轨电车道虽无轨道，但其与铁路交叉处的供电接触网、柱与铁路限界相冲突，也必须设置立体交叉。

3 主干路、次干路、支路与铁路交叉，为避免城市道口因铁路调车作业繁忙而封闭道口累计时间较长，或道路在交通高峰时间内经常发生一次封闭时间较长，而引起道路交通堵塞，避免因延误时间而造成的城市社会经济损失，应设置立体交叉。

4 路段旅客列车设计行车速度 120km/h 的地段，列车速度高、密度大，列车追踪间隔时间仅几分钟，铁路与道路平面交叉的安全可靠性差，故规定应设置立体交叉。

8.2.2 目前城市轨道交通发展迅速，种类较多，《城市公共交通分类标准》CJJ/T 114－2007 中，将城市轨道交通大类分为：地铁、轻轨、单轨、有轨电车、磁浮、自动导向轨道和市域快速轨道等七大系统。因城市轨道交通行车间隔时间短，车流密集，为了保证轨道与道路的通行安全，要求城市各级道路与除有轨电车道外的城市轨道交通线路交叉时，必须设置立体交叉。

8.2.3 道路上跨铁路时，铁路的建筑限界除应符合现行国标《标准轨距铁路建筑限界》GB 146.2 的规定外，还应考虑所跨不同类别铁路的具体要求，如有双层集装箱运输要求的铁路，应满足双层集装箱运输限界的要求；近些年来修建的较高时速客货共线铁路和高速客运专线等对基本建筑限界高度也有不同要求，详见表 17。

表 17 不同类别铁路基本建筑限界（mm）

铁路类别		限界高度（自轨面以上）	限界宽度（自线路中心外侧）	依据规范或文号
既有铁路	内燃（蒸汽）牵引	5500	2440	《标准轨距铁路建筑限界》GB 146.2
	电力牵引	6550（困难 6200）	2440	《标准轨距铁路建筑限界》GB 146.2
新建时速 200km 客货共线铁路	内燃牵引	5500	2440	《新建时速 200km 客货共线铁路设计暂行规定》铁建设函［2005］285 号
	电力牵引	7500	2440	
200km/h 客货共线双层集装箱运输	内燃牵引	6050	2440	“关于发布《铁路双层集装箱运输装载限界（暂行）》和《200km/h 客货共线铁路双层集装箱运输建筑限界（暂行）》的通知”铁科技函［2004］157 号
	电力牵引	7960	2440	
京沪高速铁路（电力牵引）		7250	2440	《京沪高速铁路设计暂行规定》铁建设［2004］157 号

注：表中限界宽度指单线铁路直线地段，当为双线或多线铁路和曲线地段，须计算确定限界宽度。

道路上跨城市轨道交通时，城市轨道交通建筑限界需根据采用的车辆类型及其设备限界、设备安装尺寸、安全间隙和有无人行通道、有无隔声屏障、供电制式及接触网柱结构设计尺寸等计算确定，现行国家标准《城市轨道交通技术规范》GB 50490 中有相应规定。

8.3 平面交叉

8.3.1 铁路车站是列车交汇、越行、摘挂、集结、编解的场所，道口如设在车站内，由于列车作业的需要，关闭道口的次数增多，封闭时间延长，影响道路的通行能力；另外，在车站上经常有列车阻挡，严重恶化道口瞭望条件，容易造成事故。现行《铁路技术管理规程》规定“在车站内不应设置道口”。《铁路道口管理暂行规定》规定“对现有道口必须整顿，……逐步取消站内道口”。故本条规定在站内不应设置道口。

如果道口设在道岔、桥头和隧道附近，一旦发生道口事故，被撞的机动车和脱轨的列车颠覆在道岔区内、桥下或隧道内时，救援困难，中断铁路行车时间长，造成的损失更大，因此在这些处所不应设置道口。

道口设在铁路曲线上除恶化瞭望条件外，还由于铁路曲线外轨超高破坏道路纵断面的平顺性，超高大时还会因局部坡度过大造成机动车熄火，引发道口事故。故本条规定道口不宜设在曲线上。

8.3.4 据统计，道口事故率与道口瞭望视距相关，当道口交通量相同时，瞭望视距不足的道口事故率偏高。为了提高道口的安全度，降低道口事故率，道口宜设在瞭望条件良好的地点。本条规定的机动车驾驶员侧向最小瞭望视距是指机动车驾驶员在距道口相当于该段道路停车视距并不小于 50m 处的侧向最小瞭望视距，应大于机动车自该处起以规定速度通过道口的时间内，火车驶至道口的最大距离。

瞭望视距是要求如图 4 所示两个由视距构成的最小视线三角形范围内要保持良好的视线条件。

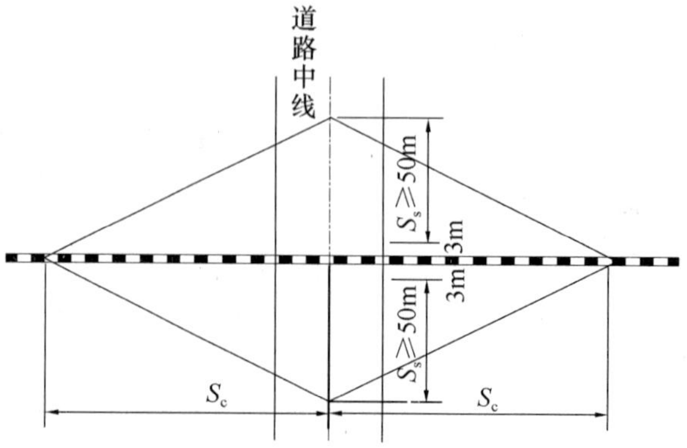

图 4　机动车驾驶员在道口前的瞭望视距示意图

S_s是当汽车在公路上行驶时，驾驶员发现有火车驶向道口，立即采取制动措施，使汽车在道口前停下来的最小距离，国家现行标准规定为 50m。

S_c是在汽车通过道口所需的时间内火车行驶的最大距离，即：

$$S_c = \frac{V_1}{3.6}T \tag{19}$$

式中：S_c——火车行驶的最大距离（m）；

V_1——火车行驶速度，km/h；

T——汽车驾驶员在道口前 50m 发现火车后，匀速通过道口所需的时间（s）。

如图所示，汽车在道口前 50m 处行驶速度取 30km/h，T=12s。代入上式得

$$S_c = 3.3V_1 \tag{20}$$

火车司机最小瞭望视距取火车司机反应时间内列车的走行距离与列车的制动距离之和。

8.3.8 有轨电车道与城市次干道、支路同属城市地面交通系统，且交叉较频繁，考虑次干道、支路的车流量一般比城市快速路、主干道要小，行车速度也较低，故其相交时以设置平面交叉为宜，以避免多处立交工程，可节省大量工程投资，并减小对周边环境和城市景观的影响。道路与有轨电车道平面交叉时，对道路线形及直线段长度的要求，考虑有轨电车速度比火车速度低，同时考虑到城市道路条件的诸多实际困难，对直线段长度不做具体规定，可因地制宜确定。

对于道路与沿道路敷设的有轨电车道交叉时，因有轨车道与城市次干路，支路不同，它属于客运专线性质，客流量较大，为充分发挥有轨电车的作用，节省乘客出行时间和体现社会效益，故其平面交叉道口应设置有轨电车优先通行信号。

9 行人和非机动车交通

行人和非机动车交通系统是城市交通的重要组成部分，然而目前无论从规划、建设还是管理上看，考虑较多的是机动车交通系统，主要解决的也是机动车交通问题，而对于最基本的交通方式——行人和非机动车交通，考虑得相对较少，造成行人和非机动车交通环境逐渐恶化，“人车混行”较为普遍，行人和非机动车路权被侵害，交通事故时有发生，行人和非机动车安全没有保障等等。因此，为了将行人和非机动车交通系统设计提高到一个较高的层面，规范编制中将其作为独立章节编写。

条文强调了行人和非机动车交通系统的连续性和完整性，要求设

计中应提供明确的路权，保障必需的通行空间。此外，应同时考虑无障碍设施、附属设施、景观及环境设施，为行人和非机动车创造安全、良好、舒适的环境。

具体的条文主要沿用《城市道路设计规范》CJJ 37－90 中的相关规定，以及参照《城市道路交通规划设计规范》GB 50220－95 及《城市人行天桥与人行地道技术规范》CJJ 69－95 中的相关规定。

10 公共交通设施

伴随着区域化、城市化和机动化的快速发展，我国各大中城市交通出行需求迅速增长，道路交通面临巨大压力，为实现发展城市公共交通的战略目标，有效引导城市交通结构向公共交通转化，在城市道路规划设计中，必须考虑与道路相关的公共交通通道和场站设计。不同的公共交通系统对城市道路设计有其特殊的要求，根据《城市公共交通分类标准》CJJ/T 114－2007 中规定，城市道路公共交通包括常规公交、快速公交、无轨电车、出租车四类，其中无轨电车和常规公交的道路设计标准是一致的。因此，规范按快速公交、普通公交和出租车三类规定。

具体的条文主要沿用《城市道路设计规范》CJJ 37－90 中的相关规定，以及参照《城市道路公共交通站、场、厂工程设计规范》CJJ/T 15 及《快速公共汽车交通系统设计规范》CJJ 136 中的相关规定。

10.2 公共交通专用车道

10.2.1 目前国内外公交系统专用通道根据使用特点，主要包括以下四种形式。

公交专用路：道路上，公交车拥有全部的、排他的使用权，包括单向道路系统中公交逆行专用道，全部封闭的专用通道等。

公交专用车道：在特定的路段上，通过标志、标线画出一条或几条车道给公交车专用，但公交车同时拥有在其他车道的行驶权，根据公交专用车道在道路断面的位置主要可以分为中央公交专用车道和路侧专用车道。

公交专用进口道：在交叉路口进口，专门为公交车设置的进口道，包括只允许公交车转向的管理设施。

公交优先道路：在混合交通中，公交车比其他车辆具有优先使用某条道路的权利，当其他车辆影响公交车的运行时，必须避让公交车辆。

规范只对公交专用车道的内容进行了相关规定。根据我国实际情况，结合不同的公共交通系统对道路的使用要求，将公共交通专用车道统一划分为快速公交专用车道和普通公交专用车道两类。

10.2.2 规定了快速公交专用车道的一般设计原则。

1 中央专用车道受其他车辆干扰最小，路侧专用车道根据道路路幅形式，还可分为主路路侧和辅路内、外侧形式，受其他车辆干扰程度也依次增加。因此优先选用中央专用车道。中央专用车道按上下行有无物体隔离分为整体式和分离式，整体式占用道路空间小，公交车辆运行中车辆有需求时可以借道行驶，故优选中央整体式。

2 由于快速公交专用车道和车站占用较大的城市空间资源，城市支路一般不具备设置大容量公交系统的条件。因此，规定设计速度为40km/h～60km/h。

3 经调研，目前国内大容量快速公交车车体宽度一般为2.55m，根据行驶及安全性要求，单车道的车道不应小于3.5m。

4 分离式单车道当运营车辆发生故障时，会阻碍其他运营车辆。为及时排除故障，应迅速将故障车辆移出专用道。考虑牵引车进出和疏散车上乘客的方便，物体隔离连续长度不应超过300m。

10.2.3 参照行业标准《公交专用车道设置》GA/T 507－2004中的相关规定。

10.3 公共交通车站

10.3.1 考虑建筑结构、出入口通道、售检票亭宽度等因素，双侧停靠站台宽度不应小于5m，单侧停靠站台宽度不应小于3m。

11 公共停车场和城市广场

条文主要沿用《城市道路设计规范》CJJ 37－90中的相关规定。

11.2 公共停车场

11.2.2 确定公共停车场规模的依据为服务对象的要求、车辆到达与离去的交通特征、高峰日平均吸引车次总量、停车场地日有效周转次数、平均停放时间、车辆停放不均匀性等，同时要结合城市的性质、规模、服务公共建筑物的位置、城市交通发展规划等综合考虑。

11.2.4 停车场根据停放车辆的类型分为机动车停车场和非机动车停车场；根据停放车辆的场地分为路上停车场和路外停车场；根据服务对象分为公用停车场和专用停车场。规范规定的内容为停放机动车和非机动车的公共停车场。

11.3 城市广场

11.3.1 城市广场是指与城市道路相连接的社会公共用地部分，是车辆和行人交通的枢纽场所，或是城市居民社会活动和政治活动的中心。规范按其用途和性质将其分为公共活动广场、集散广场、交通广场、纪念性广场与商业广场五类。虽然各类广场的功能特性是有差异的，但在广场分类中严格区分各类广场，明确其含义是有困难的。城市中有些广场由于其所处位置及历史形成原因，往往具有多种功能，为了充分发挥广场的作用及使用效益，节约城市用地，应注意结合实际需要，规划多功能综合性广场。

11.3.2、**11.3.3** 规定了各类广场设计的一般原则。

1 公共活动广场多布置在城市中心地区，作为城市政治、文化活动中心及群众集会场所。应根据群众集会、游行检阅、节日联欢的规模，容纳人数来估算需要场地，并适当考虑绿化及通道用地。

2 集散广场为布置在火车站、港口码头、飞机场、体育馆以及展览馆等大型公共建筑物前面的广场，是人流、车辆集散停留较多的广场。

3 交通广场设在交通频繁的多条道路交叉的大型交叉口或交汇地点的广场，有组织与分散车流的功能。

4 纪念性广场应以纪念性建筑物为主。

5 商业广场应以人行活动为主，合理布置商业、人流活动区。

11.3.4 广场竖向设计不仅要解决场内排水，还要与广场周围的道路标高相衔接，兼顾地形条件、土方工程量大小、地下管线的覆土要求等，并应考虑广场整体布置的美观。

广场最小纵坡控制是为了满足径流排水。最大纵坡控制是考虑停车时手闸制动不溜车。

12 路基和路面

12.1 一 般 规 定

12.1.1、**12.1.2** 路基路面性能不仅取决于其结构和材料，而且与路基相对高度、压实状况、排水设施及自然因素密切相关。条文强调路基路面结构方案的设计应做好前期调查、分析工作，结合沿线地形、地质、材料等自然条件，因地制宜、合理选材，保证路基路面具有足够的强度、稳定性和耐久性。

12.1.3 快速路、主干路的路基路面不宜分期修建的原因主要是快速路、主干路的交通量大，对路面性能要求高，分期修建不仅影响交通运营及行车安全，而且易造成路面的损坏，产生不良社会影响。

12.1.4 合理、良好的排水对于保证路基路面使用性能和使用寿命具有重要作用。路基路面排水是整个道路排水系统的一个重要部分，不仅应满足道路排水总体设计的要求和标准，而且应形成合理、完整的排水系统，及时排除路表降水和路面结构层的内部积水，疏干路基和边坡，以确保路基路面的长期性能。

12.2 路　　基

12.2.2 路基回弹模量是路面厚度计算中唯一的路基参数，极其重要。对照欧美等国家的相关规范，我国《城市道路设计规范》CJJ 37－90 中规定“路槽底面土基设计回弹模量值宜大于或等于 20MPa，特殊情况下不得小于 15MPa。”的标准明显偏低；而且调查表明，近年来我国城市道路的轴载不断增大，车辆荷载作用于路基的应力水平和传递深度显著提高。因此，条文将快速路和主干路的土基设计回弹模量值提高到 30MPa，以增强路基的抗变形能力，优化路基路面结构的模量组合，不仅可以改善路面结构的受力状况，提高其使用性能，而且可以适当减薄路面厚度，节约投资。

路基干湿类型的确定方法如下：

1 路基干湿类型应根据不利季节路床顶面以下 80cm 深度内路基土的湿度状况确定。

2 非冰冻地区路基的湿度状况主要受地表积水、地下水位或空气相对湿度控制。对新建道路，路基湿度状况可以根据当地的实际条件，结合路基的土组类型，由基质吸力进行预估；对既有道路，路基湿度状况应在不利季节现场测定。

3 冰冻地区路基湿度状况的确定应考虑冰冻的影响。

12.2.3 路基设计高度应考虑相应路段的地表积水和地下水位、路基土的毛细水上升高度和冰冻状况等。沿河路基应考虑洪水的影响。

12.2.4 路基压实度是影响路基性能的重要指标。在路基工作区范围内，压实度越高，回弹模量越高，在行车荷载作用下的永久变形越小；对填方路基而言，压实度越高，由于路堤自身压密变形而引起的工后沉降越小。

《城市道路设计规范》CJJ 37－90 编制时，从必要性、有效性、现实性三方面分析了采用重型压实标准的可行性，提出了采用重型压实标准具有明显的技术、经济优势。但是考虑到当时我国多数城市重型压路机的数量只占总数的 40%～60%，一律执行重型压实标准，会有较大困难，因此，原规范并列了轻型、重型两种压实度标准。经过近 20 年的发展，目前施工中已普遍采用重型压路机，因此，条文取消了轻型压实度标准，统一按重型压实度指标控制。

路基压实度一直备受关注。通过广泛调查，普遍认为原压实度标准偏低，并主张应适当提高路基压实度标准。条文根据各地的建设经验，将路基压实度标准分别提高了 1%～3%，并将填方路基压实度标准控制到路床顶面以下深度 150cm。

为增强条文的适用性和经济性，对几种特殊情形作了补充规定：

1 对于处在特殊气候地区，或者存在重要管线保护等的路基，如施工确有困难，条文规定，在不影响路基基本性能的前提下，本着可靠、可行、经济的原则，适当放宽重型击实的标准。

2 专用非机动车道和人行道的路基荷载相对较低，故压实度标准可按机动车道降低一个等级执行，但必须避免不同部位压实差异可能造成的稳定性隐患或者不均匀变形。

3 对于零填方或挖方以及填方高度小于 80cm 路段，在整个路床（0～80cm）范围内按照一个标准来控制压实，可能操作难度大或者不经济。考虑到车辆荷载沿路基深度的分布特征，可以采用“过渡性压实”的方法来控制不同深度的路基压实，下路床部分的压实标准较上路床部分可略有降低。

12.2.5 路基防护工程是防止路基病害、保证路基稳定的重要措施。规定中强调了应根据道路功能，结合当地气候、水文、地质等情况，采取相应的防护措施，保证路基稳定。

深挖、高填路基边坡路段，往往存在着稳定性隐患，因此强调必须查明工程地质情况，根据地质勘察成果进行稳定性分析，针对其工程特性进行路基防护设计，保证边坡稳定。

12.2.6 软土、黄土、膨胀土、红黏土、盐渍土等特殊土路基多为特殊路基，其稳定、变形及可能产生的工程问题与特殊土的地层特征、物理、力学和水理特性，以及道路沿线工程地质、水文地质条件有关。因此，条文强调特殊土路基设计应充分重视岩土工程勘察与分析，应进行个别验算与设计。

考虑到特殊路基类型多，不同特殊路基的工程特性和问题各不相同，本条文仅作了原则规定。

12.3 路　　面

12.3.2 路面面层类型的选用不仅要考虑道路的类型和等级，更需要考虑不同面层的适用范围。道路设计中应针对不同性质、功能的场所选用相应的铺面类型。

近年来，随着对城市道路环保和景观要求的日益提高，科研人员研发了一批新型沥青混合料，并得到成功应用，如温拌沥青混凝土、大孔隙沥青混凝土、彩色沥青混凝土等。为此，本规范对一些特殊区域或路段的沥青路面混合料作了原则规定。

12.3.3 沥青混凝土路面的损坏模式主要有裂缝类、变形类和表层损坏类等三大类。不同损坏模式对应不同的临界状态，因而，采用单一指标进行沥青混凝土路面设计具有明显的局限性。本规范根据国际、国内的研究成果与发展趋势，提倡采用多指标沥青路面设计方法。

关于沥青路面设计方法，从第九版开始的美国的沥青协会设计法、英国的设计法、比利时的设计法等，多指标体系的力学设计法已成为主流；我国近十年来也在不断地研究、完善和推动这一设计方法。该方法采用双圆垂直均布荷载作用下的多层弹性连续体系理论，按设计荷载所产生的应力、应变和位移量不超过路面任一结构层所容许的临界值来选择和确定路面结构的组合和结构层厚度。设计流程如图 5 所示。

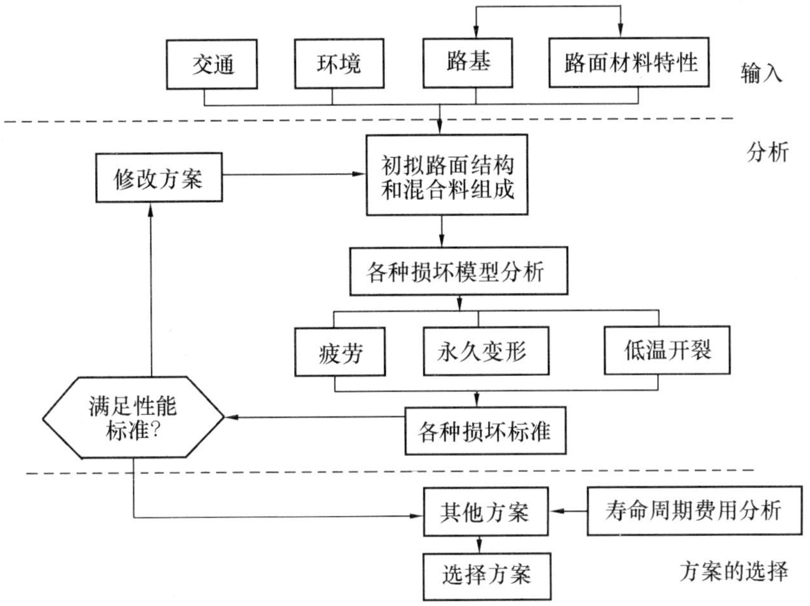

图 5　沥青路面设计流程

12.3.4　水泥混凝土路面结构设计以控制水泥混凝土板不出现结构断裂作为基本准则。引起水泥混凝土路面结构断裂的因素可归纳为行车荷载与环境温度变化。因此，将行车荷载和温度梯度综合作用产生的疲劳断裂作为路面结构设计的极限状态和设计标准。

水泥混凝土路面结构分析采用弹性地基板理论，应考虑各层之间的相互作用，按行车荷载与环境温度变化引起的路面结构层（面层、基层）临界荷位处综合疲劳应力不超过材料的弯拉强度来选择和确定结构组合和各结构层厚度。

水泥混凝土面层的耐久性主要指抗冻性。关于面层类型的选择，连续配筋混凝土面层、沥青上面层与连续配筋混凝土或横缝设传力杆的普通水泥混凝土下面层组成复合式路面两种面层类型，具有承载能力大、行车舒适及使用寿命长等优点，但其造价较高。因此，前者仅推荐用于特重交通的快速路、主干路，而后者仅推荐用于特重交通的快速路。

垫层主要设置在温度和湿度状态不良的路段上，以改善路面结构的使用性能。季节性冰冻地区，路面总厚度小于最小防冻厚度时，用垫层厚度补差，可有效地避免或减轻冻胀和翻浆病害；潮湿、过湿路基，设置排水垫层，可疏干路床土，保证基层处于干燥状态。

我国过去出于降低造价和迁就落后的施工技术等原因，水泥混凝土路面绝大多数不设传力杆。不设传力杆的水泥混凝土路面易发生唧泥、错台，进而造成路面板裂断，为了提高水泥混凝土路面使用寿命长和行车舒适性，本条文规定了快速路、主干路的横向缩缝应加设传力杆。

水泥混凝土面层的自由边缘、雨水口和地下设施的检查井周围是薄弱区域，应采用配筋补强。

对面层的水泥混凝土强度、主要技术指标作出最低规定，以保证水泥混凝土路面的基本性能要求，减少设计缺陷的发生。

12.3.5 非机动车道路面结构设计视路面上行驶的交通工具（自行车、摩托车、三轮车及其他等）不同而有所区别。若为专用非机动车道，其设计应按使用功能要求，根据筑路材料、施工最小厚度、路基土类型、水文地质条件及当地经验，确定结构层组合与厚度，达到整体强度和稳定性。若有少量机动车行驶，其设计除应满足非机动车的使用功能要求外，还应满足机动车的使用功能要求，结构组合和厚度确定方法与沥青混凝土路面、水泥混凝土路面的设计方法相同，面层厚度可较机动车道厚度适当减薄。

12.3.6 人行道铺面结构设计主要考虑行人的荷载作用，按使用功能要求确定结构组合和各结构层厚度，达到整体强度和稳定性。

广场铺面设计应视广场的性质、功能和分区不同而有所区别，铺面一般按使用功能要求进行设计，通过铺面结构组合，达到整体强度和稳定性。可采用条石、水泥混凝土步道方砖或机砖、缸砖等作为广场铺面面层。

广场铺面设计采用水泥混凝土或沥青混凝土面层，其设计方法和内容与沥青混凝土路面、水泥混凝土路面相同。

12.3.7 停车场铺面作为停放车辆的场所，其上作用的车辆荷载与一般道路基本相同，因此，铺面设计可参照沥青混凝土路面、水泥混凝土路面的设计方法和内容进行。

根据停车场的性质与功能不同，停车场铺面结构的设计荷载应视实际情况确定。停车场驶入、驶出的车速较小，荷载冲击系数可比车行道路面结构的设计值小。停车场的出入口路面与车场内停车部位的路面重复荷载作用不同，一般应予以区别考虑和加强。停车处主要受静荷作用，受荷时间长，路面承重的工作状态与车行道不同，另外，停车场内车辆启动、制动频繁，采用沥青混凝土面层，应提高路面面层的抗车辙能力，以免夏季路面变形。采用水泥混凝土面层，无论现浇或预制铺装，均应设置胀缝，其胀缝间距及要求与车行道相同，纵、横缝则都要设。

12.4 旧路面补强和改建

12.4.1 路面在使用过程中，由于行车荷载和环境因素不断作用，路面平整度、抗滑能力、承载能力等性能逐渐退化。当不能满足交通的需求时，需采取结构补强或改建以恢复或提高。在旧路面结构补强和改建时，充分利用旧路面的剩余强度，可有效地减少投资。因此，本条文对旧路面补强和改建的条件作了原则规定。

12.4.2 本条规定了旧路面结构补强和改建方案设计中应考虑的因素，强调了技术经济分析的重要性；规定了对不同旧路面状况应采取的补强或改建方案的原则要求。

12.4.3 补强和改建适用于不同的旧路面路况条件。其中，补强适用于路面结构破损较为严重或路面承载能力不能满足未来交通需求的情况；改建适用于路面结构破损严重，或路面纵、横坡需作较大调整的情况。

12.4.5 水泥混凝土路面上加铺沥青面层的技术关键是如何预防旧路面的接缝、裂缝反射穿透加铺面层而形成贯穿性反射裂缝。因此，必须根据道路所在地区的气候特点、交通荷载的大小和繁忙程度、旧路面的性能，尤其是接缝、裂缝两侧的弯沉差等，考察各种防反射裂缝措施的适用性和效果，然后通过技术经济比较作出决策。

13 桥梁和隧道

13.1 一 般 规 定

13.1.1 桥梁的设置，尤其是特大桥、大桥的设置应根据城市道路功能及其等级、通行能力，结合地形、河流水文、河床地质、通航要求、河堤防洪、环境影响等进行综合考虑，并设置完善的防护设施，增强桥梁的抗灾能力。

13.1.2 随着我国经济的发展，城市道路建设中采用隧道穿越水域和山岭的方案越来越多，为指导设计，本次修订对隧道的建设规模与技术标准作了原则性的规定。

隧道位置的选择，直接影响到隧道设计、施工和投资以及竣工后的运营安全和养护管理。因此，对隧道所在区域的地质勘察、地下管线和障碍物探测、水域河床自然变化、人工整治状况及航运、航道规划、城市规划、地下空间利用规划、景观和环境保护、城市道路、交通网络、道路功能定位等工作必须进行深入细致调研和掌握，力求准确、全面。

是否采用隧道方案应综合考虑社会、经济、地质、环保、工程造价等因素进行比选。一般应进行明挖与暗挖隧道施工方案的比较，穿越山岭地区或建筑物等可考虑采用矿山法或盾构法等；穿越水域可考虑围堰明挖法、盾构法、沉管法等；隧道位于路面等无建筑物的环境条件下可采用明挖法、盖挖法等。比选不仅要考虑建设成本和建设难度、城市景观和环境保护，还要考虑建成后车辆的行驶安全、运营费用，以及运营管理和养护维修的费用。

13.1.3 根据国务院颁发的《城市道路管理条例》（1996 年第 198 号令）第四章第二十七条规定：城市道路范围内禁止"在桥梁上架设压力在 4 公斤/平方厘米（0.4 兆帕）以上的煤气管道，10 千伏以上的高压电力线和其他燃爆管线。"对于允许在桥上通过的压力小于 0.4 兆帕燃气管道和电压在 10kV 以内的高压电力线，其安全防护措施应分别符合现行国家标准《城镇燃气设计规范》GB 50028、《电力工程电缆设计规范》GB 50217 的规定要求。为此本条规定主要是确保桥梁或隧道结构的运营安全，避免发生危及桥梁或隧道自身和在桥上隧道内通行的车辆、行人安全的重大燃爆事故。

13.2 桥　　梁

13.2.1 本条规定了城市桥梁设计应考虑的一般原则。

1 特大桥、大桥的桥位应选择在顺直的河道段，避免设在河湾处，以防止冲刷河岸。同时要求河槽稳定，主槽不宜变迁，大部分流量能在所布置桥梁的主河槽内通过。桥位的选择要求河床地质条件良好、承载能力高、不易冲刷或冲刷深度小。桥位若处在断层地带，要分析断层的性质，如为非活动断层，宜将墩台设置在同一盘上。桥位应尽力避免选择在有溶洞、滑坡和泥石流的地段，否则应采取工程防护措施，确保岸坡稳定。

2 城市桥梁应根据所在城市道路的使用任务、性质和将来发展的需要，按照"安全、适用、经济、美观和有利环保"的原则进行设计。安全是设计的目的，适用是设计的功能需要，必须首先满足；在满足安全和适用的前提下，应根据具体情况考虑经济和美观的要求。同时应注意工程设计的环保要求。

3 城市桥梁设计应按城市规划要求、交通量预测，考虑远期交通量增长需求。城市桥梁应和城市发展环境、风貌相协调。

4 城市桥梁建设应考虑各项必需的附属设施的布置和安排，以免桥梁建成后再重新设置，损伤桥梁结构，或破坏桥梁外观。

13.2.2 与国家现行标准《公路桥涵设计通用规范》JTG D60－2004 中的桥梁分类标准一致。

13.2.4 通航河流的桥下净空，应符合国家现行标准《内河通航标准》GB 50139、《通航海轮桥梁通航标准》JTJ 311的规定。

非通航河流的桥下净空高度，应根据设计水位、壅水高、浪高、最高流冰面确定，并给以一定的安全储备量。

非通航河流的桥梁跨径，除了应根据水流平面形态特征，河床演变趋势、河段地形地质条件确定外，还应考虑流冰、流木等从桥孔通过。

13.2.5 桥上最大纵坡主要从桥梁结构受力和构造方面考虑，而引道最大纵坡则主要考虑行车方面的要求。在具体应用时，应根据桥型、结构受力特点和构造要求，选用合适的桥上纵坡。通行非机动车时需满足非机动车的行车要求。

桥上最小纵坡主要从满足排水要求考虑，《城市道路设计规范》CJJ 37－90和《城市快速路设计规程》CJJ 129－2009中规定最小纵坡为0.3%。编制中，考虑到目前城市道路建设中高架桥的应用越来越多，桥梁较长，如果以最小纵坡为0.3%控制，为了满足竖向设计指标要求，造成桥梁线形起伏，影响美观。因此，规定了条件受限时，可采用平坡，但要满足排水的要求。

13.3 隧　　道

13.3.1 隧道埋深的确定对控制建设规模、环境保护、施工安全、运营便捷等方面进行考虑，确定时应根据道路等级、隧道交通功能和服务对象，综合考虑路线走向、路线平纵线形、隧址处环境、洞口、匝道及接线道路、隧道内附属设施的布置等因素。同时，应对隧道出入口位置进行比选。

13.3.2 采用《公路工程技术标准》JTG B01－2003及《公路隧道设计规范》JTG D70－2004中的规定。

目前除国际隧道协会按长度将隧道分为特长、长、中、短隧道外，其他像瑞士仅对隧道长度分布范围作了区分，但没有长短之分。德国、澳大利亚仅按长度的不同对隧道内应设置的安全设施提出了要求。其他各国如英国、挪威、日本、法国、瑞典等都是按照隧道长度与交通量这两个指标进行分级的，其目的主要还是为隧道内安全、运营管理设施设置规模提供标准。

我国公路与铁路部门都是按隧道长度进行分类，但其分类长度不同。另外在《公路隧道交通工程设计规范》JTG/T D71－2004中提出了公路隧道交通工程分级根据隧道长度和隧道交通量两个因素划分为A、B、C、D四级。

从国内外隧道分类（级）现状来看，多数国家没有隧道长短之分，隧道内安全设施根据隧道长度、交通量与通行车辆类型，即火灾可能规模及逃生救援的难易程度确定。由此采用的隧道分级有 5 个级别、4 个级别与 3 个级别等多种情况，各级隧道起点长度也不一致，这主要与各国道路等级、交通组成和交通量是相对应的。

单按隧道长度来划分，主要是给人们一个宏观的概念，此种分类方式称为隧道分类。按隧道长度与交通量这两个指标类划分，主要是解决隧道内应设置的营运安全设施规模，体现隧道的安全与重要性，此种分类方式称为隧道分级。

13.3.3 本条参照《公路工程技术标准》JTG B01－2003 中的规定，同时考虑软土中某些隧道工法的技术经济指标以及城市用地紧张，条件受限，并考虑城市隧道交通量大，城市隧道运营维护设施较为完善，管理要求和水平也较高，因此，规定比《公路工程技术标准》要求略低。

13.3.4 长度大于 1000m 行驶机动车的隧道考虑汽车尾气的污染对通风的要求比较高，目前技术条件下，慢速交通通过隧道存在较大的安全隐患，因此禁止与机动车在同一孔内设置非机动车和行人通道；长度小于等于 1000m 的隧道若要求设置非机动车和行人通道时，必须有安全隔离设施。

13.3.5 隧道洞口由于光线的剧烈变化以及道路宽度和行车环境的改变，隧道进出洞口是事故多发地段。因此，洞内一定距离与洞外一定距离保持线形一致是必要的，以保持横断面过渡的顺适，满足车辆行驶轨迹的要求。

隧道入洞前一定距离内，应设置必要的安全设施和视线诱导设施，例如标志、标线、安全护栏、警示牌、信号等，使驾驶人员能预知并逐渐适应驾驶环境的变化。

由于城市中行驶车辆性能较好，车辆爬坡能力等提高，同时考虑城市环境条件较为苛刻，因此隧道纵坡可以适当放宽，在上海、广州等地区一些隧道已有实例。

参照国外相关标准以及国内的科研成果，最大纵坡可适当加大，尽管对最大纵坡值作了适当的放宽，但从行车安全角度考虑，隧道内纵坡仍应尽可能采用较小的纵坡值。当受地形、地质、环境、出入口道路衔接条件等限制，拟加大隧道纵坡时，应根据道路类别、级别、隧道长度，考虑隧道所在地区的气候、海拔、主要车辆类型和交通流组成、隧道运营管理水平、隧道内安全设施配备标准等因素，对纵坡值进行充分论证后，再慎重使用，但隧道最大纵坡不应大于 5%。

隧道平面线形应与隧道前后路线线形协调一致，并尽量均衡。影响隧道行车安全的重要因素是停车视距和车速，因此线形设计必须保证停车视距。长、中隧道以及短隧道的隧道线形应服从路线布设的需要。采用曲线隧道方案时，必须对停车视距进行验算，并尽量避免采用需设加宽的圆曲线半径。

13.3.7 为了预防或消除地表水和地下水对隧道产生的危害，要求隧道设计应进行专门的防水、排水设计，使隧道洞内、洞口与洞外构成完整的防水、排水系统，以保证隧道结构、附属设施的正常使用，以及行车安全。

排、防、截、堵和限量排放措施应综合考虑，根据多年来隧道建设的经验，隧道内的防排水应以“排”为主。以防助排，可以使水流集中，安排地下水流按无害路径排走。截是为了减少对洞内排水防水的负担，截得越彻底，排防越有利，同时应充分考虑排水对周围环境的影响，因此提出“限量排放”的要求，如隧道周边附近地表植被、地上和地下建（构）筑物及路面沉降等。

13.3.9 城市道路公交车辆等人员交通流量较大，尤其上、下班高峰期间，因此应特别强调隧道事故报警、救援逃生设施等的布置。

13.3.10 城市道路隧道需设置管理用房，在多条隧道邻近的条件下，为考虑资源优化配置，节省土地和人力、物力，设置一处管理用房便于集中管理。

13.3.12 由于城市内建筑物布置和人员较为密集，环境和景观要求较高，道路隧道出入口建筑设计、通风设施的布置不仅必须满足污染空气的排放环保要求，而且应与景观相协调。

14 交通安全和管理设施

14.1 一 般 规 定

14.1.1 交通安全和管理设施是维护交通秩序、预防和减少交通事故、发挥城市道路运输效率的基础设施，是“以人为本”、“方便群众”的具体体现，也是反映城市交通建设、管理水平和文明程度的一个重要方面。交通安全和管理设施的建设规模与技术标准应结合国内生产实际的需要和适度超前；同时要相互匹配，协调发展，形成统一的整体。防止追求过高的技术标准或者随意降低技术标准。交通安全和管理设施应按总体规划、分期实施的原则配置，最重要的是做好前期基础工作，即总体规划设计，依据路网的实施情况逐步补充、完善。

14.1.2 交通安全和管理设施易被人忽视，有时往往到了工程快竣工时，才想到要设置标志、标线等安全设施。特别是当经费不足时，交通安全和管理设施项目往往“首砍其冲”。因此本条强调规划设计，在规划设计指导下工程才有保障。同时交通安全和管理设施是保障道路行车安全的重要手段，同时也是体现城市交通管理的一个窗口，因此，强调在规划设计时，应与当地规划和交管部门协调配合。

14.1.3 在城市道路的设计与建设过程中，一般是随着城市的发展，分条、分段由不同的建设单位建设。一条道路或一段道路的建成通车，都会对一定区域的交通格局带来影响，因此，需对周边已有的一些交通设施进行调整，为了更好地发挥道路使用功能，在此强调应加强对现有设施的协调和匹配。

14.1.4 为了明确各级道路交通安全和管理设施的建设规模和技术标准，将交通安全和管理设施等级划分为A、B、C、D四级。规定了道路开通运营时，各级道路交通安全和管理设施必须配置的水平。本条系结合我国城市道路的现状特点和实践经验，参照我国现行的公路设计相关标准制定的。

14.2 交通安全设施

14.2.1 A级配置是针对专供汽车连续行驶、控制出入的城市快速路而作的规定。

14.2.2 B级配置是供交通性主干路、次干路而作的规定。这里强调设置机动车与非机动车分离；机动车与非机动车以及行人分离的隔离设施；平面交叉口强调路口的交通渠化以及设置交通信号控制；对沿线支路接入的限制措施是指在支路上设置减速让行或停车让行标志或设置减速路拱或设人行横道线和信号灯控制等。

14.2.3 C级配置是为集散性、服务性的主干路、次干路而作的规定，这类道路往往路口多，人车混行，机非混流，为了维护道路秩序和交通安全更宜交通渠化，信号管理，人车分离，各行其道。

14.2.4 D级配置是为次干路与支路的连接线而作的规定，重点在平交路口和危及安全行车的路段。

14.2.5 其他情况下应配置的交通安全设施作如下说明：

1 我国幅员辽阔，复杂多变的气候条件常给交通运行和安全带来困扰和影响，为了减少这种困扰和影响，各地应结合本地自然条件配置交通安全设施。

2 在危险路段为防止车辆失控或越出道路而造成严重伤害，应当设置视线诱导、警告、禁令标志和安全防护设施。

3 是对交通弱势群体的特殊保护。施画人行横道线，设置提示标志是法律上强制的，必须设置。但这种设置的前提是“没有行人过街设施”。如果有过街设施，则可以让这部分人通过过街设施。

4 是关于铁路与道路平面交叉道口设置交通安全设施的规定。

5 为了保证铁路运营的安全，铁路的设计规范中，对于上跨铁路的桥梁安全设施的设置有相关的规定，因此本条规定了上跨铁路桥梁设施的设置要求。

6 交通噪声要引起人们关注和有所应对。现在道路工程建设中，大多是道路建成后居民受到噪声困扰时才引起注意，因此要求设计者事先应有所预见，主动采取一些降噪措施，如设置绿化带、隔声墙、低噪声路面等等。

14.2.6 绿化是城市道路的一个重要组成部分；若分隔带上的绿篱高而密，会阻隔了驾车人一侧行车视线，作为城市道路还不能完全控制行人从绿篱中横出的情况下，驾车人和行人往往会猝不及防，酿成事故，这类教训是很多的。其次绿篱高而密，驾车人和坐车人的视觉也受到了压抑，因此在交叉口、人行横道和弯道内侧等道路绿化应不妨碍行车视距。

14.3 交通管理设施

交通管理设施在维护城镇交通秩序和安全中起着越来越重要的作用。管理设施的目标是依靠科技手段，使交通管理者同交通参与者之间建立一个“信息”交换系统；强化快速反应能力，充分发挥现有道路设施的作用，以向路网争空间、要速度、抢时间，为市民出行和交通运输服务。

14.3.1 A级管理设施是针对快速路配置的。快速路是城市交通网络中的骨架，交通量很大，一旦建成开通就成为离不开、断不得的交通命脉，因此齐全、完善的管理设施是完全必要的。但在开通初期，具体设施可根据服务水平等因素进行降级配置。A级配置首先要加强交通流基本参数（如流量、速度、密度）的检测，配置视频监视器等基础设备，加强信息的采集和处理；以后视交通量增长情况，配置二期设备，最终达到中等或较高规模的设施。

14.3.2 B级管理设施主要在平面交叉口上。纵观国内外城市交通矛盾都集中在平面交叉口上，人车分离、路口渠化是首要工作；交通信号灯控制是规范平交路口各个方向同时到达且相互冲突（或交织）的人车流、在时间上进行通行权分配最常见和最有效的方法；同时也是对道路交通流、快速路的匝道和路段上人行横道等通行权进行分配、控制、疏导、合理组织的有效措施。对信号灯控已形成路网的区域，应考虑协调控制。

14.3.3、14.3.4 C、D级管理设施视需要而定。

15 管线、排水和照明

15.1 一般规定

15.1.1 城市道路是综合管线的载体，应尽量为管线工程提供技术条件。管线种类往往较多，需要统一协调，同步规划、同步设计才能确保总体布局合理。

15.1.2 道路排水工程往往结合区域排水工程建设，是城市排水工程的一部分，应符合城市排水工程的一般要求。

15.1.3 道路照明能为驾驶员及行人创造良好的视看环境，从而达到减少交通事故、保障交通安全、提高运输效率和美化城市环境的效果。

15.2 管　　线

本节从配合道路建设的角度对管线工程设计提出原则性要求，以协调管线与道路之间的关系。各类管线的具体技术要求属相关专业规范范畴，不在本规范规定之列。

15.2.1 管线埋地敷设可以改善市容景观，净化城市空间，同时提高管线的安全可靠性。

15.2.2 本条对道路管线工程设计提出原则性要求。

1 符合总体规划才能协调各管线单位意见，符合专业规划才能满足管线专业技术要求。

2 指管廊路幅分配和管线交叉的处理应符合相关专业规范对管线排列顺序、覆土深度、水平和垂直净距、防干扰等方面的规定。

3 本条规定了对管线限界的总体要求。

4 为保证行车安全舒适，便于管道检修维护，管线应优先考虑布置在非车行道下。快速路主路上车速较快，井盖可能影响行车，管线管理维护难度大；其余车行道上的井盖通常由于与路面不齐平、井盖盗失、承载力不足或松动等原因，对行车的安全和舒适性有较大影响；人行道上的井盖和其他地上设施由于设置位置不合理以及上述原因，会影响盲人、残疾人轮椅的通行和正常人在光线较暗情况下的通行。

15.2.3 过街管数量不足将影响管线的服务效率，道路建成使用后再施工的难度非常大。规定过街管实施时宜采用非开挖技术，目的是避免开挖破坏路面，影响交通，造成不良社会影响。

15.2.4 综合管沟断面一般较大，一次性投资较多，管理要求较高，其建设往往需结合具体情况论证，本规范不对其设置的条件作具体规定。“条件许可”主要指的是沟道不受地下障碍物影响，不影响城市地下空间的综合开发利用，技术上可行，资金有保障。

15.2.5 管线覆土过深或过浅、交叉净距不足可能对管线安全构成隐患，可能导致管线之间相互干扰，必须采取加固和保护措施。管线及其构筑物侵入道路结构时对路基路面的强度有所削弱，应根据削弱程度采取适当的加固和补强措施。

15.2.6 专业规范从管道工程安全的角度都对此有严格规定，本条从道路和交通安全的角度提出基本要求。

15.2.7 电力、燃气管线跨越桥梁的问题近年来争议较多，相关规范标准进行了适当调整，但设计中仍应注意其限制条件。现行《建筑设计防火规范》GB 50016 对城市交通隧道内高压电线电缆和可燃气体管道的穿行有严格限制。

15.3 排　　水

本规范所指的“道路排水工程”是指直接服务于道路，用于排除地面水、地下水和道路结构层含水的一系列排水设施，而不是指道路范围所有的“城市排水工程”。

15.3.1 道路排水工程往往结合区域排水工程建设，是城市排水工程的一部分，应符合城市排水工程的一般要求。

15.3.2 “道路地面水”包括道路范围内的车行道、人行道、分隔带、绿地、边坡的地面水，以及其他可能进入道路范围的地面水。

15.3.3 “地下水”包括通过绿化分隔带和路面缝隙渗入地下的地表水。

15.3.4 我国各行业对雨水径流量的计算方法略有差别，本条根据道路排水工程汇流面积较小的特点，明确道路雨水量采用现行国家标准《室外排水设计规范》GB 50014 的计算方法。提出重现期选取时应考虑的因素，并提出建议值。该值与相关规范基本一致。

15.3.5 利用道路横坡和纵坡、偏沟和雨水口相结合，是城市道路地面水最重要的收集方式。《室外排水设计规范》GB 50014 对雨水口有详细规定，本条仅提出概括性要求，但此处的“雨水口”并非仅指标准图集中的“专用雨水口”，而是泛指各种有拦渣措施、能收集地面水的排水设施。

设置超高的弯道可能使外侧路面形成向内侧倾斜的横坡，有中间分隔带时应设置雨水口，避免雨水穿过分隔带横向流过内侧车道或从下游横向流过外侧车道；在横坡方向转换的地方应设置雨水口，避免中间或路侧偏沟的雨水横向流过车行道。

15.3.6 由于特殊的地形条件或者道路先行建设，城市道路沿线难免出现永久或临时边坡，需要适当设置边沟和截水沟。

15.4 照　　明

15.4.2 本条规定了道路照明设计应满足的基本要求。其各项具体参数应以现行行业标准《城市道路照明设计标准》CJJ 45 为准。

15.4.6 照明光源的选择应与国家的相关政策法规结合，应符合我国能源及环境可持续发展的战略思想。

16 绿化和景观

16.1 一般规定

16.1.1 道路绿化景观工程实质是道路装修，随着城市经济发展逐步提升品质，应在国家基本建设方针政策指导下进行设计，不宜过度超前。

16.1.2 城市道路用地紧张，往往交叉口的设计不注意视距三角形的验算，植物和建筑一样不得进入视距三角形。分隔带与路侧带上的行道树的枝叶不得侵入道路限界。弯道内侧及交叉口三角形范围内，不得种植高于最外侧机动车车道中线处路面标高 1m 的树木，弯道外侧应加密种植以诱导视线。

16.2 绿 化

16.2.1 该条规定了道路绿化设计的范围，一般指道路用地范围内的功能性用地外区域。

16.2.2 道路绿化设计应综合考虑沿街建筑性质、环境、日照、通风等因素，分段种植。在同一路段内的树种、形态、高矮与色彩不宜变化过多，并做到整齐规则和谐一致。绿化布置应注意乔木与灌木、落叶与常绿、树木与花卉草皮相结合，色彩和谐，层次鲜明，四季景色不同。

根据城市绿化养护单位较多提出中央隔离带植物养护难的问题，本条规定种植树木的中央隔离带的最小宽度不应小于 1.5m；是对窄隔离带上种植植物品种的限制，应选便于养护的品种。

16.3 景 观

16.3.1 该条规定了道路景观设计的范围。

16.3.2 该条规定了道路景观设计的一般原则。

1 根据道路的性质和功能，从城市设计和使用者的视觉感受出发，构成城市主骨架的标志性道路在大城市一般为快速路，在中小城市一般为主干路。其决定着城市空间布局，对城市景观有很强的控制作用。

2 城市立交占地面积较大，立交形式是景观设计的重点，可以配合有特色的绿化造景形成城市标志。同时应布置好人行设施，处理好结构物的细部。

3 车辆以快速通过性为主的主次干路，人流量相对较少，行人驻留时间较短，重点考虑以行车速度的视觉感受来设计街道景观。

4 车辆以中低速通过为主的次干路，平面叉口较多，过街行人较多，商业繁荣，人在街区驻留时间长，重点以行人的视觉感受来设计，突出识别性，反映街区特色。还宜把店招、商业广告统一纳入景观设计。

5 以步行为主的服务性支路，宜充分体现人文关怀，形成方便、舒适、有人情味的道路空间。

6 我国大多数城市有河流和湖泊，滨水道路应成为城市景观的风景线，而不是成为隔离江岸与城市的屏障。让市民共享自然江岸资源，要根据水位涨落布置休闲场所和亲水空间，修建临水步道或梯道与城市人行道相通。

8 步行街主要指繁华市中心的商业街。由于高楼林立，建筑尺度大，景观设计强调以树木和水景软化环境，在混凝土森林中增添点绿意。

9 道路相关设施主要布置在人行道上。由于权属部门多，实施时序不同，对街道景观影响大。要根据街区特色统一规划设计，集约化布置，并严格按设计要求实施，才能实现道路景观的整体美化。

16.3.3 该条规定了桥梁景观设计的一般原则。

1 大桥尤其是特大桥，主要结构本身就是强烈的景观符号。应针对桥位周边的城市环境选择桥型，并贯彻安全、适用、经济、美观的八字方针，对主体结构和附属设施统一进行景观设计，不宜在主体结构上再作过度装饰。

2 城市的跨线桥数量多，可考虑涂装和细部装饰，增添构筑物的美感。

16.3.4 该条规定了隧道景观设计的一般原则。

1 洞门的识别性很重要，往往会形成城市的地标。

2 在繁华城区的短隧道，洞身可设置灯箱广告或橱窗，营造商业氛围。

七、城市人行天桥与人行地道技术规范

CJJ 69－95

建设部关于行业标准《城市人行天桥与人行地道技术规范》局部修订的公告

第 190 号

现批准《城市人行天桥与人行地道技术规范》CJJ 69－95 局部修订的条文，自 2003 年 12 月 1 日起实施。经此次修改的原条文同时废止。

局部修订的条文及具体内容，将在近期出版的《工程建设标准化》刊物上登载。

中华人民共和国建设部　2003 年 11 月 4 日

1　总则

1.0.3　天桥与地道的设计与施工应符合下列要求：

1.0.3.1　天桥与地道设计应符合城市规划布局的要求，应从工程环境出发，根据总体交通功能进行选型。

1.0.3.2　从实际出发，因地制宜，应积极采用新结构、新工艺、新技术。

1.0.3.3　结构应满足运输、安装和使用过程中强度、刚度和稳定性要求。

1.0.3.4　结构设计应与施工工艺统筹考虑，宜采用工厂预制的装配式结构。

1.0.3.5　应按适用、经济、美观相结合的原则确定装饰标准。

1.0.3.6　应符合防火、防电、防腐蚀、抗震等安全要求。

1.0.3.7　应限制结构振动对行人舒适感、安全感的不利影响。

1.0.3.8　选择施工工艺、制定施工组织方案时，应以少扰民、少影响正常交通为原则，做到安全、文明、快速施工。

2 一般规定

2.2 净 宽

2.2.1 天桥与地道的通道净宽应符合下列规定：

2.2.1.1 天桥与地道的通道净宽，应根据设计年限内高峰小时人流量及设计通行能力计算。

2.2.1.2 天桥桥面净宽不宜小于 3m，地道通道净宽不宜小于 3.75m。

2.2.2 天桥与地道每端梯道或坡道的净宽之和应大于桥面（地道）的净宽 1.2 倍以上。梯（坡）道的最小净宽为 1.8m。

2.2.3 考虑兼顾自行车推车通过时，一条推车带宽按 1m 计，天桥或地道净宽按自行车流量计算增加通道净宽，梯（坡）道的最小净宽为 2m。

2.2.4 考虑推自行车的梯道，应采用梯道带坡道的布置方式，一条坡道宽度不宜小于 0.4m，坡道位置视方便推车流向设置。

2.3 净 高

2.3.2 地道的最小净高应符合下列规定：

2.3.2.1 地道通道的最小净高为 2.5m。

2.3.2.2 地道梯道踏步中间位置的最小垂直净高为 2.4m，坡道的最小垂直净高为 2.5m，极限为 2.2m。

2.3.3 天桥桥面净高应符合下列规定：

2.3.3.1 最小净高为 2.5m。

2.4 设计原则

2.4.1 天桥与地道设计布局应结合城市道路网规划，适应交通的需要，并应考虑由此引起附近范围内人行交通所发生的变化，且对此种变化后的步行交通进行全面规划设计。属于下列情况之一时，可设置天桥或地道。其中机动车交通量应按每小时当量小汽车交通量（辆/时，即 pcu/h）计。

2.4.1.1 进入交叉口总人流量达到 18000P/h，或交叉口的一个进口横过马路的人流量超过 5000P/h，且同时在交叉口一个进口或路段上双向当量小汽车交通量超过 1200pcu/h。

2.4.1.2 进入环形交叉口总人流量达 18000P/h 时，且同时进入环形交叉口的当量小汽车交通量达 2000pcu/h 时。

2.4.1.3 行人横过市区封闭式道路或快速干道或机动车道宽度大

于 25m 时，可每隔 300～400m 应设一座。

2.4.1.4 铁路与城市道路相交道口，因列车通过一次阻塞人流超过 1000 人次或道口关闭时间超过 15min 时。

2.4.1.5 路段上双向当量小汽车交通量达 1200pcu/h，或过街行人超过 5000P/h。

2.4.1.6 有特殊需要可设专用过街设施。

2.4.1.7 复杂交叉路口，机动车行车方向复杂，对行人有明显危险处。

2.4.2 天桥或地道的选择应根据城市道路规划，结合地上地下管线、市政公用设施现状、周围环境、工程投资以及建成后的维护条件等因素做方案比较。地震多发地区宜考虑地道方案。

2.4.4 天桥与地道在路口的布局应从路口总体交通和建筑艺术等角度统一考虑，以求最大综合效益。

2.4.5 天桥与地道的设置应与公共车辆站点结合，还应有相应的交通管理措施。在天桥和地道附近布置交通护栏、交通岛、各种交通标志、标线、交通信号灯及其他设施。

2.4.6 天桥与地道的布局既要利于提高行人过街安全度，又要提高机动车道的通行能力。地面梯口不应占人行步道的空间，特殊困难处，人行步道至少应保留 1.5m 宽，应与附近大型公共建筑出入口结合，并在出入口留有人流集散用地。

2.4.7 天桥与地道设计要为文明快速施工创造条件，宜采用预制装配结构，在需要维持地面正常交通时地道应避免大开挖的施工方法。

2.6 附属设施

2.6.1 天桥必须设桥下限高的交通标志，并应符合下列要求：

2.6.1.1 限高标志应放置在驾驶人员和行人最容易看到，并能准确判读的醒目位置。

2.6.1.2 限高标志的限高高度，应根据桥下净高、当地通行的车辆种类和交叉情况等因素而定。天桥桥下限高标志数应比设计净高小 0.5m。

2.6.1.3 限高标志牌应由交通管理部门统一规定。

2.6.1.4 限高标志牌的构造及设置应符合下列要求：

（1）限高标志可直接安装在天桥桥孔正中央或前进方向的右侧；

（2）标志牌所用的材料及构造由交通管理部门统一规定。

2.6.2 天桥与地道的导向标志，应设置在天桥、地道入口处及分叉口处。

2.6.4 当天桥上方的架空线距桥面不足安全距离时，为确保安全，桥上应设置安全防护罩，安全防护罩距桥面的距离不宜小于 2.5m。

2.6.8 天桥或地道结构不得敷设高压电缆、煤气管和其他可燃、易爆、有毒或有腐蚀性液（气）体管道过街。

3 天桥设计

3.1 荷 载

3.1.3 人群设计荷载值及计算式应符合下列规定：

3.1.3.1 人行桥面板及梯（坡）道面板的人群荷载按 5kPa 或 1.5kN 竖向集中力作用在一块构件上计算，取其不利者。

3.1.3.2 梁、桁、拱及其他大跨结构，按下列公式计算：

当加载长度 $L<20$m 时：

$$W=5\cdot\frac{20-B}{20} \quad (3.1.3\text{-}1)$$

当加载长度 $20\text{m}\leqslant L\leqslant 100$m 时：

$$W=\left(5-2\cdot\frac{L-20}{80}\right)\left(\frac{20-B}{20}\right) \quad (3.1.3\text{-}2)$$

式中 W——单位面积的人群荷载（kPa）；

L——加载长度（m），大于 100m 时按 100m 计。

B——半桥宽度（m），大于 4m 时按 4m 计。

3.2 建筑设计

3.2.6 梯道踏步规格应符合下列规定：

3.2.6.1 梯道踏步最小步宽以 0.30m 为宜，最大步高以 0.15m 为宜，螺旋梯内侧步宽可适当减小。

3.2.6.2 踏步的高宽关系按 $2R+T=0.6$m 的关系式计算，其中 R 为踏步高度，T 为踏步宽度。

3.4 梯（坡）道、平台

3.4.1 梯道坡度不得大于 1∶2。

3.4.2 手推自行车及童车的坡道坡度不宜大于 1∶4。

3.4.4 梯道宜设休息平台，每个梯段踏步不应超过 18 级，否则必须加设缓步平台，改向平台深度不应小于桥梯宽度，直梯（坡）平台，其深度不应小于 1.5m；考虑自行车推行时，不应小于 2m。自行车转向平台宜设不小于 1.5m 的转弯半径。

3.4.5 梯宽大于 6m，或冬季有积雪的地方，梯（坡）面有滑跌危险时，梯、坡道中间宜增设栏杆扶手。

3.8 防水与排水

3.8.1 桥面最小坡度应符合下列要求：

3.8.1.1 天桥桥面应设置纵坡与横坡。

3.8.1.2 天桥桥面最小纵坡不宜小于0.5%，必要时可设置桥面竖曲线。

4 地道设计

4.1 荷载

4.1.9.3 汽车荷载应按现行《城市桥梁设计荷载标准》（CJJ 77）的有关条文执行。

城市人行天桥与人行地道技术规范

CJJ 69－95

条 文 说 明

1 总则

1.0.3 由于天桥、地道一般都在市区，人流与交通繁忙，设计与施工时应该注意满足一些基本要求，使这类工程能在各个方面满足功能需要，方便行人和当地居民，为城市建设带来最大限度的社会和经济效益。

人行过街设施在城市建设项目中是小项目，但因为它直接为万千群众所使用，因而最易对群众产生影响，并受到评论。为此，天桥地道的设计与施工必须认真对待。

2 一般规定

2.2 净 宽

2.2.1 根据现行的《城市桥梁设计准则》、现行的《城市道路交通规划设计规范》和有关资料，一条人行带的标准宽度为0.75m，而车站、码头区域内，因人力运输较多，故其人行带宽度取0.9m。

2.2.2 因行人在通道上的步速大于梯道上攀登的步速，天桥与地道的梯（坡）道净宽应与通道相适应，且不应少于通道的人行带数。梯（坡）道净宽应大于通道净宽，与《城市道路设计规范》（CJJ 37）相一致。

2.3 净 高

2.3.2.1 地道通道的最小净空为2.5m，与现行的《城市道路设计规范》(CJJ 37）一致。

2.3.2.2 最小垂直净高为2.4m，是按地道通道最小净高为2.5m和梯道坡度为1：2～1：2.5，与现行的《城市道路设计规范》（CJJ 37）一致。极限净高2.2m与现行的《建筑楼梯模数协调标准》（GBJ 162）规定一致。

2.4 设计原则

2.4.1 天桥与地道工程一般属永久建筑，建成后一般不轻易改建，因此在规划布局时，必须与城市道路网规划相一致，而且要适应交通需要才能较好起到应有作用。故应遵照本规范并参照有关道路交通规划设计规范的具体规定来规划天桥与地道。

2.4.1.6 在人流集散时间集中，对顽童、学生等需要倍加保护的地方，例如小学、中学校门口等，可设专用过街设施。

2.4.2 天桥和地道各具优缺点。天桥具有建筑结构简单、工期短、投资较少、施工较易、施工期基本不影响交通和附近建筑安全、与地下管线的矛盾较易解决、维护方便等优点，但是在与周围环境协调问题上要求较高，特别是附近有文物、重要建筑时更不易处理；其次是过街者一般不愿意走天桥，建天桥也常给道路改造带来困难，并且可能与将来修建立交桥和高架桥发生矛盾。地道的优点是与附近景观没有矛盾，净高比天桥更少些，一般与道路改造矛盾较少。但地道一般须设泵站排水，结构比较复杂，施工较难，影响交通，工期长，造价高，与地下管线矛盾较难处理，建成后还要专人管理，管理和维护费用大。因此在总体设计时，应对天桥与地道做详细全面的比较。

2.4.4 城市道路两侧建筑比较复杂，要与周围环境协调，要不因建造天桥而破坏附近建筑，特别是文物和重要建筑的景观。而地道最易遇到与地下管线、地下构筑物的矛盾，要不因为建造地道而使地下管线或构筑物拆迁太多，造成工程造价过大。

在路上交通复杂，人与车、车与车、人与人都产生交织矛盾，要找出交通矛盾的主要方面，比较选择出效益好的交通设施（天桥、地道或立交桥），同时还要考虑建筑艺术，以求最大综合效益。

2.4.6 建造天桥或地道工程，主要是消除人流对交通干扰，以利机动车在车行道上连续通行，并使过街者得以安全过街。但是建造天桥或地道中须占用地面，尤其是升降设施占地面积较多，主要是占用人行道和妨碍附近建筑及出入口的交通，故应尽量减少占地，有条件的应充分利用邻近公共建筑设置升降设施。

2.4.7 天桥或地道工程一般都建立在交通繁忙、人流密集的地区，在施工期间一般都不能中断交通。因此天桥地道必须采用有利于快速施工的结构和施工工艺。

2.6 附属设施

2.6.1.2 该条是根据交通管理部门的有关车辆载物规定而定的。其规定如下：

（1）大型货车载物高度从地面起不准超过 4m。

（2）小型货车载物高度从地面起不准超过 1.5m。

（3）后三轮摩托车、电瓶车和三轮车载物高度从地面起不准超过 2m。

（4）机动车的挂车载物高度不准超过机动车载物高度规定（大型拖拉机的挂车不准超过 3m，小型拖拉机的挂车不准超过 2m）。

（5）人力货车载物高度从地面起不准超过 2.5m。

（6）自行车载物高度从地面起不准超过 1.5m。

2.6.4 条文中所说的"架空线距桥面不足安全距离"是指最低线条（最大弧垂时）至桥面的最小垂直空距或最小间距。

3 天桥设计

3.1 荷　　载

3.1.3.1 条文增加"取其不利者"，可弥补原条文不足，并与《城市桥梁设计荷载标准》（CJJ 77）相应条文一致。

3.1.3.2 公式（3.1.3-1）的适用条件以表达式 $L<20\text{m}$ 代替原条文中的"文字"表述，以方便使用。

公式（3.1.3-2）的适用条件以 $20\text{m}\leqslant L\leqslant 100\text{m}$ 表达式代替了原条文中的"文字"表述，并规定了 $L>100\text{m}$ 时按 100m 计。L 和 B 分别以 100m 和 4m 为限是为控制因加载长度和宽度的增加而折减过多。按此规定的桥梁上部结构折减后的最小人群荷载为 2.4kPa，与《城市桥梁设计荷载标准》（CJJ 77）的规定完全一致。

3.8 防 水 与 排 水

3.8.1 人行天桥桥面设置纵、横坡，以利迅速排除雨水，方便行人行走，减少雨水对桥面铺装层的渗透，延长桥梁的使用寿命。所以，最小纵坡不能小于 0.5%，最小横坡值宜采用 1%。

4 地道设计

4.1 荷　　载

4.1.9.3 原条文的人行地道车辆荷载参照《公路桥涵设计通用规范》（JTJ 021－89）执行。现因《城市桥梁设计荷载标准》（CJJ 77）已颁布实施，为有利于简化和统一标准、方便应用，此条条文修订将人行地道车辆荷载改为按现行《城市桥梁设计荷载标准》（CJJ 77）有关条文执行。

八、城市道路绿化规划与设计规范

CJJ 75－97

3　道路绿化规划

3.1　道路绿地率指标

3.1.1　在规划道路红线宽度时，应同时确定道路绿地率。

3.1.2　道路绿地率应符合下列规定：

3.1.2.1　园林景观路绿地率不得小于40%；

3.1.2.2　红线宽度大于50m的道路绿地率不得小于30%；

3.1.2.3　红线宽度在40～50m的道路绿地率不得小于25%；

3.1.2.4　红线宽度小于40m的道路绿地率不得小于20%。

3.2　道路绿地布局与景观规划

3.2.1　道路绿地布局应符合下列规定：

3.2.1.1　种植乔木的分车绿带宽度不得小于1.5m；主干路上的分车绿带宽度不宜小于2.5m；行道树绿带宽度不得小于1.5m；

3.2.2　道路绿化景观规划应符合下列规定：

3.2.2.1　在城市绿地系统规划中，应确定园林景观路与主干路的绿化景观特色。园林景观路应配置观赏价值高、有地方特色的植物，并与街景结合；主干路应体现城市道路绿化景观风貌；

4　道路绿带设计

4.1　分车绿带设计

4.1.1　分车绿带的植物配置应形式简洁，树形整齐，排列一致。乔木树干中心至机动车道路绿石外侧距离不宜小于0.75m。

4.1.2　中间分车绿带应阻挡相向行驶车辆的眩光，在距相邻机动车道路面高度0.6m至1.5m之间的范围内，配置植物的树冠应常年枝叶茂密，其株距不得大于冠幅的5倍。

4.1.3　两侧分车绿带宽度大于或等于1.5m的，应以种植乔木为主，并宜乔木、灌木、地被植物相结合。其两侧乔木树冠不宜在机动车道上方搭接。

分车绿带宽度小于1.5m的，应以种植灌木为主，并应灌木、地被植物相结合。

4.2 行道树绿带设计

4.2.1 行道树绿带种植应以行道树为主，并宜乔木、灌木、地被植物相结合、形成连续的绿带。

在行人多的路段，行道树绿带不能连续种植时，行道树之间宜采用透气性路面铺装。树池上宜覆盖池箅子。

4.2.2 行道树定植株距，应以其树种壮年期冠幅为准，最小种植株距应为4m。行道树树干中心至路缘石外侧最小距离宜为0.75m。

4.2.3 种植行道树其苗木的胸径：快长树不得小于5cm；慢长树不宜小于8cm。

4.2.4 在道路交叉口视距三角形范围内，行道树绿带应采用通透式配置。

6 道路绿化与有关设施

6.1 道路绿化与架空线

6.1.1 在分车绿带和行道树绿带上方不宜设置架空线。必须设置时，应保证架空线下有不小于9m的树木生长空间。架空线下配置的乔木应选择开放形树冠或耐修剪的树种。

6.1.2 树木与架空电力线路导线的最小垂直距离应符合表6.1.2的规定。

树木与架空电力线路导线的最小垂直距离　　表6.1.2

电压（kV）	1～10	35～110	154～220	330
最小垂直距离（m）	1.5	3.0	3.5	4.5

6.2 道路绿化与地下管线

6.2.1 新建道路或经改建后达到规划红线宽度的道路，其绿化树木与地下管线外缘的最小水平距离宜符合表6.2.1的规定；行道树绿带下方不得敷设管线。

树木与地下管线外缘最小水平距离　　表 6.2.1

管线名称	距乔木中心距离（m）	距灌木中心距离（m）
电力电缆	1.0	1.0
电信电缆（直埋）	1.0	1.0
电信电缆（管道）	1.5	1.0
给水管道	1.5	—
雨水管道	1.5	—
污水管道	1.5	—
燃气管道	1.2	1.2
热力管道	1.5	1.5
排水盲沟	1.0	—

6.3 道路绿化与其他设施

6.3.1 树木与其他设施的最小水平距离应符合表 6.3.1 的规定。

树木与其他设施最小水平距离　　表 6.3.1

设施名称	至乔木中心距离（m）	至灌木中心距离（m）
低于 2m 的围墙	1.0	—
挡土墙	1.0	—
路灯杆柱	2.0	—
电力、电信杆柱	1.5	—
消防龙头	1.5	2.0
测量水准点	2.0	2.0

城市道路绿化规划与设计规范

CJJ 75－97

条 文 说 明

3　道路绿化规划

3.1　道路绿地率指标

3.1.1　道路绿化用地是城市道路用地中的重要组成部分。在城市规划的不同阶段，确定不同级别城市道路红线位置时，根据道路的红线宽度和性质确定相应的绿地率，可保证道路的绿化用地，也可减少绿化与市政公用设施的矛盾，提高道路绿化水平。

3.1.2　道路绿地率指标是通过在一些城市调研和参考有关规范、资料的基础上制定的。主要依据是：

（1）对我国的 9 个城市 111 条现状与规划道路的绿地率进行分析，其中：红线宽度小于 40m 的道路 28 条，平均绿地率是 27.3％；红线宽度为 40～50m 的道路 58 条，平均绿地率是 25.0％；红线宽度大于 50m 的道路 25 条，平均绿地率是 38.1％。

（2）《城市道路设计规范》中规定道路绿地率为 15％～30％。

（3）表 6.3.1《北京市绿化条例》规定道路绿地率是：主干路不低于 30％，次干路不低于 20％。

（4）国外一些大城市绿化景观较好的道路，其绿地率为 30％～40％。

本规范制定的道路绿地率不同于《城市道路设计规范》规定的指标是因为将行道树绿带按 1.5m 宽度统计在绿带中。这样计算是考虑到行道树的实际占地需要，也是为了在统计中口径统一。另外，本规范只规定下限，不规定上限，不约束道路绿地向高标准发展。

本规范根据道路性质提出园林景观路绿地率不低于 40％，是因为园林景观路对绿化要求高，需要用绿化来装饰街景，故此需要较多的绿地。此外，本规范考虑我国道路用地的实际情况，根据道路的红线宽度分档制定相应的绿地率，便于应用。大于 50m 宽度的道路一般为大城市的主干路，其绿地率不低于 30％。其一，是因为主干路车流量大，交通污染严重，需要用绿化加以防护，因此需要较多的绿地；其二，主干路路幅较宽，有可能安排较多的绿化用地。小于40m宽度的道路，其性质、断面形式多样，绿地率的下限是20%，可以满足交通用地的需要与保证道路有基本的绿化用地。

3.2 道路绿地布局与景观规划

3.2.1 道路绿地布局

3.2.1.1 在道路绿带中，分车绿带所起的隔离防护和美化作用突出，分车带上种植乔木，可以配合行道树，更好地为非机动车道遮荫。1.5m宽的绿带是种植和养护乔木的最小宽度，故种植乔木的分车绿带的宽度不得小于1.5m。

在2.5m宽度以上的分车绿带上进行乔木、灌木、地被植物的复层混交，可以提高隔离防护作用。主干路交通污染严重，宜采用复层混交的绿化形式，所以主干路上的分车绿带宽度不宜小于2.5m。此外，考虑公共交通开辟港湾式停靠站也应有较宽的分车带。

行道树种植和养护管理所需用地的最小宽度为1.5m，因此行道树绿带宽度不应小于1.5m。

4 道路绿带设计

4.1 分车绿带设计

4.1.1 分车绿带靠近机动车道，其绿化应形成良好的行车视野环境。分车绿带绿化形式简洁、树木整齐一致，使驾驶员容易辨别穿行道路的行人，可减少驾驶员视觉疲劳。相反，植物配置繁乱，变化过多，容易干扰驾驶员视线，尤其在雨天、雾天影响更大。

分车带上种植的乔木，其树干中心至机动车道路缘石外侧距离不宜小于0.75m的规定，主要是从交通安全和树木的种植养护两方面考虑。

4.1.2 在中间分车绿带上合理配置灌木、灌木球、绿篱等枝叶茂密的常绿植物能有效地阻挡对面车辆夜间行车的远光，改善行车视野环境。具体数据引自《环境绿地》一书。

4.1.3 分车绿带距交通污染源最近，其绿化所起的滤减烟尘、减弱噪声的效果最佳。两侧分车绿带对非机动车有庇护作用。因此，两侧分车带宽度在1.5m以上时，应种植乔木，并宜乔木、灌木、地被植物复层混交，扩大绿量。

道路两侧的乔木不宜在机动车道上方搭接，是避免形成绿化“隧道”，有利于汽车尾气及时向上扩散，减少汽车尾气污染道路环境。

4.2 行道树绿带设计

4.2.1 行道树绿带绿化主要是为行人及非机动车庇荫，种植行道树可以较好地起至庇荫作用。在人行道较宽、行人不多或绿带有隔离防护设施的路段，行道树下可以种植灌木和地被植物，减少土壤裸露，形成连续不断的绿化带，提高防护功能，加强绿化景观效果。

当行道树绿带只能种植行道树时，行道树之间采用透气性的路面材料铺装，利于渗水通气，改善土壤条件，保证行道树生长，同时也不妨碍行人行走。

4.2.2 行道树种植株距不小于4m，是使行道树树冠有一定的分布空间，有必要的营养面积，保证其正常生长，同时也是便于消防、急救、抢险等车辆在必要时穿行。树干中心至路缘石外侧距离不小于0.75m，是利于行道树的栽植和养护管理，也是为了树木根系的均衡分析、防止倒伏。

4.2.3 快长树胸径不得小于5cm，慢长树胸径不宜小于8cm的行道树种植苗木的标准，是为了保证新栽行道树的成活率和在种植后较短的时间内达到绿化效果。

6 道路绿化与有关设施

6.1 道路绿化与架空线

6.1.1 分车绿带和行道树绿带为改善道路环境质量和美化街景起着重要作用，但因绿带宽度有限，乔木的种植位置基本固定。因此，不宜在此绿带上设置架空线，以免影响绿化效果。若必须在此绿带上方设置架空线，只有提高架设高度。架空线架设的高度根据其电压而定，使其架设高度减去距树木的规定距离后，还保持9m以上的高度，作为树木生长的空间。树木生长空间高度不应小于9m的要求，是因为在分车绿带和行道树绿带上种植的乔木，其下面受到道路行车净空的制约，一般枝下高距路面4.5m；为保证树木的正常生长与树形的美观，树冠向上生长空间也不应小于4.5m，所以对乔木的上方限高不得低于9m。

6.1.2 树冠与架空电力线路导线的最小垂直距离的规定是根据《电力线路防护规程》的规定制定的。

6.2 道路绿化与地下管线

6.2.1 树木与地下管线外缘最小水平距离的规定是根据《城市工程管线综合规划规范》的规定制定的，其中排水盲沟与乔木的距离规定是根据现行行业标准《城市道路设计规范》(CJJ 37—90)的规定制定的。在道路规划时应统一考虑各种敷设管线与绿化树木的位置关系，通过留出合理的用地或采用管道共同沟的方式，可以解决管线与绿化树木的矛盾。因此，新建道路或改建后达到规划红线宽度的道路，其绿化树木与地下管线的最小水平距离应符合本条的规定。行道树绿带在道路绿化中作用重要，种植行道树的位置基本固定。因此，新建道路或改建后达到规划红线宽度的道路，其行道树绿带下方不应敷设管线，以免影响种植行道树。

6.3 道路绿化与其他设施

6.3.1 树木与其他设施最小水平距离的规定主要参照现行行业标准《公园设计规范》(CJJ 48—92)的规定制定的。其中电力、电信杆柱距乔木中心最小距离 1.5m 的规定是根据《城市工程管线综合规划规范》的规定制定的。

九、城市桥梁设计规范

CJJ 11－2011

3 基本规定

3.0.1 桥梁设计应符合城乡规划的要求。应根据道路功能、等级、通行能力及防洪抗灾要求，结合水文、地质、通航、环境等条件进行综合设计。因技术经济上的原因需分期实施时，应保留远期发展余地。

3.0.2 桥梁按其多孔跨径总长或单孔跨径的长度，可分为特大桥、大桥、中桥和小桥等四类，桥梁分类应符合表3.0.2的规定。

表 3.0.2 桥梁按总长或跨径分类

桥梁分类	多孔跨径总长 L（m）	单孔跨径 L_0（m）
特大桥	$L>1000$	$L_0>150$
大 桥	$1000\geqslant L\geqslant 100$	$150\geqslant L_0\geqslant 40$
中 桥	$100>L>30$	$40>L_0\geqslant 20$
小 桥	$30\geqslant L\geqslant 8$	$20>L_0\geqslant 5$

注：1 单孔跨径系指标准跨径。梁式桥、板式桥以两桥墩中线之间桥中心线长度或桥墩中线与桥台台背前缘线之间桥中心线长度为标准跨径；拱式桥以净跨径为标准跨径。

2 梁式桥、板式桥的多孔跨径总长为多孔标准跨径的总长；拱式桥为两岸桥台起拱线间的距离；其他形式的桥梁为桥面系的行车道长度。

3.0.3 城市桥梁设计宜采用百年一遇的洪水频率，对特别重要的桥梁可提高到三百年一遇。

城市中防洪标准较低的地区，当按百年一遇或三百年一遇的洪水频率设计，导致桥面高程较高而引起困难时，可按相交河道或排洪沟渠的规划洪水频率设计，但应确保桥梁结构在百年一遇或三百年一遇洪水频率下的安全。

3.0.4 桥梁孔径应按批准的城乡规划中的河道及（或）航道整治规划，结合现状布设。当无规划时，应根据现状按设计洪水流量满足泄洪要求和通航要求布置。不宜过大改变水流的天然状态。

设计洪水流量可按国家现行标准的规定进行分析、计算。

3.0.5 桥梁的桥下净空应符合下列规定：

1 通航河流的桥下净空应按批准的城乡规划的航道等级确定。

通航海轮桥梁的通航水位和桥下净空应符合现行行业标准《通航海轮桥梁通航标准》JTJ 311 的规定。通航内河轮船桥梁的通航水位和桥下净空应符合现行国家标准《内河通航标准》GB 50139 的规定，并应充分考虑河床演变和不同通航水位航迹线的变化。

2 不通航河流的桥下净空应根据计算水位或最高流冰面加安全高度确定。

当河流有形成流冰阻塞的危险或有漂浮物通过时，应按实际调查的数据，在计算水位的基础上，结合当地具体情况酌留一定富余量，作为确定桥下净空的依据。对淤积的河流，桥下净空应适当增加。

在不通航或无流放木筏河流上及通航河流的不通航桥孔内，桥下净空不应小于表 3.0.5 的规定。

表 3.0.5 非通航河流桥下最小净空表

桥梁的部位		高出计算水位（m）	高出最高流冰面（m）
梁底	洪水期无大漂流物	0.50	0.75
	洪水期有大漂流物	1.50	—
	有泥石流	1.00	—
支承垫石顶面		0.25	0.50
拱　脚		0.25	0.25

3 无铰拱的拱脚被设计洪水淹没时，水位不宜超过拱圈高度的 2/3，且拱顶底面至计算水位的净高不得小于 1.0m。

4 在不通航和无流筏的水库区域内，梁底面或拱顶底面离开水面的高度不应小于计算浪高的 0.75 倍加 0.25m。

5 跨越道路或公路的城市跨线桥梁，桥下净空应分别符合现行行业标准《城市道路设计规范》CJJ 37、《公路工程技术标准》JTG B01 的建筑限界规定。跨越城市轨道交通或铁路的桥梁，桥下净空应分别符合现行国家标准《地铁设计规范》GB 50157 和《标准轨距铁路建筑限界》GB 146.2 的规定。

桥梁墩位布置同时应满足桥下道路或铁路的行车视距和前方交通信息识别的要求，并应按相关规范的规定要求，避开既有的地下构筑物和地下管线。

6 对桥下净空有特殊要求的航道或路段，桥下净空尺度应作专题研究、论证。

3.0.6 桥梁建筑应符合城乡规划的要求。桥梁建筑重点应放在总体布置和主体结构上，结构受力应合理，总体布置应舒展、造型美观，且应与周围环境和景观协调。

3.0.7 桥梁应根据城乡规划、城市环境、市容特点，进行绿化、美化市容和保护环境设计。对特大型和大型桥梁、高架道路桥、大型立交桥梁在工程建设前期应作环境影响评价，工程设计中应作相应的环境保护设计。

3.0.8 桥梁结构的设计基准期应为100年。

3.0.9 桥梁结构的设计使用年限应按表3.0.9的规定采用。

表3.0.9 桥梁结构的设计使用年限

类 别	设计使用年限（年）	类 别
1	30	小桥
2	50	中桥、重要小桥
3	100	特大桥、大桥、重要中桥

注：对有特殊要求结构的设计使用年限，可在上述规定基础上经技术经济论证后予以调整。

3.0.10 桥梁结构应满足下列功能要求：

1 在正常施工和正常使用时，能承受可能出现的各种作用；

2 在正常使用时，具有良好的工作性能；

3 在正常维护下，具有足够的耐久性能；

4 在设计规定的偶然事件发生时和发生后，能保持必需的整体稳定性。

3.0.19 桥上或地下通道内的管线敷设应符合下列规定：

1 不得在桥上敷设污水管、压力大于0.4MPa的燃气管和其他可燃、有毒或腐蚀性的液、气体管。条件许可时，在桥上敷设的电信电缆、热力管、给水管、电压不高于10kV配电电缆、压力不大于0.4MPa燃气管必须采取有效的安全防护措施。

2 严禁在地下通道内敷设电压高于10kV配电电缆、燃气管及其他可燃、有毒或腐蚀性液、气体管。

4 桥位选择

4.0.1 桥位选择应根据城乡规划，近远期交通流向和流量的需要，结合水文、航运、地形、地质、环境及对邻近建筑物和公用设施的影响进行全面分析、综合比较后确定。

4.0.2 特大桥、大桥的桥位应选择在河道顺直、河床稳定、河滩较窄、河槽能通过大部分设计流量且地质良好的河段。桥位不宜选择在河滩、沙洲、古河道、急弯、汇合口、渡口、港口作业区及易形成流冰、流木阻塞的河段以及活动性断层、强岩溶、滑坡、崩塌、地震易液化、泥石流等不良地质的河段。

中小桥桥位宜按道路的走向进行布置。

4.0.3 桥梁纵轴线宜与洪水主流流向正交；当不能正交时，对中小桥宜采用斜交或弯桥。

4.0.4 通航河流上桥梁的桥位选择，除应符合城乡规划，选择在河道顺直、河床稳定、水深充裕、水流条件良好的航段上外，还应符合下列规定：

1 桥梁墩台沿水流方向的轴线，应与最高通航水位的主流方向一致，当为斜交时，其交角不宜大于5°；当交角大于5°时，应加大通航孔净宽。对变迁性河流，应考虑河床变迁对通航孔的影响。

2 位于内河航道上的桥梁，尚应符合现行国家标准《内河通航标准》GB 50139 中关于水上过河建筑物选址的要求。

3 通航海轮的桥梁、桥位选择应符合现行行业标准《通航海轮桥梁通航标准》JTJ 311 的规定。

4.0.5 非通航河流上相邻桥梁的间距除应符合洪水水流顺畅，满足城市防洪要求外，尚应根据桥址工程地质条件、既有桥梁结构的状态、与运营干扰等因素来确定。

4.0.7 桥位应避开泥石流区。当无法避开时，宜建大跨径桥梁跨过泥石流区。当没有条件建大跨桥时，应避开沉积区，可在流通区跨越。桥位不宜布置在河床的纵坡由陡变缓、断面突然变化及平面上的急弯处。

4.0.8 桥位上空不宜设有架空高压电线，当无法避开时，桥梁主体结构最高点与架空电线之间的最小垂直距离，应符合国家现行标准《城市电力规划规范》GB 50293 和《110～550kV 架空送电线路设计技术规程》DL/T 5092 的规定。

当桥位旁有架空高压电线时，桥边缘与架空电线之间的水平距离应符合国家现行相关标准的规定。

4.0.9 桥位应与燃气输送管道、输油管道，易燃、易爆和有毒气体等危险品工厂、车间、仓库保持一定安全距离。当距离较近时，应设置满足消防、防爆要求的防护设施。

桥位距燃气输送管道、输油管道的安全距离应符合国家现行相关标准的规定。

5 桥面净空

5.0.1 城市桥梁的桥面净空限界、桥面最小净高、机动车车行道宽度、非机动车车行道宽度、中小桥的人行道宽度、路缘带宽度、安全带宽度、分隔带宽度应符合现行行业标准《城市道路设计规范》CJJ37 的规定。

特大桥、大桥的单侧人行道宽度宜采用 2.0m～3.0m。

5.0.2 城市桥梁中的小桥桥面布置形式及净空限界应与道路相同，特大桥、大桥、中桥的桥面布置及净空限界中的车行道及路缘带的宽度应与道路相同，分隔带宽度可适当缩窄，但不应小于现行行业标准

《城市道路设计规范》CJJ 37 规定的最小值。

6　桥梁的平面、纵断面和横断面设计

6.0.3　当两端道路上设有较宽的分隔带或绿化带时，桥梁可考虑分幅布置（横向组成分离式桥），桥上不宜设置绿化带。特大桥、大桥、中桥的桥面宽度可适当减小，但车行道的宽度应与两端道路车行道有效宽度的总和相等并在引道上设变宽缓和段与两端道路接顺。小桥的机动车道平面线形应与道路保持一致。

6.0.6　桥梁纵断面设计时，应考虑到长期荷载作用下的构件挠曲和墩台沉降的影响。

6.0.7　桥梁横断面布置除桥面净空应符合本规范第 5 章规定外，尚应符合下列规定：

1　桥梁人行道或检修道外侧必须设置人行道栏杆。

2　对主干路和次干路的桥梁，当两侧无人行道时，两侧应设检修道，其宽度宜为 0.50m～0.75m。

3　对桥面上机动车道与非机动车道上有永久性分隔带的桥或专用非机动车的桥，其两旁的人行道或检修道缘石宜高出车行道路面 0.15m～0.20m。

4　对主干路、次干路、支路的桥梁，桥面为混合行车道或专用机动车道时，人行道或检修道缘石宜高出车行道路面 0.25m～0.40m。当跨越急流、大河、深谷、重要道路、铁路、主要航道或桥面常有积雪、结冰时，其缘石高度宜取较大值，外侧应采用加强栏杆。

5　对快速路桥、机动车专用桥的桥面两侧应设置防撞护栏，防撞护栏应符合本规范第 9.5.2 条规定。

7　桥梁引道、引桥

7.0.3　桥梁引道及引桥的布设应遵循下列原则：

1　桥梁引道及引桥与两侧街区交通衔接，并应预留防洪抢险通道。

2　当引道为填土路堤时，宜将城市给水、排水、燃气、热力等地下管道迁移至桥梁填土范围以外或填土影响范围以外布设。

3　位于软土地基上的引道填土路堤最大高度应予以控制。

4　引桥墩台基础设计应分析基础施工及基础沉降对邻近永久性建筑物的影响。

5　在纵坡较大的桥梁引道上，不宜设置平交道口和公共交通车辆的停靠站及工厂、街区出入口。

7.0.4 当引道采用填土路堤，且两侧采用较高挡土墙时，两侧应设置栏杆，其布置可按本规范第6.0.7条有关规定执行。

7.0.5 特大桥、大桥、中桥的桥头应避免分隔带路缘石突变。路缘石在平面上应设置缓和接顺段，折角处应采用平曲线接顺。

7.0.6 当主孔斜交角度较大、引桥较长时，宜根据桥址的地形、地物在引桥与主桥衔接处布设若干个过渡孔，使其后的引桥均按正交布置。

7.0.7 桥台侧墙后端深入桥头锥坡顶点以内的长度不应小于0.75m。

位于城市快速路、主干路和次干路上的桥梁，桥头宜设置搭板，搭板长度不宜小于6m。

7.0.8 桥头锥体及桥台台后5m～10m长度的引道，可采用砂性土等材料填筑。在非严寒地区当无透水性材料时，可就地取土填筑，也可采用土工合成材料或其他轻质材料填筑。

8 立交、高架道路桥梁和地下通道

8.1 一 般 规 定

8.1.1 立交、高架道路桥梁和地下通道应按城市规划和现行行业标准《城市道路设计规范》CJJ 37中的有关规定设置。

8.1.2 立交、高架道路桥梁和地下通道的布设应综合考虑下列因素：

1 宜按规划一次兴建，分期建设时应考虑后期的实施条件；

2 应减少工程占用的土地、房屋拆迁及重要公共设施的搬迁；

3 充分考虑与街区间交通的相互关系；

4 结构形式及建筑造型应与城市景观协调，桥下空间利用应防止可能产生的对交通的干扰，墩台的布置应考虑桥下空间的净空利用，以及转向交通视距等要求；

5 应密切结合地形、地物、地质、地下水情况以及地下工程设施等因素；

6 应密切结合规划及现有的地上、地下管线；

7 应综合分析设计中所采用的立交形式、桥梁结构和施工工艺对周围现有建筑、道路交通以及规划中的新建筑的影响；

8 应根据环境保护的要求，采取工程措施减少工程建设对周围环境的影响。

8.1.3 立交、高架道路桥梁和地下通道的平面、纵断面、横断面设计，应满足下列要求：

1 平面布置应与其相衔接道路的标准相适应，应满足工程所在区域道路行车需要。

2 纵断面设计应与其衔接的道路标准相适应，并应结合当地气候条件、车辆类型及爬坡能力等因素，选用适当的纵坡值。竖曲线最低点不宜设在地下通道暗埋段箱体内，凸曲线应满足行车视距。对混合交通应满足非机动车辆的最大纵坡限制值要求。

3 横断面设计应与其衔接的道路标准相适应。在机动车道与非机动车道之间，可设置分隔带疏导交通。对设有中间分隔带的宽桥，桥梁结构可设计成上下行分离的独立桥梁。

4 立交区段的各种杆、柱、架空线网的布置，应保持该区段的整洁、开阔。当桥面灯杆置于人行道靠缘石处，杆座边缘与车行道路面（路缘石外侧）的净距不应小于0.25m。地下通道引道的杆、柱宜设置在分隔带上或路幅以外。

8.1.4 当立交、高架道路桥梁的下穿道路紧靠柱式墩或薄壁墩台、墙时，所需的安全带宽度应符合下列规定：

1 当道路设计行车速度大于或等于60km/h时，安全带宽度不应小于0.50m；

2 当道路设计行车速度小于60km/h时，安全带宽度不应小于0.25m。

8.1.5 当下穿道路路缘带外侧与柱、墩台、墙之间设有检修道，其宽度大于所需的安全带宽度时，可不再设安全带。

8.1.7 当高架道路桥梁的长度较长时，应考虑每隔一定距离在中央分隔带上设置开启式护栏，设置的最小间距不宜小于2km。

8.2 立交、高架道路桥梁

8.2.1 当立交、高架道路桥梁与桥下道路斜交时，可采用斜交桥的形式跨越。当斜交角度较大时，宜采用加大桥梁跨度，减小斜交角度或斜桥正做的方式，同时应满足桥下道路平面线形、视距及前方交通信息识别的要求。

8.2.5 当立交、高架道路桥下设置停车场时，不得妨碍桥梁结构的安全，应设置相应的防火设施，并应满足有关消防的安全规定。

8.2.6 当立交、高架道路桥梁跨越城市轨道交通或电气化铁路时，接触网与桥梁结构的最小净距应符合国家现行标准《地铁设计规范》GB 50157和《铁路电力牵引供电设计规范》TB 10009的规定。

8.3 地 下 通 道

8.3.1 采用地下通道方案前，应与立交跨线桥方案作技术、经济、运营等方面的比较。设计时应对建设地点的地形、地质、水文，地上、地下的既有构筑物及规划要求，地下管线，地面交通或铁路运营情况进行详细调查分析。位于铁路运营线下的地下通道，为保证施工期间铁路运营安全，地下通道位置除应按本规范第 8.1.1 条的规定设置外，还应选在地质条件较好、铁路路基稳定、沉降量小的地段。

8.3.2 地下通道净空应符合本规范第 5 章的规定。当地下通道中设置机动车道、非机动车道和人行道时，可将非机动车道、人行道和机动车道布置在不同的高程上。

在仅布置机动车道的地下通道内，应在一侧路缘石与墙面之间设置检修道，宽度宜为 0.50m～0.75m。当孔内机动车的车行道为四条及以上时，另一侧还应再设置 0.50m～0.75m 宽的检修道。

9 桥梁细部构造及附属设施

9.2 桥面与地下通道防水、排水

9.2.3 桥面排水设施的设置应符合下列规定：

1 桥面排水设施应适应桥梁结构的变形，细部构造布置应保证桥梁结构的任何部分不受排水设施及泄漏水流的侵蚀；

2 应在行车道较低处设排水口，并可通过排水管将桥面水泄入地面排水系统中；

3 排水管道应采用坚固的、抗腐蚀性能良好的材料制成，管道直径不宜小于 150mm；

4 排水管道的间距可根据桥梁汇水面积和桥面纵坡大小确定：

当纵坡大于 2% 时，桥面设置排水管的截面积不宜小于 $60mm^2/m^2$；

当纵坡小于 1% 时，桥面设置排水管的截面积不宜小于 $100mm^2/m^2$；

南方潮湿地区和西北干燥地区可根据暴雨强度适当调整；

5 当中桥、小桥的桥面设有不小于 3% 纵坡时，桥上可不设排水口，但应在桥头引道上两侧设置雨水口；

6 排水管宜在墩台处接入地面，排水管布置应方便养护，少设连接弯头，且宜采用有清除孔的连接弯头；排水管底部应作散水处理，在使用除冰盐的地区应在墩台受水影响区域涂混凝土保护剂；

7 沥青混凝土铺装在桥跨伸缩缝上坡侧，现浇带与沥青混凝土相接处应设置渗水管；

8 高架桥桥面应设置横坡及不小于 0.3% 的纵坡；当纵断面为凹形竖曲线时，宜在凹形竖曲线最低点及其前后 3m～5m 处分别设置排水口。当条件受到限制，桥面为平坡时，应沿主梁纵向设置排水管，排水管纵坡不应小于 3%。

9.2.4 地下通道排水应符合下列规定：

1 地下通道内排水应设置独立的排水系统，其出水口必须可靠。排水设计应符合国家现行标准《室外排水设计规范》GB 50014、《城市道路设计规范》CJJ 37 的规定。

2 地下通道纵断面设计除应符合本规范第 8.1.3 条第 2 款的规定外，应将引道两端的起点处设置倒坡，其高程宜高于地面 0.2m～0.5m 左右，并应加强引道路面排水，在引道与地下通道接头处的两侧应设一排截水沟。

3 地下通道内路面边沟雨水口间应有不小于 0.3%～0.5%的排水纵坡。当较短地下通道内不设置雨水口时，地下通道纵坡不应小于 0.5%。引道与地下通道内车行道路面，应设不小于 2%的横坡。

地下通道引道段选用的径流系数应考虑坡陡径流增加的因素，其雨水口的设置与选型应适应汇水快而急的特点。

4 当下穿地下通道不能自流排水时，应设置泵站排水，其管渠设计、降雨重现期应大于道路标准。排水泵站应保证地下通道内不积水。

5 采用盲沟排水和兼排雨水的管道和泵站，应保证有效、可靠。

9.5 桥 梁 栏 杆

9.5.1 人行道或安全带外侧的栏杆高度不应小于 1.10m。栏杆构件间的最大净间距不得大于 140mm，且不宜采用横线条栏杆。栏杆结构设计必须安全可靠，栏杆底座应设置锚筋，其强度应满足本规范第 10.0.7 条的要求。

9.5.2 防撞护栏的设计可按现行行业标准《公路交通安全设施设计规范》JTG D81 的有关规定进行。

9.5.4 当桥梁跨越快速路、城市轨道交通、高速公路、铁路干线等重要交通通道时，桥面人行道栏杆上应加设护网，护网高度不应小于 2m，护网长度宜为下穿道路的宽度并各向路外延长 10m。

城市桥梁设计规范

CJJ 11－2011

条文说明

3 基本规定

3.0.1 桥梁尤其是大型桥梁是城市交通中重要构筑物。应根据城乡规划、道路功能、等级、通行能力及抗洪、抗灾要求结合地形、河流水文、河床地质、通航要求、河堤防洪、环境影响等条件进行综合考虑。本条特别强调桥梁设计应按城乡规划要求、交通量预测，考虑远期交通量增长需求。在远期要求与近期现状发生较大矛盾时（如拆迁量过大等），或目前按规划要求建设有很大困难时（如工程规模大，一时难以实现等），则可按近期的交通量要求进行设计，但仍应在设计中保留远期发展的可能性，以使桥梁能长期充分地发挥它的作用。

3.0.2 本条与《公路桥涵设计通用规范》JTG D60 中的桥梁分类标准相同。单孔跨径反映技术复杂程度，跨径总长反映建设规模。除跨河桥梁外，城市跨线桥、立交桥、高架桥均应按此分类。

3.0.3 考虑到城市桥梁安全对确保城市交通的重要性，本规范特别规定不论特大、大、中、小桥设计洪水频率一般均采用百年一遇，条文中的特别重要桥梁主要是指位于城市快速路、主干路上的特大桥。

城市中有时会遇到建桥地区的总体防洪标准低于一百年一遇的洪水频率，若仍按此高洪水频率设计，桥面高程可能高出原地面很多，会引起布置上的困难，诸如拆迁过多，接坡太长或太陡，工程造价增加许多，甚至还会遇上两岸道路受淹，交通停顿，而桥梁高耸，此时可按当地规划防洪标准来确定梁底设计标高及桥面高程。而从桥梁结构的安全考虑，结构设计中如墩、台基础埋置深度，孔径的大小（满足泄洪要求），洪水时结构稳定等，仍需按本规范规定的洪水频率进行计算。

3.0.4 桥梁孔径布设，既要根据河道（泄洪、航运）规划，又要考虑桥位上、下游已建或拟建桥梁、水工建筑物及堤岸的状况。设计桥梁孔径时，过大改变河流水流的天然状态，将会给桥梁本身，甚至桥位附近地区造成严重后果。压缩孔径、缩短桥长、较大压缩过洪断面、提高流速的做法并不可取。根据各类桥梁的大量实际经验，这样做将会大大增加桥下冲刷，对桥梁基础不利。由于水文计算有一定的偶然性，一旦估计不足，在洪水到来时，会使桥梁基础面临危险境地，这在过去的建桥实践中是不乏先例的。

3.0.5 本条所规定的桥梁桥下净空，除跨越城市道路和轨道交通的桥下净空外其余均与现行《公路桥涵设计通用规范》JTG D60的规定一致。对于桥下净空有特殊要求的航道或路段，桥下净空尺度应作专题研究、论证。计算水位根据设计水位，同时考虑壅水、浪高等因素确定。

3.0.6 《城市道路设计规范》CJJ 37中对桥梁景观设计作了原则性规定，而本条强调桥梁建筑重点，应放在总体布置和主体结构上，主体结构设计应首先考虑桥梁受力合理，不应采用造型怪异、受力不合理、施工复杂、工程量大、造价昂贵的结构形式，亦不宜在主体结构之外过多增加装饰。

3.0.7 随着社会进步、经济发展和人民生活质量的不断提高，人们越来越重视对自然生态环境的保护。桥梁应根据城乡规划中所确定的保护和改善环境的目标和任务，结合城市环境的现状、市容特点，进行绿化、美化市容和保护环境设计。对于特大型、大型桥梁、高架道路桥梁和大型立交桥梁，在工程建设前期应对大气环境质量、交通噪声、振动环境质量、日照环境质量等作出评价，在工程设计中应根据环境评价的结论和建议进行环保设计。

3.0.8 以可靠性理论为基础的极限状态设计都需有一个确定的设计基准期。设计基准期是指结构可靠性分析时，为确定可变作用及与时间有关的材料性能取值而选用的时间参数，也就是可靠度定义中的"规定时间"。公路桥梁的设计基准期取为100年是根据我国公路桥梁使用的现状和以往的设计经验确定的，根据《公路工程结构可靠度设计统一标准》GB/T 50283－1999公路桥梁的车辆荷载统计参数都是按100年确定的，而未考虑材料性能随时间的变化。当设计基准期定为100年时，荷载效应最大值分布的0.95分位值接近于原《公路桥涵设计通用规范》JTJ 021－89规定的汽车荷载标准值。设计基准期不完全等同于使用年限，当结构的使用年限超过设计基准期后，并不等于结构丧失功能或报废，只表明结构的失效概率（指结构不能完成预定功能的概率）可能会比设计时的预期值增大。

本规范规定桥梁设计基准期为100年，符合《城市道路设计规范》CJJ 37中关于桥梁的设计基准期要求，同时也是为了与公路桥梁保持一致，但需对原《城市桥梁设计荷载标准》CJJ 77－98进行适当调整。

3.0.9 设计使用年限是设计规定的一个时期，在这一规定时期内结构只需进行正常维护（包括必要的检测、养护、维修等）而不需要进行大修就能按预期目的使用，完成预定功能，即桥梁主体结构在正常设计、正常施工、正常使用、正常维护下达到的使用年限。根据现行国家标准《工程结构可靠性设计统一标准》GB 50153 附录 A. 3. 3 条文，对于桥梁结构使用年限应按本规范表 3. 0. 9 的规定采用。

3. 0. 10 本条为桥梁结构必须满足的四项功能，其中第 1、第 4 两项是结构的安全性要求，第 2 项是结构的适用性要求，第 3 项是结构的耐久性要求，安全性、适用性、耐久性三者可概括为桥梁结构可靠性的要求。

足够的耐久性能系指桥梁在规定的工作环境中，在预定时间内，其材料性能的恶化不致导致桥梁结构出现不可接受的失效概率。从工程概念上说，足够的耐久性能就是指正常维护条件下桥梁结构能够正常使用到规定的期限。

整体稳定性，系指在偶然事件发生时和发生后桥梁结构仅产生局部的损坏而不致发生连续或整体倒塌。

3. 0. 19 对桥上或地下通道内敷设的管线作出规定主要是确保桥梁或地下通道结构的运营安全，避免发生危及桥梁或地下通道自身和在桥上或地下通道内通行的车辆、行人安全的重大燃爆事故。国务院颁发的《城市道路管理条例》（1996 年第 198 号令）第四章第二十七条规定：城市道路范围内禁止“在桥梁上架设压力在 4 公斤/平方厘米（0. 4 兆帕）以上的煤气管道，10 千伏以上的高压电力线和其他燃爆管线。”对于按本条规定允许在桥上通过的压力不大于 0. 4 兆帕燃气管道和电压在 10kV 以内的高压电力线，其安全防护措施应分别满足现行的《城镇燃气设计规范》GB 50028、《电力工程电缆设计规范》GB 50217 的规定要求。

对于超过本条规定的管线，如因特殊需要在桥上或地下通道内通过，应作可行性、安全性专题论证，并报请主管部门批准。

4 桥位选择

4. 0. 1 我国大多数城市因河而建，有的山城依山傍水。城因河而兴，河以城为依托。桥梁建设应在城乡规划的指导下进行。桥位应按城市交通建设和发展需要，同时注意发挥近期作用的原则来选择。

城市河（江）道多属渠化河道，沿河（江）两岸，一般都有房屋、市政设施、驳岸、堤防等，桥位选择和布置应对上述建筑物的安全和稳定性给予高度重视和周密考虑。

4. 0. 2 桥梁是永久性的大型公共设施，应有一定的安全度和耐久性。一般情况下，狭窄的河槽，河床比较稳定，水流较顺畅，在这种河段上选择桥位，会减少桥长。不良地质河段，常会增加基础处理的难度，增加桥梁的造价，或影响桥梁的安全和使用寿命，因此桥位应尽量避免这些地段。河滩急弯、汇合处，水流流向多变，流速不稳定，对航运和桥梁墩台安全不利。在港口作业区，船舶载重较大，且各项作业交错进行，发生船舶撞击桥墩的机会较多，对船舶航运和桥梁安全运营非常不利，桥位亦应尽量避免这些地区。容易发生流冰的河段，小跨径桥梁容易遭受冰冻胀裂甚至冰毁，在选择桥位时也应该考虑这一因素。某市的一座公路桥，就因大面积流冰而遭毁。

4.0.3 一般情况下桥梁纵轴线以与河道水流流向正交（指桥梁纵轴线与水流流向法线的交角为0°）布置为好，这样可简化结构布置、缩短桥长，降低造价。但城市桥梁常受两岸地形地物的限制，并受规划道路的影响，本规范第4.0.2条规定“中、小桥桥位宜按道路的走向进行布置”。鉴此，中、小桥梁如条件所限可考虑斜交或弯桥，但应同时考虑本规范第3.0.16条的有关要求。

4.0.4 通航河道的主流宜与桥梁纵轴线正交，如有困难时其偏角不宜大于5°，这是从船舶航行安全考虑。通航净宽及加宽值，对内河航道、通航海轮的航道可分别按现行《内河通航标准》GB 50139、《通航海轮桥梁通航标准》JTJ 311的有关规定计算确定。当桥位布置有困难，交角大于5°时，应加大通航孔的跨径。计算公式如下：

$$L_a = \frac{l + b\sin\alpha}{\cos\alpha} \tag{1}$$

式中：L_a——相应于计算水位的墩（台）边缘之间的净距（m）；

l——通航要求的有效跨径（m）（应不小于由航迹带宽度与富裕宽度组成的航道有效宽度）；

b——墩（台）的长度（m）；

α——内河桥为垂直于水流主流方向与桥梁纵轴线间的交角（°），跨海桥为垂直于涨、落潮流主流方向与桥轴线间的大角（°）。

通航河流上的桥梁的桥位选择，尚应符合现行《内河通航标准》GB 50139中的下列规定：

1 桥位应避开滩险，通航控制河段、弯道、分流口、汇流口、港口作业区、锚地；其距离，上游不得小于顶推船队长度的4倍或拖带船队长度的3倍；下游不得小于顶推船队长度的2倍或拖带船队长度的1.5倍。

2 两座相邻桥梁轴线间距，对Ⅰ～Ⅴ级航道应大于代表船队长度与代表船队下行5min航程之和，Ⅳ～Ⅷ级航道应大于代表船队长度与代表船队下行3min航程之和。

若不能满足上述1、2条要求的距离时，应采取相应措施，保证安全通航。在不能满足 1、2 条要求，而其所处通航水域无碍航水流时，可靠近布置，但两桥相邻边缘的净距应控制在 50m 以内，且通航孔必须相互对应。水流平缓的河网地区相邻桥梁的边缘距离，经论证后可适当加大。

随着我国国民经济的持续发展，大江、大河及沿海近海水域上修建跨越通航海轮航道上的桥日趋增多，为了适应新形势的发展，有必要增加通行海轮桥梁的桥位选择的条文，并应遵循现行《通航海轮桥梁通航标准》JTJ 311 的规定："桥址应远离航道弯道、滩险、汇流口、渡口、港口作业区和锚地，其距离应能保证船舶安全通航。通航海轮的内河航道桥梁上游不得小于代表船型或控制性顶推船队长度 4 倍的大值，下游不得小于代表船型或控制性顶推船队长度 2 倍的大值；跨越海域的桥梁上、下游均为不得小于代表船型长度的 4 倍；通航 10^4DWT（船舶等级）及以上船舶航道上的桥梁，远离的距离可适当加大。不能远离时需经实船试验或模型试验论证确实。在航道弯道上建桥宜一孔跨越或相应加大净空宽度。"

4.0.7 泥石流是一种携带大量泥、石、砂等物质，历时短暂的山洪急流，对桥梁等构筑物的破坏性极大。在泥石流地区选择桥位时应采取措施，以保证桥梁安全。一般选桥位时应尽量避开泥石流地区；不能避开时可采用大跨跨越。在没有条件建大跨时，应尽量避开河床纵坡由陡变缓，断面突然收缩或扩大，及平面急弯处，因这些地段容易使泥石流沉积、阻塞。

4.0.8 桥位上空若有架空高压送电线路通过或桥位旁有架空高压电线时，对桥梁的正常运营存在不安全因素，尤其在大风天或雷雨天，或极端低温时，更为严重。因此桥梁不宜在架空送电线路下穿越，桥梁边缘与架空电线之间的水平距离除国家现行标准《66kV 及以下架空电力线路设计规范》GB 50061 及《110～500kV 架空送电线路设计技术规程》DL/T 5092 有所规定外，现行行业标准《公路桥涵设计通用规范》JTG D60 规定不得小于高压电线的塔（杆）架高度。

4.0.9 桥位附近存在燃气输送管道、输油管道、易爆和有毒气体等危险品工厂、车间、仓库，对桥梁正常运营存在安全隐患。本规范第 3.0.19 条已根据国务院颁发的《城市道路管理条例》（1996 年第 198 号令）的规定提出："不得在桥上敷设污水管，压力大于 0.4MPa 的煤气管和其他可燃、有毒或腐蚀性的液、气体管。"因此不符合此规定的燃气输送管道，输油管道不得借桥过河。当桥位附近有燃气输送管道、输油管道时，桥位距管道的安全距离，应按国家现行标准《公路桥涵设计通用规范》JTG D60、《输油管道工程设计规范》GB 50253 等规范的规定执行。

5 桥面净空

5.0.1 特大桥、大桥桥长长、建设规模大、投资高，而从已建成的特大桥、大桥上行人通行情况来看，行人大多选择乘车过桥，步行过桥者为数不多，从经济适用角度考虑，特大桥、大桥人行道宽度不宜太宽，鉴此本规范5.0.1条提出特大桥、大桥人行道宽度宜采用2.0m～3.0m。

5.0.2 本条条文按现行行业标准《城市道路设计规范》CJJ 37的相关条文规定制订。

6 桥梁的平面、纵断面和横断面设计

6.0.3 “桥面车行道路幅宽度宜与所衔接道路的车行道路幅宽度一致”，这是为了不致使桥上车行道路幅与道路车行道的路幅交接不顺。当道路现状与规划断面相差很大时，如桥梁一次按规划车行道建成，既造成兴建困难，又导致很大的浪费，则可按本规范第3.0.1条规定考虑近、远期结合，分期实施。

如城市道路的横断面按三幅或四幅布置，中间有较宽的分隔带或很宽的绿化带，整个路幅非常宽，此时，线路上的桥梁宽度布置要分别对待，妥善解决。

小桥的车行道路幅宽度（指路缘石之间）及线形取其与两端道路相同，目的是保证路、桥连接顺直，不使驾驶员在视野和行车条件的适应上发生变化，从而达到过桥交通与原道路线形一致舒适通畅，且投资增加不多。

在一般情况下，桥上不应设绿化分隔带，因绿化土层薄，树木易枯萎；土层厚则对桥梁增加不必要的荷重。

对特大桥、大桥、中桥，如果两端道路有较宽的分隔带，若桥面缘石间宽度与道路缘石间的宽度相同，将会使桥梁上、下部结构工程量增加，大大增加工程费用。因而，按本规范第5.0.2条规定，特大桥、大桥、中桥车行道宽度取相当于两端道路的车行道有效宽度（即不计分隔带或绿化带宽度）的总和。这样，桥面虽然收窄了，但并不影响车流通行。

6.0.6 桥梁纵断面布设不当，对安全、适用、经济、美观都有影响。

桥面最小纵坡不宜小于0.3%，主要是考虑桥面排水顺畅。

桥面纵坡和竖曲线原则上应与道路的要求一致。

桥面最大纵坡、坡度长度与竖曲线的布设要求见现行行业标准《城市道路设计规范》CJJ 37的相关规定。

长期荷载作用下的构件挠曲和墩台沉降，会改变桥面纵断面的线形，影响行车的舒适性和桥梁美观。

6.0.7 检修道指供执勤、养护、维修人员通行的专用通道。本条规定主要是为了保证桥上通行车辆和行人的安全，避免由于车辆失控，坠入桥下，造成重大伤亡事故和财产损失。

6.0.8 必须充分重视桥梁车行道排水问题。桥面积水既有碍观瞻，也影响行车安全。因排水不畅在桥面车道形成薄层水，当车速较高，制动时会导致车轮与路面打滑，易发生事故。

排水孔一般均在车道路缘石处，故不论纵坡多大，均需有横向排水坡度。

城市桥常较公路桥宽，从理论上讲，其横向排水要求应比公路桥高。

7 桥梁引道、引桥

7.0.3 市区、特别是老市区受条件限制在布设引道、引桥时易造成两侧街区出入交通堵塞，为保证消防、救护、抢险等车辆进出畅通，应结合引道、引桥、街区支路和防洪抢险的要求布设必要的通道，处理好与两侧街区交通的衔接。

桥梁引道为填土路堤时，尤其是在软弱地基上设置较高的引道时，路基沉降会对附近建筑物和原有地下管道产生不利影响，同时城市给水排水等地下管道破坏后会造成桥梁引道、引桥塌陷，因此宜将给、排水等刚性地下管道移至桥梁引道范围以外布设。

引桥的墩、台沉降会影响附近建筑物。在墩、台施工时也会影响附近建筑物，特别在桩基施工时更容易影响附近建筑物。

具有较大纵坡的引道上不宜设置平交道口，工厂、街区出入口、车辆停靠站。

7.0.4 主要是为了提高桥梁使用时的安全性。

7.0.5 鉴于本规范第 5.0.2 条、第 6.0.3 条中已分别规定特大桥、大桥、中桥的桥面宽度可适当减小，为了确保行车安全，本条提出桥与路的缘石在平面上应设置缓和接顺段。

7.0.6 简化设计，改善桥梁立面景观效果。

7.0.7 桥台侧墙后端要深入桥头锥坡 0.75m（按路基和锥坡沉实后计），是为了保证桥台与引道路堤密切衔接。

台后设置搭板已在城市桥上使用多年，实践表明这是目前治理桥头跳车简单、实用且有效的办法。

7.0.8 桥头锥坡填土或实体式桥台背面的一段引道填土，宜用砂性土或其他透水性土，这对于台背排水和防止台背填土冻胀是十分必要的。在非严寒地区，桥头填土也可以就地取材，利用桥址附近的土填筑或采用土工合成材料及其他轻质材料填筑。

8 立交、高架道路桥梁和地下通道

8.1 一般规定

8.1.1 在城市交通繁忙的区域或路段是否需要建立交、高架道路桥梁或地下通道，应按城市道路等级（快速路、主干路等）、交叉线路的种类（城市道路、轨道交通、公路以及铁路）和等级（城市快速路、主干路，高速公路、一级公路，铁路干线、支线、专用线及站场区等）、车流量等条件综合考虑，作出规划，按现行行业标准《城市道路设计规范》CJJ 37 中的有关规定进行布置。

8.1.2 设计立交、高架道路桥梁和地下通道时，因受当地各种条件制约，其平面布置、跨越形式、跨径、结构布置等方案是比较多的，除应符合本规范第 8.1.1 条的规定要求外，根据经验，提出应按以下各条进行综合比较分析：

1 城市立交、高架道路的交通量大、涉及面广，建成后改造拓宽、加长、提高标准比较困难。特别是地下通道，扩建难度更大，改建费用更高，故强调主体部分宜按规划一次修建。在特殊情况下（如相交道路暂不兴建等），次要部分（如立交匝道）可分期建设，但要考虑后建部分的可实施性。

2 城市征地、拆迁（尤其对城市中心区或较大建筑）是个大问题，拆迁费用巨大，有时往往是控制整个工程能否实施的关键，故提出特别注意。

3 本规范第 7.0.3 条已提出“桥梁引道及引桥的布设，应处理好与两侧街区交通的衔接，并应预留防洪抢险通道。”同样对于立交、高架道路的匝道以及地下通道的引道布设亦可能会由于对邻近原有街区的交通出行考虑不周，特别是填土引道或下穿地下通道的引道往往会引起消防、救护、抢险车辆的出入困难，给邻近街区周边行人及非机动车交通带来不便。为解决这类问题，设计时常需在引道两侧另辟地方道路（辅道系统），解决周边车辆出入、转向及行人和非机动车辆通行的问题，增加了工程投资规模。因此，设计中应全面考虑。

4 立交、高架道路桥梁的总体布置和外形处理不当，会带来不良景观。高架道路桥下空间的利用也要综合考虑，如作为停车场，则桥下须满足车辆进、出口位置，出、入路线以及行车视距等要求，这样可能会影响桥跨布置和墩、台的形式。作为交通枢纽的立交桥梁、位于快速路上的高架道路桥梁在桥下不应设置商场、自由集市等，以免干扰交通，影响使用功能。

5 地形、地物将影响立交的平面布置（正、斜、直、弯）。地质、地下水情况及地下工程设施对选用上跨桥还是下穿地下通道起决定作用，在设计时应仔细衡量。

6 城市中各类重要管线较多，使用不能中断。在修建立交或高架道路时应考虑桥梁结构的施工工艺对城市管线的影响，对不能切断的城市管线会出现先期二次拆迁而增加整个工程投资。对于下穿结构会遇到重力流排水管的拆改等问题，在设计时应妥善解决。

7 在城市改造中，拟建立交附近会有较多的建筑物，立交形式、结构、施工工艺会对原有建筑和景观产生不同影响。

通常，总是在重要、交通繁忙的道路或道路交叉口，枢纽修建高架道路或立交，在施工中必须维持必要的交通，尤其是与铁路交会的立交要保证铁路所需的运行条件，在设计中必须加以考虑。

在设计中选用的结构形式，特别是基础形式，要充分考虑拟建工程对规划中的邻近建筑物的影响。这方面也有一些教训。如某市的一座跨线铁路立交（建于20世纪50年代中期），其墩、台、引道挡土墙均采用天然地基（该工程位于铁路站场区，限于当时的技术条件，采用桩基等人工基础，将影响铁路运行），引道挡土墙高出地面8m左右，在当时被认为是在软土地基上获得成功的一项优秀设计。后因交通需要，规划部门欲利用两侧既有道路，在立交两侧加建地下通道。但在具体设计时发现：如要保证原有墩、台、挡土墙的基础稳定，新开挖基坑需离原挡土墙15m以外，不能按规划设想利用既有道路，只得另觅新址，并使邻近地区成为新建较大结构工程的禁区。

8 在城市建成区或居民集中区域修建立交或高架道路时，由于行车条件的改善，往往机动车的行车速度较高，其尾气、噪声对周边的影响不容忽视，必要时应采取工程措施（如增设隔声屏障等）减小对周边环境的影响。

8.1.3 立交、高架道路的平面、纵断面、横断面设计

1 提出了平面设计要求。

2 提出了纵断面设计要求。下穿地下通道设有凹形竖曲线，竖曲线最低点不宜设在地下通道暗埋段箱涵内，可将其设在敞开段引道内，这是为了使暗埋段地下通道内不易产生积水，地下通道内路面潮湿后易干，以免人、车打滑。因此一般在地下通道内常不设排水口，通常利用边沟纵向排水至设在竖曲线最低点的引道排水口，进入集水井，用泵将集水井中的水排出。一般在引道下设集水井要比地下通道下设集水井方便。

根据《城市道路设计规范》CJJ 37规定。非机动车车行道坡度宜小于2.5%，大于或等于2.5%时，应按规定限制坡长。

3 提出了对横断面布置的要求。

4 立交区段的各种杆、柱、架空线网的布置，不要呈凌乱状，线网宜入地。照明灯具布置要与两端道路结合良好。

8.1.4 本条按现行行业标准《城市道路设计规范》CJJ 37 的规定制订。

8.1.5 墩、柱受汽车撞击作用的力值、位置可按现行《公路桥涵设计通用规范》JTG D60 的规定取值。对易受汽车撞击的相关部位应采用如增设钢筋或钢筋网、外包钢结构或柔性防撞垫等防护构造措施，对于采用外包钢结构或柔性防撞垫等防护构造措施，安全带宽度应从外包结构的外缘起算。

8.1.7 本条提出："高架道路桥梁长度较长时，应每隔一定距离在中央分隔带上设置开启式护栏，"主要是为了疏散因交通事故等原因造成车辆阻塞，为救援工作创造条件。

8.2 立交、高架道路桥梁

8.2.1 当桥梁与桥下道路斜交时，为满足桥下车辆的行车要求可采用斜桥方式跨越。当斜交角度较大（一般大于 45°）时，主桥梁上部结构受力复杂。随着斜交角度的增大，钝角处支承力相应增大；而锐角处支承力相应减少，甚至可能会出现上拔力。由于斜桥在温度变化时会产生横向位移和不平衡的旋转力矩，从而导致"爬移现象"。因此，当斜交角度较大时，宜采用加大跨径改善斜交角度或采用斜桥正做（如独柱墩等）的方式改善桥梁的受力性能。同时，应满足桥下行车视距的要求。

8.3 地 下 通 道

8.3.1 "位于铁路运营线下的地下通道，为保证施工期间铁路运营安全，地下通道位置除应按本规范第 8.1.1 条的规定设置外，还应选在地质条件较好、铁路路基稳定、沉降量小的地段。"主要是为了避免地下通道基坑施工时，铁路路基发生大体积滑坡。如果地质条件确实较差，施工困难，则应选地质条件较好的位置，并据此调整线路的走向或采用上跨方案。

8.3.2 较长的地下通道，在行驶机动车的车行道孔中，若无人行道，为了保证执勤、维修人员安全，应设置检修道。孔中车行道窄时，在一侧设检修道；车行道较宽时，应在两侧都设检修道。

9 桥梁细部构造及附属设施

9.2 桥面与地下通道防水、排水

9.2.3 桥面防水是桥梁耐久性的一个重要方面，对延长桥梁寿命起到关键性的作用。而桥面防水又是一个涉及铺装材料、设计、施工综合性的系统工程，还必须和桥面排水等配合，做到“防排结合”。

桥面应有完善的排水设施，必须设排水管将水排到地面排水系统中，不能直接将水排到桥下。过去对跨河桥梁不受限制，现在应重视环保净化水源，对跨河桥、跨铁路桥也不能直接将水排入河中或铁路区段上。

排水管直径不仅以排水量控制，还应考虑防止杂物堵塞。根据以往经验，最小直径为150mm。

排水管间距根据桥梁汇水面积和水平管纵坡而定。参照《公路排水设计规范》，全国地区的设计降雨量，以北京地区为例，5年一遇10min降雨强度 $q_{5,10}=2.2$mm/min（北京地区能包容全国80%以上），如按快速路、主干路桥梁设计重现期为5年，降雨历程为5min，则其降雨强度 $q_{5,10}=3.03$mm/min，按 $\phi150$ 泄水管其纵坡为 $i=1\%$ 和 $i=2\%$ 时，计算出每平方米桥面面积所需设置的排水管面积分别为 43mm² 和 30mm²，如考虑两倍的安全率，则为 86mm² 和 60mm²。以此作为确定排水管面积的依据。

根据美国规范，当降雨强度为100mm/h（1.67mm/min）时，横坡为3%，$\Phi150$mm 的氯乙烯管能排除汇水面积为390m²（坡度1∶96）和557m²（坡度1∶48）的水量（见下表）。折合相当的降雨强度，每平方米桥面排水管面积为81mm²/m²和58mm²/m²。如计算两倍安全率，则也和本条规定的数据相一致的。

管径 (mm)	容许的最大水平断面积（m²）		
	水平排水管		
	坡度1∶96	坡度1∶48	坡度1∶24
100	144	200	238
125	251	334	502
150	390	557	780
200	808	1106	1616
250	1412	1821	2824
300	2295	2954	4589

根据南方潮湿地区如广东，$q_{5,10}=2.5\sim3.0$mm/min；西北干燥

地区新疆、内蒙古、宁夏、青海等，$q_{5,10}$＝0.5～1.5mm/min（详见《公路排水设计规范》JTJ018－97、图3.07-1，对排水管面积作出适当调整）。

桥面排水必须设置纵坡和横坡，不宜设置平坡（坡度为零），对于高架桥梁一般应设凸型竖曲线纵坡，当桥梁过长或其他原因需要凹形竖曲线纵坡时根据《公路排水设计规范》JTJ 018－97在曲线最低处必须增加排水口数量。

参照《日本高等级公路设计规范》（1990年6月），桥上排水管的纵坡原则上不小于3%，如纵坡过小会影响桥面径流水量的排泄，应加大排水管面积。

9.2.4 地下通道排水

1 通常情况下，地下通道内需设排水泵，采用雨水设计的重现期要比两端道路规划的重现期高一些。国家现行标准《室外排水设计规范》GB 50014、《城市道路设计规范》CJJ 37对立交排水设计原则，设计重现期有明确规定，规定立交范围内高水高排、低水低排的设计原则。

2 提出为了不使地面水流入地下通道的一些措施。

3 条文中所提的措施是为了保证地下通道路面车道排水畅通，减少路面薄层水影响，以保证行车安全。

4 强调不能自流排水时设泵站的重要性。因为一般道路短时间内积一些水问题不大，而地下通道所处地形低，若路面积水较深，拦截无效流入地下通道，而排水泵能力不足，则地下通道有被水灌满的危险。某地下通道在一次暴雨时，积水深达2.0m，这样容易引发安全事故，地下通道照明等设施亦会受到损坏。

5 采用盲沟排水的目的是降低地下水对结构的压力，若失效将危及地下通道结构的安全，故必须保证。

9.5 桥梁栏杆

9.5.1 本规范第6.0.7条规定“桥梁人行道或检修道外侧必须设置人行道栏杆”。本条规定栏杆高度不小于1.10m，与《公路桥涵设计通用规范》JTG D60规定的一致。栏杆构件间的最大净间距不得大于140mm，与现行《城市人行天桥与人行地道技术规范》CJJ 69的有关规定相同。栏杆底座必须设置锚筋，满足栏杆荷载要求，这是为确保行人安全所必需的，以往在栏杆设计中，有的底座仅留榫槽。

9.5.4 桥梁跨越快速路、城市轨道交通、高速公路、重要铁路时为防止行人往桥下乱扔弃物、烟头引起火灾及确保桥下车辆安全，应设置护网，护网高度应从人行道面起算。这在以往的工程实践中已经得到建设、设计、养护多方认可，是行之有效的规定。

十、无障碍设计规范

GB 50763－2012

1 总则

1.0.2 本规范适用于全国城市新建、改建和扩建的城市道路、城市广场、城市绿地、居住区、居住建筑、公共建筑及历史文物保护建筑等。本规范未涉及的城市道路、城市广场、城市绿地、建筑类型或有无障碍需求的设计，宜按本规范中相似类型的要求执行。农村道路及公共服务设施宜按本规范执行。

3 无障碍设施的设计要求

3.1 缘石坡道

3.1.1 缘石坡道应符合下列规定：

1 缘石坡道的坡面应平整、防滑；

2 缘石坡道的坡口与车行道之间宜没有高差；当有高差时，高出车行道的地面不应大于 10mm；

3 宜优先选用全宽式单面坡缘石坡道。

3.1.2 缘石坡道的坡度应符合下列规定：

1 全宽式单面坡缘石坡道的坡度不应大于 1∶20；

2 三面坡缘石坡道正面及侧面的坡度不应大于 1∶12；

3 其他形式的缘石坡道的坡度均不应大于 1∶12。

3.1.3 缘石坡道的宽度应符合下列规定：

1 全宽式单面坡缘石坡道的宽度应与人行道宽度相同；

2 三面坡缘石坡道的正面坡道宽度不应小于 1.20m；

3 其他形式的缘石坡道的坡口宽度均不应小于 1.50m。

3.2 盲道

3.2.1 盲道应符合下列规定：

1 盲道按其使用功能可分为行进盲道和提示盲道；

2 盲道的纹路应凸出路面 4mm 高；

3 盲道铺设应连续，应避开树木（穴）、电线杆、拉线等障碍物，其他设施不得占用盲道；

4 盲道的颜色宜与相邻的人行道铺面的颜色形成对比，并与周围景观相协调，宜采用中黄色；

5 盲道型材表面应防滑。

3.2.2 行进盲道应符合下列规定：

1 行进盲道应与人行道的走向一致；

2 行进盲道的宽度宜为 250mm～500mm；

3 行进盲道宜在距围墙、花台、绿化带 250mm～500mm 处设置；

4 行进盲道宜在距树池边缘 250mm～500mm 处设置；如无树池，行进盲道与路缘石上沿在同一水平面时，距路缘石不应小于 500mm，行进盲道比路缘石上沿低时，距路缘石不应小于 250mm；盲道应避开非机动车停放的位置；

5 行进盲道的触感条规格应符合表 3.2.2 的规定。

表 3.2.2 行进盲道的触感条规格

部 位	尺寸要求（mm）
面宽	25
底宽	35
高度	4
中心距	62～75

3.2.3 提示盲道应符合下列规定：

1 行进盲道在起点、终点、转弯处及其他有需要处应设提示盲道，当盲道的宽度不大于 300mm 时，提示盲道的宽度应大于行进盲道的宽度；

2 提示盲道的触感圆点规格应符合表 3.2.3 的规定。

表 3.2.3 提示盲道的触感圆点规格

部 位	尺寸要求（mm）
表面直径	25
底面直径	35
圆点高度	4
圆点中心距	50

3.8 扶 手

3.8.1 无障碍单层扶手的高度应为 850mm～900mm，无障碍双层扶手的上层扶手高度应为 850mm～900mm，下层扶手高度应为 650mm～700mm。

3.8.2 扶手应保持连贯，靠墙面的扶手的起点和终点处应水平延伸不小于 300mm 的长度。

3.8.3 扶手末端应向内拐到墙面或向下延伸不小于 100mm，栏杆式扶手应向下成弧形或延伸到地面上固定。

3.8.4 扶手内侧与墙面的距离不应小于 40mm。

3.8.5 扶手应安装坚固，形状易于抓握。圆形扶手的直径应为 35mm～50mm，矩形扶手的截面尺寸应为 35mm～50mm。

4 城市道路

4.1 实 施 范 围

4.1.1 城市道路无障碍设计的范围应包括：

1 城市各级道路；

2 城镇主要道路；

3 步行街；

4 旅游景点、城市景观带的周边道路。

4.1.2 城市道路、桥梁、隧道、立体交叉中人行系统均应进行无障碍设计，无障碍设施应沿行人通行路径布置。

4.1.3 人行系统中的无障碍设计主要包括人行道、人行横道、人行天桥及地道、公交车站。

4.2 人 行 道

4.2.1 人行道处缘石坡道设计应符合下列规定：

1 人行道在各种路口、各种出入口位置必须设置缘石坡道；

2 人行横道两端必须设置缘石坡道。

4.2.2 人行道处盲道设置应符合下列规定：

1 城市主要商业街、步行街的人行道应设置盲道；

2 视觉障碍者集中区域周边道路应设置盲道；

3 坡道的上下坡边缘处应设置提示盲道；

4 道路周边场所、建筑等出入口设置的盲道应与道路盲道相衔接。

4.2.3 人行道的轮椅坡道设置应符合下列规定：

1 人行道设置台阶处，应同时设置轮椅坡道；

2 轮椅坡道的设置应避免干扰行人通行及其他设施的使用。

4.2.4 人行道处服务设施设置应符合下列规定：

1 服务设施的设置应为残障人士提供方便；

2 宜为视觉障碍者提供触摸及音响一体化信息服务设施；

3 设置屏幕信息服务设施，宜为听觉障碍者提供屏幕手语及字幕信息服务；

4 低位服务设施的设置，应方便乘轮椅者使用；

5 设置休息座椅时，应设置轮椅停留空间。

4.3 人 行 横 道

4.3.1 人行横道范围内的无障碍设计应符合下列规定：

1 人行横道宽度应满足轮椅通行需求；

2 人行横道安全岛的形式应方便乘轮椅者使用；

3 城市中心区及视觉障碍者集中区域的人行横道，应配置过街音响提示装置。

4.4 人行天桥及地道

4.4.1 盲道的设置应符合下列规定：

1 设置于人行道中的行进盲道应与人行天桥及地道出入口处的提示盲道相连接；

2 人行天桥及地道出入口处应设置提示盲道；

3 距每段台阶与坡道的起点与终点 250mm～500mm 处应设提示盲道，其长度应与坡道、梯道相对应。

4.4.2 人行天桥及地道处坡道与无障碍电梯的选择应符合下列规定：

1 要求满足轮椅通行需求的人行天桥及地道处宜设置坡道，当设置坡道有困难时，应设置无障碍电梯；

2 坡道的净宽度不应小于 2.00m；

3 坡道的坡度不应大于 1∶12；

4 弧线形坡道的坡度，应以弧线内缘的坡度进行计算；

5 坡道的高度每升高 1.50m 时，应设深度不小于 2.00m 的中间平台；

6 坡道的坡面应平整、防滑。

4.4.3 扶手设置应符合下列规定：

1 人行天桥及地道在坡道的两侧应设扶手，扶手宜设上、下两层；

2 在栏杆下方宜设置安全阻挡措施；

3 扶手起点水平段宜安装盲文铭牌。

4.4.4 当人行天桥及地道无法满足轮椅通行需求时，宜考虑地面安全通行。

4.4.5 人行天桥桥下的三角区净空高度小于 2.00m 时，应安装防护

设施，并应在防护设施外设置提示盲道。

4.5 公交车站

4.5.1 公交车站处站台设计应符合下列规定：

1 站台有效通行宽度不应小于 1.50m；

2 在车道之间的分隔带设公交车站时应方便乘轮椅者使用。

4.5.2 盲道与盲文信息布置应符合下列规定：

1 站台距路缘石 250mm～500mm 处应设置提示盲道，其长度应与公交车站的长度相对应；

2 当人行道中设有盲道系统时，应与公交车站的盲道相连接；

3 宜设置盲文站牌或语音提示服务设施，盲文站牌的位置、高度、形式与内容应方便视觉障碍者的使用。

无障碍设计规范

GB 50763－2012

条 文 说 明

1　总则

1.0.2　本条规定明确了本规范适用的范围和建筑类型。

因改建的城市道路、城市广场、城市绿地、居住区、居住建筑、公共建筑及历史文物保护建筑等工程条件较为复杂，故无障碍设计宜按照本规范执行。

《无障碍设计规范》虽然涉及面广，但也很难把各类建筑全部包括其中，只能对一般建筑类型的基本要求作出规定，因此，本规范未涉及的城市道路、城市广场、城市绿地、建筑类型或有无障碍需求的设计，宜执行本规范中类似的相关类型的要求。

农村道路及公共服务设施应根据实际情况，宜按本规范中城市道路及建筑物的无障碍设计要求，进行无障碍设计。

3　无障碍设施的设计要求

3.1　缘 石 坡 道

3.1.1　为了方便行动不便的人特别是乘轮椅者通过路口，人行道的路口需要设置缘石坡道，在缘石坡道的类型中，单面坡缘石坡道是一种通行最为便利的缘石坡道，丁字路口的缘石坡道同样适合布置单面坡的缘石坡道。实践表明，当缘石坡道顺着人行道路的方向布置时，采用全宽式单面坡缘石坡道（图 3-1）最为方便。其他类型的缘石坡道，如三面坡缘石坡道（图 3-2）等可根据具体情况有选择性地采用。

3.2　盲　　道

3.2.1　第 1 款　盲道有两种类型，一种是行进盲道（图 3-3），行进盲道应能指引视觉障碍者安全行走和顺利到达无障碍设施的位置，呈条状；另一种是在行进盲道的起点、终点及拐弯处设置的提示盲道

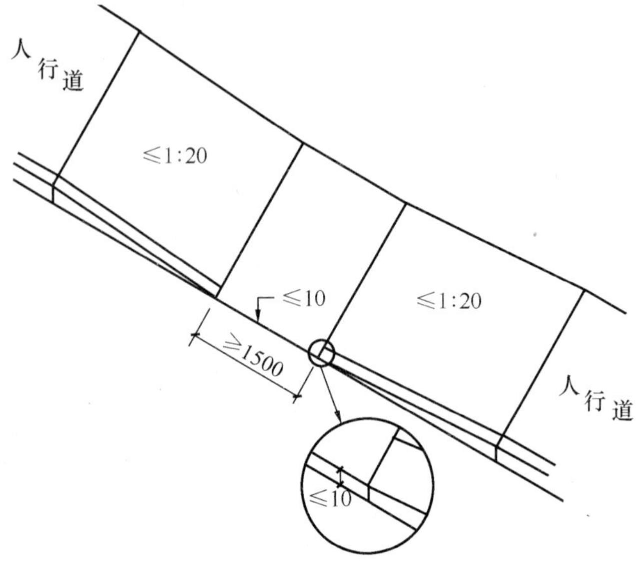

图 3-1　全宽式单面坡缘石坡道

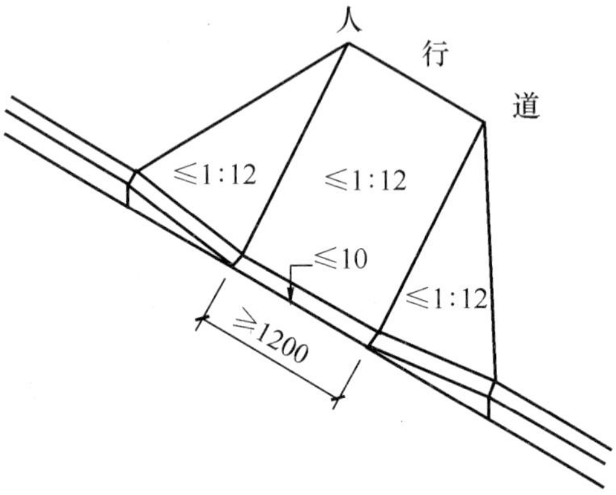

图 3-2　三面坡缘石坡道

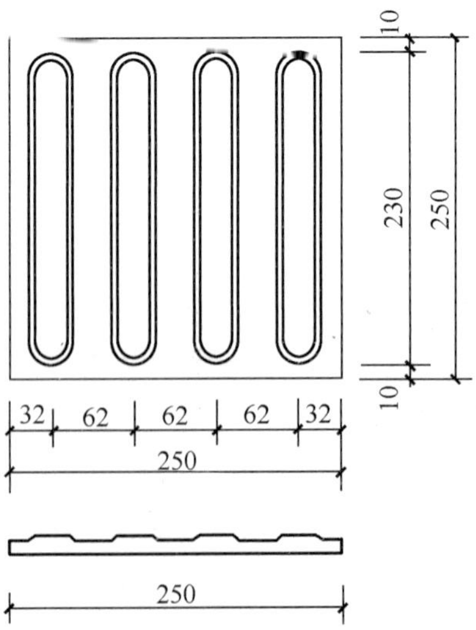

图 3-3　行进盲道

(图 3-4)，提示盲道能告知视觉障碍者前方路线的空间环境将发生变化，呈圆点形。目前以 250mm×250mm 的成品盲道构件居多。

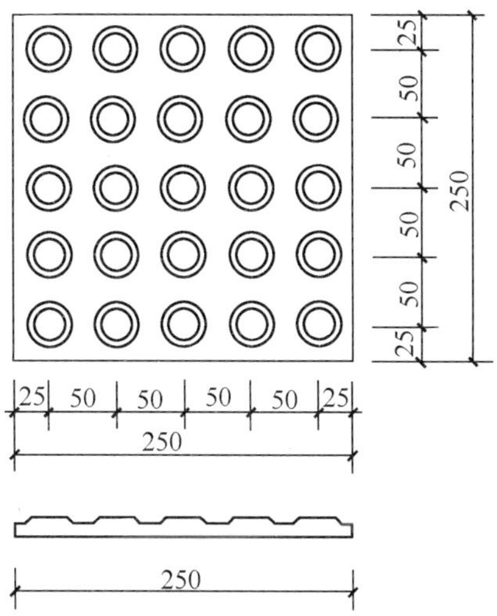

图 3-4 提示盲道

目前使用较多的盲道材料可分成5类：预制混凝土盲道砖、花岗石盲道板、大理石盲道板、陶瓷类盲道板、橡胶塑料类盲道板、其他材料（不锈钢、聚氯乙烯等）盲道型材。

第3款 盲道不仅引导视觉障碍者行走，还能保护他们的行进安全，因此盲道在人行道的定位很重要，应避开树木（穴）、电线杆、拉线等障碍物，其他设施也不得占用盲道。

第4款 盲道的颜色应与相邻的人行道铺面的颜色形成反差，并与周围景观相协调，宜采用中黄色，因为中黄色比较明亮，更易被发现。

3.8 扶 手

3.8.1 扶手是协助人们通行的重要辅助设施，可以保持身体平衡和协助使用者的行进，避免发生摔倒的危险。扶手安装的位置、高度、牢固性及选用的形式是否合适，将直接影响到使用效果。无障碍楼梯、台阶的扶手高度应自踏步前缘线量起，扶手的高度应同时满足其他规范的要求。

3.8.3 为了避免人们在使用扶手后产生突然感觉手臂滑下扶手的不安，当扶手为靠墙的扶手时，将扶手的末端加以处理，使其明显感觉利于身体稳定。同时也是为了利于行动不便者在刚开始上、下楼梯或坡道时的抓握。

3.8.4 当扶手安装在墙上时，扶手的内侧与墙之间要有一定的距离，便于手在抓握扶手时，有适当的空间，使用时会带来方便。

3.8.5 扶手要安装牢固，应能承受100kg以上的重量，否则会成为新的不安全因素。

4 城市道路

4.1 实 施 范 围

4.1.1 城市道路进行无障碍设计的范围包括主干路、次干路、支路等城市各级道路，郊区、区县、经济开发区等城镇主要道路，步行街等主要商业区道路，旅游景点、城市景观带等周边道路，以及其他有无障碍设施设计需求的各类道路，确保城市道路范围内无障碍设施布置完整，构建无障碍物质环境。

4.1.2、4.1.3 城市道路涉及人行系统的范围均应进行无障碍设计，不仅对无障碍设计范围给予规定，并进一步对城市道路应进行无障碍设计的位置提出要求，便于设计人员及建设部门进行操作。

4.2 人 行 道

4.2.1 第1款 人行道是城市道路的重要组成部分，人行道在路口及人行横道处与车行道如有高差，不仅造成乘轮椅者的通行困难，也会给人行道上行走的各类群体带来不便。因此，人行道在交叉路口、街坊路口、单位出入口、广场出入口、人行横道及桥梁、隧道、立体交叉范围等行人通行位置，通行线路存在立缘石高差的地方，均应设缘石坡道，以方便人们使用。

第2款 人行横道两端需设置缘石坡道，为肢体障碍者及全社会各类人士作出提示，方便人们使用。

4.2.2 第1、2款 盲道及其他信息设施的布置，要为盲人通行的连续性和安全性提供保证。因此在城市主要商业街、步行街的人行道及视觉障碍者集中区域（指视觉障碍者人数占该区域人数比例1.5%以上的区域，如盲人学校、盲人工厂、医院等）的人行道需设置盲道，协助盲人通过盲杖和脚感的触觉，方便安全地行走。

第3款 坡道的上下坡边缘处需设置提示盲道，为视觉障碍者及全社会各类人士作出提示，方便人们使用。

4.2.3 要满足轮椅在人行道范围通行无障碍，要求人行道中设有台阶的位置，同时应设有坡道，以方便各类人群的通行。坡道设置时应避免与行人通行产生矛盾，在设施布置时，尽量避免轮椅坡道通行方向与行人通行方向产生交叉，尽可能使两个通行流线相平行。

4.2.4 人行道范围内的服务设施是无障碍设施的重要部分，是保证残障人士平等参与社会活动的重要保障设施，服务设施宜针对视觉障碍者、听觉障碍者及肢体障碍者等不同类型的障碍者分别进行考虑，满足各类行动障碍者的服务需求。

4.3 人行横道

4.3.1 第1款 人行横道设置时，人行横道的宽度要满足轮椅通行的需求。在医院、大剧院、老年人公寓等特殊区域，由于轮椅使用数量相对较多，人行横道的宽度还要考虑满足一定数量轮椅同时通行的需求，避免产生安全隐患。

第2款 人行横道中间的安全岛，会有高出车行道的情况，影响了乘轮椅者的通行，因此安全岛设置需要考虑与车行道同高或安全岛两侧设置缘石坡道，并从通行宽度方面给予要求，从而方便乘轮椅者通行。

第3款 音响设施需要为视觉障碍者的通行提供有效的帮助，在路段提供是否通行和还有多长的通行时间等信息，在路口还需增加通行方向的信息。通过为视觉障碍者提供相关的信息，保证他们过街的安全性。

4.4 人行天桥及地道

4.4.1 人行天桥及地道出入口处需设置提示盲道，针对行进规律的变化及时为视觉障碍者提供警示。同时当人行道中有行进盲道时，应将其与人行天桥及人行地道出入口处的提示盲道合理衔接，满足视觉障碍者的连续通行需求。

4.4.2 人行天桥及地道的设计，在场地条件允许的情况下，应尽可能设置坡道或无障碍电梯。当场地条件存在困难时，需要根据规划条件，在进行交通分析时，对行人服务对象的需求进行分析，从道路系统与整体环境要求的高度进行取舍判断。

人行天桥及地道处设置坡道，方便乘轮椅者及全社会各类人士的通行，当设坡道有困难时可设无障碍电梯，构成无障碍环境，完成无障碍通行。无障碍电梯需求量大或条件允许时，也可进行无障碍电梯设置，满足乘轮椅者及全社会各类人士的通行需求，提高乘轮椅者及全社会各类人士的通行质量。

人行天桥及地道处的坡道设置，是为了方便乘坐轮椅者能够靠自身力量安全通行。弧线形坡道布置，坡道两侧的长度不同，形成的坡度有差异，因此对坡道的设计提出相应的指标控制要求。

4.4.3 人行天桥和人行地道设扶手，是为了方便行动不便的人通行，未设扶手的人行天桥及地道，曾发生过老年人和行动障碍者摔伤事故，其原因并非技术、经济上的困难，而是未将扶手作为使用功能来重视。在无障碍设计中，扶手同样是重要设施之一。坡道扶手水平段外侧宜设置盲文铭牌，可使视觉障碍者了解自己所在位置及走向，方便其继续行走。

4.4.4 人行天桥及地道处无法满足弱势群体通行需求情况下，可考虑通过地面交通实现弱势群体安全通行的需求，体现无障碍设计的多样化及人性化。

4.4.5 人行天桥桥下的三角区，对于视觉障碍者来说是一个危险区域，容易发生碰撞，因此应在结构边缘设置提示盲道，避免安全隐患。

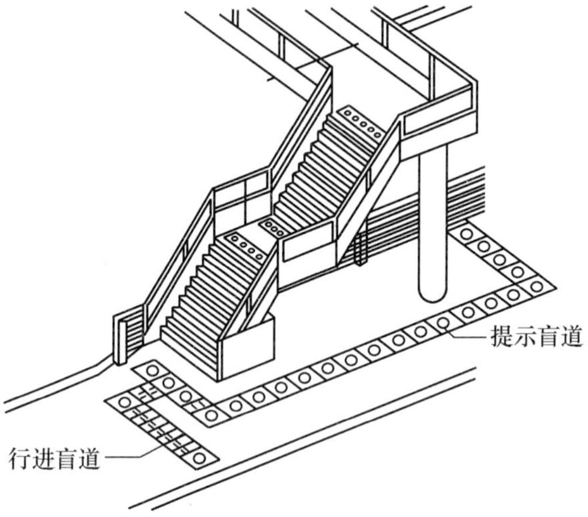

图 4-1 人行天桥提示盲道示意图

4.5 公 交 车 站

4.5.1 公交车站处站台有效宽度应满足轮椅通行与停放的要求，并兼顾其他乘客的通行，当公交车站设在车道之间的分隔带上时，为了使行动不便的人穿越非机动车道，安全地到达分隔带上的公交候车站，应在穿行处设置缘石坡道，缘石坡道应与人行横道相对应。

4.5.2 在我国，视觉障碍者的出行，如上班、上学、购物、探亲、访友、办事等主要靠公共交通，因此解决他们出门找到车站和提供交通换乘十分重要，为了视觉障碍者能够方便到达公交候车站、换乘公交车辆，需要在候车站范围设置提示盲道和盲文站牌。

在公交候车站铺设提示盲道主要方便视觉障碍者了解候车站的位置，人行道中有行进盲道时，应与公共车站的提示盲道相连接。

为了给视觉障碍者提供更好的公交站牌信息，在城市主要道路和居住区的公交车站，应安装盲文站牌或有声服务设施，盲文站牌的设置，既要方便视觉障碍者的使用，又要保证安全，防止倒塌，且不易被人破坏。

十一、市政公用工程设计文件编制深度规定

（2013 年版）

第三篇 道路工程

第一章 道路工程可行性研究报告文件编制深度

1 概述

1.1 项目名称、承办单位名称、投资项目性质。
1.2 项目背景、研究过程及建设必要性。
1.3 编制依据。
1.4 研究范围及内容。
1.5 研究结论与建议。

2 现状及发展

2.1 研究区域概况。
2.2 项目影响区域分析。
2.3 项目影响区域社会经济现状与发展情况。
2.4 项目影响区域土地利用现状与规划。
2.5 项目影响区域交通设施现状与规划。
2.6 拟建道路在路网中的功能定位。

3 交通分析及预测

3.1 现状交通调查与分析。
3.2 交通预测方法。
3.3 交通预测内容及结论。

4 技术标准

4.1 采用的规范、标准、规定等。
4.2 道路通行能力分析。
4.3 主要技术标准及采用的设计指标。

5 建设方案与规模

5.1 建设条件

5.2 总体设计思路及原则

5.3 工程设计方案（进行多方案比选）

5.3.1 总体布置方案。

5.3.2 主要节点方案。

5.3.3 工程建设范围及规模。

5.4 道路工程

5.4.1 道路平纵横设计方案。

5.4.2 道路交叉设计方案。

5.4.3 路基、路面、主要附属工程设计方案。

5.4.4 公交车站及无障碍设施等。

5.4.5 道路交通安全与管理设施。

5.4.6 道路照明工程。

5.4.7 道路绿化工程。

5.5 桥梁与隧道工程

5.5.1 桥梁与隧道工程概况。

5.5.2 技术标准。

5.5.3 排水工程设计方案。

5.6 排水工程

5.6.1 排水工程概况。

5.6.2 技术标准。

5.6.3 排水工程设计方案。

6 环境影响分析与节能评价

6.1 沿线环境特征分析。

6.2 建设项目环境影响分析。

6.3 环境保护措施。

6.4 道路施工和运营期间节水、节电、节约用地、节约燃油等措施。

7 投资估算与资金筹措

8 经济评价

9 实施方案

9.1 实施方案。

9.2 工程项目管理机构组织方案。

10 招标方案（可省略）

主要包括编制依据、招标原则、招标范围、标段划分、招标组织形式、招标方式以及招标方案等内容。

11 劳动安全卫生消防（可省略）

11.1 危害因素和危害程度分析。
11.2 安全措施、卫生消防设施方案。

12 社会评价

12.1 项目对社会的影响分析。
12.2 项目与所在地互适性分析。
12.3 社会风险分析。
12.4 社会评价结论。

13 新技术应用与科研项目建议

14 研究结论与建议

主要包括推荐方案总体描述，明确项目建设的必要性、技术可行性、经济合理性、实施可能性；明确项目存在主要问题和主要争论与分歧，并提出项目实施合理化建议。

15 附件

15.1 项目委托书、前一阶段的项目批复文件。
15.2 环保部门审批文件。
15.3 土地管理部门的建设用地预审文件。
15.4 城市规划部门的评审意见。
15.5 项目资本金承诺证明及银行等金融机构对项目贷款的承诺函。
15.6 其他相关文件等。

16 附图

16.1 项目地理位置示意图。
16.2 道路平面及纵断面设计图（平面 1∶500～1∶2000，竖向 1∶50～1∶200）。
16.3 道路横断面设计图。
16.4 主要节点方案设计图。
16.5 桥隧方案设计总图。
16.6 道路交通、排水、照明、绿化等其他附属工程方案图。

17 附表

17.1 道路工程数量表。

17.2 桥涵、隧道工程数量表。

17.3 道路交通、排水、照明、绿化等其他附属工程数量表。

第二章 道路工程初步设计文件编制深度

1 设计说明书

1.1 概述

1.1.1 任务依据

简述委托方及委托内容。

1.1.2 设计标准

简述道路性质、等级、设计车速。

1.1.3 工程概况

包括工程地点、范围、主要控制点、相交道路河道、铁路及主要建筑物、主要市政管线等情况、建设期限、分期修建计划。

1.1.4 项目研究过程

简述工作过程。

1.1.5 可行性研究报告批复意见的执行情况。

1.1.6 其他需要说明的事项。

1.2 功能定位

1.2.1 规划情况

与项目建设相关的规划背景，包括项目区域的城市总体规划背景及现状；项目区域的路网规划和其他交通专项规划等。

1.2.2 交通量预测

现状交通量及技术评价（交通流量、车辆组成、路口与路段饱和度、非机动车流量、公交线路及站位分布等）。

远期交通流量流向的分析，设计小时交通量的确定。

1.2.3 项目功能定位

着重阐明设计道路在规划道路网中的性质、功能，包括规划横断面、主要交叉路口的规划定位等。

竖向规划、市政基础设施定位（可省略）。

1.2.4 工程建设意义

简述工程建设项目对周边路网的影响，提高服务水平的程度，引导城市发展的作用。

1.3 建设条件

1.3.1 沿线自然地理概况

水文地质、气象等自然条件：如地形、地貌；气温、降雨、日照、蒸发量、主导风向风速、冻深；区域地质稳定性评价；地震动峰值加速度系数等。

1.3.2 工程地质条件

简述沿线工程地质勘察报告。

1.3.3 交通设施现状与规划

简述沿线道路、公交、轨道交通等城市交通设施现状。说明现有道路情况，包括路面和路基宽度、路面结构种类及强度、排水方式、路面状况评价以及沿线行道树树种、树干直径等；公交及轨道线路、站点布置等。

说明拟建及相交道路、公交和轨道交通线路、站点等交通设施规划情况。

1.3.4 沿线环境敏感区（点）分布及对项目建设的影响

包括自然生态、水资源、动植物、文物等保护区（点）、重要公共建筑物、重要设施、矿产资源、自然与人文景观等。

1.3.5 项目区域内铁路、水运、航空、管道等运输方式对项目的影响。

1.3.6 沿线市政管线的现状与规划。

1.3.7 各项（地质、地震、环保、水保等）专项评价、评估结论及对项目的影响（可省略）。

1.3.8 有关部门对重大问题的意见，沿线居民的要求或建议。

1.3.9 其他。

1.4 工程设计

1.4.1 设计原则

包括道路位置、线位走向等平面控制、竖向设计、横断面布置原则；现况与新建地上、地下杆管线与设计断面间的平面与高程的配合原则；道路专业与其他相关专业的配合、协调原则；旧路利用原则；节能、节地、环保的设计原则。

1.4.2 设计依据

设计所采用的标准、规范、规则、指引、指南等和设计执行的相关批复意见等。

1.4.3 技术标准与设计技术指标

道路等级、设计车速、荷载等级、净空、平面、纵断面、横断面等技术指标。

1.4.4 平面和纵断面设计

平面设计说明道路设计范围、红线、中线定线等控制因素，各交通系统（机动车系统、非机动车系统、人行系统、公交系统等）设施的布置和平面尺寸。

纵断设计应说明河道、铁路、杆管线、交叉口等主要竖向控制高程。

需要进行深化论证的应给出方案比选。

1.4.5 横断面设计

设计横断面布置形式，宽度和断面组合的确定与规划横断面、现况横断面（改扩建道路）的关系。

1.4.6 交叉门设计

简述规划概况。包括相交道路的性质、功能与本项目交叉路口的功能定位，着重阐明主要交叉路口渠化处理方式，选用立交的选型依据。

沿线各种交叉设置方式方案比选，实施方案路口（含平交、立交）交通流量、流向分析、交通组织及交通安全设施的设计原则及各部分的基本尺寸和主要设计参数。

1.4.7 路基、路面结构设计

实施方案确定的原则及内容。包括路基水文及土质、路基强度设计，路面结构类型及设计路面厚度的确定，结构组合、材料选择，包括荷载标准、计算方式、计算参数；旧路利用设计，规模较大的地基处理情况等。

1.4.8 道路附属工程设计

包括挡墙、台阶、护坡、公交停靠站、无障碍等设施。

1.4.9 交通安全设施设计

包括标志、标线、防护等设施。

1.4.10 交通管理设施设计

包括监控、通信、信号灯、智能交通等设施。

1.4.11 桥梁、隧道及涵洞设计（参照相关专业文件编制深度规定）

原则及内容：包括立交桥梁、过河桥、隧道、大型涵洞、过街设施。

1.4.12 道路排水工程（参照排水专业文件编制深度规定）

确定排水设计频率、选择排水方式，复杂工程进行方案比选，如有雨水泵站，应确定泵站位置、形式和构筑物标准。

1.4.13 道路照明工程

确定功能性照明的设计标准、电源负荷等级、电源及供电方式、照明光源及照明方式、路灯控制方式及节能措施等。道路景观照明另行委托设计。

1.4.14 道路绿化景观工程

确定道路分隔带、行道树及立交桥区红线范围内的道路绿化，包括树木种类、间距和规格。特殊的道路景观另行委托设计。

1.4.15 沿线环境保护设施。

1.4.16 近远期结合实施方案。

1.4.17 新技术应用情况及下阶段需要进行的试验研究项目。

1.4.18 设计配合及存在问题与建议

包括各类新建地上、地下杆管线、沿线文物古迹、特殊建筑、相关部门（规划、业主、管理单位、县、乡、村）的联系配合。

需进一步解决的主要问题和对下阶段设计工作的建议。

2 工程概算

3 主要材料及设备表

4 主要技术经济指标

5 附件

重要的设计依据文件及有关协议和纪要等。

6 设计图纸

6.1 工程地理位置图

表示出道路工程在地区交通网络中的关系及沿线主要构筑物的概略位置。

6.2 效果图

枢纽型立交节点等效果图（如果有）。

6.3 平面总体设计图

比例1∶2000～1∶10000，包括设计道路（或立交）在城市道路网中的位置，沿线规划布局和现状，重要建筑物、单位、文物古迹、立交、桥梁、隧道及主要相交道路和附近道路系统。

6.4 平面设计图

比例1∶500～1∶2000（立交1∶500～1∶1000），包括规划道路中线位置，红线宽度、规划道路宽度、道路施工中线及主要部位的平面布置和尺寸。拆迁房屋征地范围，桥梁、立交平面布置，相交的主要道路规划中线、红线宽度、道路宽度、过街设施（含天桥和地道）及公交车站等设施，主要杆管线和附属构筑物的位置等。

6.5 纵断面设计图

比例纵向1∶50～1∶200，横向1∶500～1∶2000，包括道路高程控制点及初步确定纵断线形及相应参数，立交主要部位的高程，新建桥梁、隧道、主要附属构筑物和重要交叉管线位置及高程，立交应包括相交道路和匝道初步确定的纵断，如设有辅路或非机动车道应一并考虑。

6.6 典型横断面设计图

比例1∶100～1∶200，包括规划横断面图、设计横断面图、现状横断面图及相互之间的关系，现况或规划地上、地下杆管线位置、两侧重要建筑。

6.7 路面结构设计图

比例1∶10～1∶100，包括路面结构材料与厚度等，及路面边部结构大样图。

6.8 特殊路基设计图

比例 1：100～1：500，需要大规模处理的特殊路基，绘制处理方案设计图。

6.9 广场或交叉口设计图

比例 1：200～1：500 包括主要尺寸、形式布置、公交车站、过街设施、渠化设计图。

6.10 道路附属工程设计图

给出挡墙、涵洞、无障碍设施等道路构筑物的主要尺寸、材料等。

6.11 交通安全设施及交通管理设施设计图

包括交通标志、标线、防护设施布置图。信号灯、监控设施等交通管理设施布置图。

6.12 工程特殊部位技术处理的主要图纸

6.13 桥梁、排水、监控、通信、供电、照明、绿化景观设计图

第三章 道路工程施工图设计文件编制深度

1 设计说明书

1.1 初步设计批复等依据文件

1.2 执行初步设计批复情况

如有改变初步设计的内容时需说明，改变部分的内容、原因和依据。

1.3 采用的施工规范、规程和工程验收标准

1.4 设计概要

1.4.1 工程范围、工程规模、主要工程内容及施工标段划分情况。

1.4.2 平、纵线形设计。

1.4.3 横断面设计。

说明地上杆线、地下管线的配合关系。

1.4.4 路基、路面工程设计。

1 路基设计及边沟、边坡特殊设计。

2 路面结构设计包括设计标准、设计弯沉值、结构组合形式及采取的技术措施（含主、辅路及人行步道）。

1.4.5 附属工程设计。

挡墙、缘石、无障碍及涵洞设计。

1.4.6 雨水排水工程设计。

雨水口布置及道路路面排水措施。

1.4.7 交通安全设施设计。

1.4.8 交通管理设施设计。

1.4.9 照明工程设计。

1.4.10 绿化景观工程设计。

1.4.11 其他设计情况。

1.4.12 采用新技术、新材料、新设备及新工艺等情况。

1.4.13 需要特殊说明的问题。

1.5 施工注意事项

1.5.1 施工前准备工作，包括拆迁、征地、迁移障碍物等。

1.5.2 管线升降、挪移、加固、预埋与其他市政管线的协调配合。

1.5.3 新技术、新材料等的施工方法及特殊路段或构筑物的做法和要求。

1.5.4 重要或有危险性的现况地下管线（电力、电信、燃气等应有准确位置和高程），施工时应注意的事项。

1.5.5 对施工的特殊要求。

2 施工图预算

3 工程数量和材料用量表

4 设计图纸

4.1 平面总体设计图

比例1：2000～1：10000，内容同初步设计要求。

4.2 平面设计图

比例1：500～1：1000，包含规划道路中线与施工中线坐标、平曲线要素、机动车道、辅路（非机动车道）、人行道（路肩）及道路各部位尺寸、公共汽车停靠站、人行通道或人行天桥位置尺寸，道路与沿线相交道路及建筑进出口的处理方式，桥隧、立交的平面布置与尺寸，各种杆、管线和附属构筑物的位置和尺寸，拆迁房屋、挪移杆线、征地范围等。

4.3 纵断面设计图

比例纵向1：50～1：100，横向1：500～1：1000，包含设计路面高程，交叉道路、新建桥隧中线位置及高程，边沟纵断设计线、坡度及变坡点高程，有关交叉管线位置、尺寸及高程、竖曲线及其参数等，立交设计应绘制匝道纵断面设计图。

4.4 横断面设计图

比例1：100～1：200，应示出规划道路横断面图、设计横断面图（不同路段和立交各部）、现状路横断面图及相互关系，大填大挖方路基设计，地上杆线、地下管线位置，特殊横断面及边沟设计、路拱曲线大样图等。

4.5　广场或交叉口（平交、立交）设计图

设计平面（地形）大样图比例 1：200～1：500，示出平面各部位详细尺寸，设计等高线及方格点高程，机动车车站和停车场位置，中央岛、方向岛、绿化、雨水口和各种管线、交通设施（附属用房、照明灯杆、护栏、标志牌等）的位置及尺寸、附属构筑物的位置和尺寸，人行道铺装范围和路面结构（示出新建、加固、刨除的范围），拆迁、征地范围，立交相应的服务设施等。

4.6　路面结构设计图

路面结构组合大样，构造大样及分块大样，特殊路段路面结构大样等。

4.7　需进行特殊处理、加固的路基设计图

4.8　排水设计图（参照排水专业文件编制深度规定）

雨水口布置及雨水管设计样图（中小桥、排水泵站另行设计）。

4.9　挡土墙、无障碍、路缘石、台阶、涵洞等道路附属构筑物结构详图

4.10　交通安全设施及交通管理设施设计图

包括交通标志、标线、防护设施设计图，信号灯、监控设施布置图等。

4.11　其他有关标准图、通用图等

4.12　桥隧、照明、绿化景观等工程详见有关专业设计图